双渠道

逆向供应链定价及服务水平协调策略研究

吴迪 著

Pricing, Service Level and Contract Coordination Strategies of

Dual Channel

Reverse Supply Chain

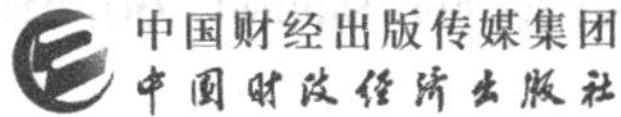

图书在版编目（CIP）数据

双渠道逆向供应链定价及服务水平协调策略研究／吴迪著．--北京：中国财政经济出版社，2022．6

ISBN 978－7－5223－1451－8

Ⅰ．①双…　Ⅱ．①吴…　Ⅲ．①供应链管理－定价决策－研究②供应链管理－服务水平－研究　Ⅳ．①F252．1

中国版本图书馆 CIP 数据核字（2022）第 091194 号

责任编辑：谷兴华　　　　责任校对：张　凡
封面设计：卜建辰　　　　责任印制：党　辉

双渠道逆向供应链定价及服务水平协调策略研究
SHUANGQUDAO NIXIANG GONGYINGLIAN DINGJIA JI FUWU SHUIPING XIETIAO CELUE YANJIU

中国财政经济出版社 出版

URL：http：//www．cfeph．cn
E－mail：cfeph@ cfeph．cn

社址：北京市海淀区阜成路甲 28 号　邮政编码：100142
营销中心电话：010－88191522
天猫网店：中国财政经济出版社旗舰店
网址：https：//zgczjjcbs．tmall．com
北京财经印刷厂印刷　各地新华书店经销
成品尺寸：170mm×240mm　16 开　14．5 印张　210 000 字
2022 年 6 月第 1 版　2022 年 6 月北京第 1 次印刷
定价：62．00 元
ISBN 978－7－5223－1451－8
（图书出现印装问题，本社负责调换，电话：010－88190548）
本社质量投诉电话：010－88190744
打击盗版举报热线：010－88191661　QQ：2242791300

本书得到西安市科技局软科学研究计划项目“西安市制造企业服务平台成熟度评价与提升策略研究”(21RKYJ0033)、西安理工大学人才专题项目“数字技术驱动下中小回收企业融资效率评价与提升路径研究”(105－451121001）的资助。

摘 要

近年来，基于“互联网+回收”（Internet+Recycling）的双渠道逆向供应链（Dual Channel Reverse Supply Chain）快速发展所引发的“回收革命”备受关注。在废旧产品回收市场中，基于线上和线下的双渠道逆向供应链的回收渠道竞争日趋激烈。通过提供便利性和安全性的回收服务，将线下客户吸引到线上来是线上回收企业渠道竞争的常用策略。那么，如何基于线上回收服务的便利性和安全性特征来科学进行回收定价及服务水平决策是双渠道逆向供应链回收企业获得竞争优势的关键。目前，学术界相关研究主要集中于产品回收和再制造的单渠道逆向供应链定价决策问题，对存在渠道竞争的双渠道逆向供应链决策优化问题研究较少。大部分研究只关注双渠道回收的经济因素，而忽略了双渠道逆向供应链所根本追求的环境因素，并且以往关于双渠道逆向供应链决策优化的研究都未对回收服务进行详细刻画。然而，全球范围内回收市场的废旧产品种类较多，消费者除了对回收服务水平的需求存在差异以外，还对便利性和安全性服务的需求存在差异。因此，如何基于消费者不同的便利性和安全性回收服务需求，科学进行定价及服务水平决策以提升回收量和经营利润是双渠道逆向供应链回收企业面临的现实难题。同时，由于双渠道逆向供应链结构复杂，各企业为实现自身利益最大化而使得供应链系统经历双重边际化，因此如何进行收益成本共享契约的设计以提升供应链企业效率和效益也是双渠道逆向供应链回收企业面临的另一个现实难题。

本书基于博弈论、供应链协调和双渠道供应链等理论，研究三种常见的双渠道逆向供应链结构下的废旧产品回收定价及服务水平协调策略问题，主要创新性工作及结论如下：

（1）研究了 DCM（Dual Channel Mode）逆向供应链的定价及服务水平协调策略问题。针对由回收中心和第三方回收商（Third - party Recycler，TPR）组成的双渠道回收模式，分别以经济利益最大化和环境利益最大化为决策目标，在提供和不提供线上回收服务两种情境下，建立回收企业的决策模型。运用 Stackelberg 博弈理论对模型进行求解，以确定不同决策目标下回收中心和第三方回收商的最优定价和服务水平决策。同时，引入收益成本共享契约，确定契约约束下共享因子和转移价格的取值区间。进一步地，对模型的关键参数进行算例分析，验证并探寻消费者渠道偏好和服务成本等参数的变化对目标函数和决策变量的影响。本部分研究克服了现有文献中对 DCM 逆向供应链的研究局限于未考虑回收服务和环境效益的不足，研究了提供回收服务对整个供应链系统及不同渠道企业决策、回收量和利润的影响。

（2）研究了 OM（Online Mode）逆向供应链的定价及服务水平协调策略问题。针对由回收中心和第三方平台（Third - party Platform，TPP）组成的线上回收模式，分别以经济利益最大化和环境利益最大化为决策目标，在回收中心提供安全性服务和第三方平台提供便利性服务情境下建立决策模型，运用 Stackelberg 博弈理论对模型进行求解，以确定不同决策目标下，回收中心和第三方平台的最优定价和服务水平决策。同时，引入收益成本共享契约，确定契约约束下共享因子和转移价格的取值区间。进一步地，对模型的关键参数进行算例分析，验证并探寻服务成本系数和服务水平敏感度对目标函数值和决策变量的影响。本部分研究克服了现有文献中对 OM 逆向供应链的研究局限于未细化回收服务和未考虑环境效益的不足，研究了不同类型回收服务参数的改变对整个供应链系统及不同渠道企业决策、回收量和利润的影响。

(3) 研究了TPM (Third－party Platform Mode) 逆向供应链的定价及服务水平协调策略问题。针对由回收中心、第三方回收商和第三方平台组成的双渠道回收模式，分别以经济利益最大化和环境利益最大化为决策目标，在回收中心提供安全性服务和第三方平台提供便利性服务情境下建立决策模型。运用Stackelberg博弈理论对模型进行求解，确定不同目标下回收中心、第三方回收商和第三方平台的最优定价和服务水平决策。同时，引入收益成本共享契约，确定契约约束下共享因子、补贴因子和转移价格的取值区间。进一步地，对模型的关键参数进行算例分析，验证并探寻消费者偏好、服务成本系数和服务水平敏感度等参数对目标函数值和决策变量的影响。本部分研究克服了现有文献中对TPM逆向供应链的研究局限于未细化回收服务、未考虑环境效益和未构建协调契约的不足，研究了不同类型回收服务参数的改变对整个供应链系统及不同渠道企业决策、回收量和利润的影响，并引入收益成本共享契约约束三类回收企业，提升系统效率并使供应链达到协调。

本书的研究结论拓展和细化了双渠道逆向供应链中回收企业回收量和利润优化问题的研究，为我国双渠道逆向供应链企业制定科学合理的回收定价决策、服务水平决策以及合作契约设计等问题提供了理论依据，有利于推进我国废旧产品线上回收行业的现实发展和环境友好社会的构建。

Abstract

Dual – channel reverse supply chain is a new recycling model developed by recycling companies in the context of "Internet +" to continuously meet the recycling demand of consumers, including both online and offline channels. In the real market of recycling waste products, competition between online and offline recycling channels has become increasingly fierce. In particular, online recycling channel companies have provided consumers with convenient and safe recycling services to attract offline customers online. In the online recycling model, how to make a scientific pricing and service level decision based on the convenience and safety of recycling services is the key to gain competitive advantage for online recycling companies in dual – channel reverse supply chain. At present, the relevant academic research mainly focuses on the single – channel reverse supply chain pricing problem of product recycling and remanufacturing, while there is less research on the decision – making optimization of dual – channel reverse supply chain with channel competition. Most studies only focus on the economic factors of dual – channel recycling, and establish mathematical models with the goal of minimizing the cost or maximizing the profit of the supply chain system, while ignoring the environmental factors that dual – channel reverse supply chain pursues, and environmental factors and economic factors are usually a pair of conflicting decision – making goals. Secondly, the previous studies on the decision – making optimization of dual – channel reverse supply chains have not refined recycling services. However, there are many types of waste products in the global recycling market, and consumers' demand for different types of recycling services is different. Therefore, flexible decision – making of convenience and safety recycling service level to meet consumers' demand and increase corporate profits, has become an important issue to be solved. In addition, the structure of dual – channel reverse supply chain is complex, and each company makes the supply chain system experience double marginalization in order to maximize their own benefits. Therefore, it has become a very important theoretical problem to design and improve the revenue – cost sharing contract to improve the supply chain efficiency and enterprise profits.

Based on the theories of Game Theory, supply chain coordination and dual – channel supply chain theory, this paper studies the pricing and service level coordination strategy of waste products under three common dual – channel reverse supply chain structures. The main innovative work and conclusions are as follows:

(1) This book studies the pricing and service level coordination strategy of DCM (dual channel mode) reverse supply chain. Aiming at the dual – channel recycling mode composed of recycling center and third – party recycler, the decision – making model of recycling companies is established under the situations of providing and not providing online recycling services with the goal of maximizing economic benefits and environmental benefits respectively. The Stackelberg game theory is used to solve the model to determine the optimal pricing and service level decision of the recycling center and third party recycler under different decision goals. At the same time, the revenue – cost sharing contract is introduced to determine the value range of sharing factor

and transfer price under the contract constraint. Furthermore, the key parameters of the model are analyzed to verify and explore the influence of the changes of consumer channel preference and service cost on the objective function and decision variables. This part of the study overcomes the limitations of existing research on DCM reverse supply chain, which does not consider recycling services and environmental benefits. It studies the influence of recycling services on the decision - making, recovery volume and profits of the whole supply chain system and companies in different channels.

(2) This book studies the pricing and service level coordination strategy of OM (online mode) reverse supply chain. Aiming at the online recycling mode composed of recycling center and third - party recycling platform, the decision - making model is established under the situation that the recycling center provides security services and third - party recycling platform provides convenience services, with the goal of maximizing economic benefits and environmental benefits respectively. The Stackelberg game theory is used to solve the model to determine the optimal pricing and service level decision of the recycling center and third - party recycling platform under different decision - making goals. At the same time, the revenue - cost sharing contract is introduced to determine the value range of sharing factor and transfer price under the contract constraint. Furthermore, the key parameters of the model are analyzed to verify and explore the influence of service cost coefficient and service level sensitivity on the objective function value and decision variables. This part of the study overcomes the shortcomings of existing research on OM type reverse supply chain, which is limited in not refining recycling services and not considering environmental benefits. It studies the influence of different types of recycling service parameters on the decision - making, recovery volume and profit of the whole supply chain system and different channels.

(3) This book studies the pricing and service level coordination strategy of TPM (third party platform mode) reverse supply chain. Aiming at the dual – channel recycling mode composed of recycling center, third – party recycler and third – party recycling platform, the decision – making model is established under the condition that the recycling center provides security services and third – party recycling platform provides convenience services, with the goal of maximizing economic benefits and environmental benefits respectively. The Stackelberg game theory is used to solve the model to determine the optimal pricing and service level decision of recycling center, third – party recycler and third – party recycling platform under different decision – making goals. At the same time, the revenue – cost sharing contract is introduced to determine the value range of sharing factor, subsidy factor and transfer price under the contract constraint. Furthermore, the key parameters of the model are analyzed to verify and explore the influence of consumer preference, service cost coefficient and service level sensitivity on the objective function value and decision variables. This part of the study overcomes the shortcomings of existing research on TPM reverse supply chain, which is limited to not refining recycling services, not considering environmental benefits and not building a coordination contract. It studies the influence of different types of recycling service parameters on the decision – making, recovery volume and profit of the whole supply chain system and companies in different channels, and introduces revenue – cost sharing contract to constrain three types of recycling enterprises, and improve system efficiency and coordinate supply chain.

This book takes the dual – channel reverse supply chain with three structures of DCM, OM and TPM as the research object. It is based on game theory and supply chain coordination for problems such as environmental benefits, unrefined recycling services and unconstructed coordination contracts in existing research. And dual – channel supply chain theories, study the issue of corporate pricing and service level coordination strategies under the influence of parameters such as consumer preferences, service level sensitivity and service cost coefficients, in order to optimize the supply chain system and different channel corporate decision – making, recovery volume and profit.

The conclusion of this paper expands and refines the research on the optimization of recovery volume and profit of recycling companies in dual – channel reverse supply chain, which provides theoretical basis for making scientific and reasonable recycling pricing decision, service level decision and cooperation contract design for China's dual – channel reverse supply chain companies, which is helpful to promote the practical development of China's waste product online recycling industry and the construction of an environment – friendly society.

目　　录

第 1 章

绪　论

1.1 研究背景

1.1.1 现实背景

1.1.1.1 双渠道逆向供应链是废旧产品回收行业的发展方向

近年来，基于“互联网+回收”（Internet + Recycling）的双渠道逆向供应链（Dual Channel Reverse Supply Chain）快速发展所引发的“回收革命”备受关注[1]。双渠道逆向供应链是指同时包含由回收中心和第三方回收商（Third－party Recycler，TPR）构成的传统线下回收渠道，以及由回收中心构建直接与消费者交易的线上回收渠道的新型供应链模式[2]。特别值得一提的是，线上渠道不仅能够提升回收市场的回收总量，显著提高企业经济利润，由专业的回收中心拆卸和分解废旧产品也能够在获取更多资源的同时，降低对生态环境的有害排放。

国家政策的引导和支持是“互联网+回收”模式发展的坚实助力。我国国家发展与改革委员会先后出台《2015年循环经济推进计划》[3]和《“互联网+”绿色生态三年行动实施方案》[4]等政策，鼓励企业利用互联网、大数据和云计算等现代信息技术，建立或整合再生资源信息服务平台，降低交易成本，推动“互联网+回收”模式的平稳发展和落实。我国商务部也在2015年出台的《“互联网+流通”行动计划》中，鼓励回收企业通过电子商务手段开展再生资源回收业务，促进传统回收行业转型升级。2020年，我国国家发展与改革委员会等七部门更在联合出台的《关于完善废旧家电回收处理体系推动家电更新消费的实施方案》中强调，回收企业应广泛运用互联网、物联网、人工智能等新一代信息技术，构建智能、高效、可追溯、线上线下融合的回收处理体系。在国家政策指引和扶持下，“互联网+回收”模式已经逐渐成为回收行业的“新贵”。根据我国最大的线上回收平台“爱回收”（Loving Recycling）2018 年年度报告——《爱回收大数据：三年巨变，市场大不相同》[5]，其在 2017 年回收超过 1 100万件废旧电器电子产品（Waste Electrical and Electronic Equipment，WEEE），是 2016 年的 2.2 倍，其中，线上回收量超过 530 万件，占据整体回收量的 48%。传统再生资源企业格林美在推出线上回收平台“回收哥”后，其回收环节由原来的 6—7 个减少为 4 个，但回收量增加了 60%。

废旧电器电子产品回收是“互联网 + 回收”模式中回收企业主要涵盖的业务。在我国，再生资源回收行业主要涉及的产品包括废纸、废钢铁、废有色金属、废旧电器电子产品、报废机动车、废轮胎、废旧纺织品、废塑料、废玻璃、废电池十大类别。根据中国物资再生协会组织编写的《中国再生资源行业发展报告（2019）》显示，2018 年我国十大品种再生资源回收总量为 32 218.2 亿吨，十大品种再生资源回收总值为 8 704.6 亿元，较 2017 年增长速度均快。其中，废旧电器电子产品数量达到 16 550 万台，仅次于废钢铁数量。数量大、重量小、价值高是废旧电器电子产品的特点，也正因如此，众多回收企业纷纷以废旧电器电子产品为主营业务开辟线上回收渠道，且已取得较快发展。例如，我国的“爱回收”“快收”等一系列企业利用基于网站、App 等互联网交易平台的线上回收渠道，不仅迅速促进了我国废旧电器电子产品回收行业规范的形成，而且其在提升回收量和提高回收企业经济利润等方面取得的成功已经吸引世界范围内的广泛关注，双渠道逆向供应链已逐渐成为世界范围内回收行业的发展方向。

1.1.1.2 线上回收模式优势与劣势并存

线上回收模式之所以取得较快的发展，一方面在于它对回收企业和生态环境带来的贡献；另一方面是由于相比线下渠道，它能更好地满足消费者需求进而获得竞争优势。

首先，线上回收渠道的回收价格普遍高于线下渠道。主要原因一方面在于线上渠道中回收企业与消费者直接交易，避免线下回收商赚取中间差价；另一方面回收中心能够围绕使用时间、待机状况和磨损程度等设备状况对废旧电器电子产品科学定价，减少线下渠道漫天要价的情况发生[6]。根据“爱回收”平台公布的数据显示，相较于传统线下回收企业，其单位废旧电器电子产品回收价格平均高出10%—15%。

其次，消费者选择线上渠道进行交易将更加便利。传统线下回收渠道具有“小、散、乱”的特点，很少有固定门店，这大大增加了消费者搜寻成本。而线上回收企业不仅能利用互联网与消费者沟通，在商定回收价格后，通过快递员上门取件或消费者邮寄的方式回收废旧电器电子产品同样能够节省消费者的时间。回收企业提供的便利性回收服务大大节省了消费者的时间和精力，在提升交易成功率的同时对回收量具有促进作用[7]。

最后，消费者选择线上回收渠道更加安全。近年来，由于消费者委托非专业人员或机构对手机进行维修或回收，导致个人隐私泄露事件频发，已经受到社会各界的关注。在线上回收渠道，回收中心作为大型回收企业，具有正规和模式化的回收流程，且受公众关注和政府部门监督，很大程度上减小了员工泄露客户隐私事件发生的风险。同时，回收中心具有专业的拆解设备、分解技术和拆卸人员，可以确保在拆解废旧电器电子产品后彻底清除消费者私人信息[8]。例如，“爱回收”于2017年与全球领先的数据安全公司Blancco达成合作，后者的数据清除技术获得18项国际安全认证，可永久擦除各类电子产品的存储数据[9]。基于此，高水平的安全性回收服务水平保障了消费者隐私安全，促使更多消费者选择线上渠道回收其废旧产品。

然而，线上回收企业虽然在吸引消费者方面具有以上诸多优势，但仍有部分企业在成立不久就因经营不善而关停[10]。究其原因，一方面，虽然较高的回收价格可以令回收企业获取竞争优势，吸引更多消费者选择线上渠道，但同时也直接加重了企业成本负担，导致入不敷出；另一方面，过高的便利性和安全性服务水平意味着更多网点布局、人力投入和安全技术投入，这些都将导致企业服务成本支出过高。2014年开始提供线上回收服务的“再生活”平台因高额快递成本而不得不在2017年宣告倒闭。此外，著名回收科技公司盈创回收旗下的上门回收O2O（Online to Offline）平台“帮到家”，也因高服务成本和高回收价格导致经营困难，于2019年关停上门回收服务，转型为地方政府提供资源回收技术服务。由上述可知，互联网回收模式面临生存困境的一个重要原因是决策者缺乏对企业成本的控制，以及对定价和服务水平决策的综合优化。

1.1.1.3 科学的定价决策是废旧产品回收企业提升利润的有效途径

定价问题不仅存在于正向供应链，也存在于逆向供应链的回收活动。传统线下回收的定价模式往往较为随意，缺乏标准，导致过去消费者对回收行业“混乱”的认识[11]。而线上回收商统一了废旧产品的回收标准，例如对废旧手机从手机型号、年限、屏幕磨损度和故障度等多个方面综合定价[12]。线上回收透明且完备的定价标准，以及普遍高于线下渠道的回收价格，已经成为消费者选择线上回收渠道的重要因素。

尽管如此，由于线上回收渠道的引入时间较短，因此仍尚未形成成熟的商业模式，消费者渠道偏好、物流成本和与线下回收商冲突等因素都会影响回收企业对价格的决策，并直接影响企业利润，且由于线上渠道回收企业还需决策安全性和便利性服务水平，同时优化多类型决策也成为企业面临的重要难题。不仅如此，大型回收企业如上海新金桥环保有限公司、荆门市格林美新材料有限公司和郑州格力绿色再生资源有限公司，如果选择委托第三方平台如“快收”“淘绿网”和“爱回收”运营其线上回收渠道，那么线上转移价格的决策也将成为回收中心需要考虑的重要问题[7]。此外，作为逆向供应链中的回收企业，其不仅需提升企业经济层面的利润，更肩负着提高回收总量、促进资源节约和环境保护事业，以推动整个回收行业发展及构建可持续发展社会的责任。定价作为回收企业主要的决策活动，如何对其灵活调整以实现各类决策目标已经成为企业密切关注的焦点问题。

综上，科学的定价决策是回收企业为规范市场、协调渠道、提高回收量和利润的重要途径，同时也是企业为优化经济利益和环境利益面临的主要难题。

1.1.1.4 服务水平的优化是回收企业获取竞争优势的关键因素

优化服务水平可以促进回收企业提升回收量。消费者对废旧产品回收的需求早已从过去追求高回收价格，转变为追求更为便利和安全的回收服务[8]。传统线下回收商“小、散、乱”的特点决定了其为消费者提供回收服务的能力有限，而线上回收商由于有固定的体验店、正规的拆解工厂和专业的回收人员，因此可提供的服务水平远远高于线下回收商。截至2016年，“爱回收”已经在全国开设超过200家体验店，且多位于城市繁华地带，位置便利。此外，与Blancco公司合作也大大降低了消费者在回收手机、电脑等存储隐私设备时的担忧。因此，回收企业通过提升安全性和便利性回收服务可以提高选择线上渠道消费者的比例，提升回收量，帮助企业获取竞争优势[13]。

此外，回收企业在对回收服务水平优化的过程中同样存在决策问题。一方面，服务水平决策通常涉及相互冲突的目标，例如回收量和服务成本；另一方面，消费者对不同回收服务需求的差异也是企业不容忽视的问题[9]。例如，对于计划回收手机的消费者，由于手机小巧轻便、易于携带并存储大量信息，因此相比于上门取货等便利性服务，消费者更关心回收企业如何保护设备隐私安全；而对于计划回收电视机的消费者，尽管电视机并不会存储隐私信息，但其“大体积、高重量”的特点使得消费者对上门回收服务更为看重。因此，对于回收企业，如何对不同类型回收服务进行差异化决策，进而提高回收量和利润，就成为企业获取竞争优势的关键因素。

由上述可知，综合优化回收过程中的定价和服务水平，对于回收企业而言非常重要。尤其是对于“互联网+回收”背景下线上渠道的回收企业来说，如何在考虑经济利益和环境利益前提下，针对不同层次安全性和便利性服务需求的消费者进行定价和服务水平决策，就成为其面临的现实难题。

1.1.2 理论背景

1.1.2.1 “互联网+回收”模式研究从初探到兴起

“互联网+回收”是21世纪回收行业发展的必然趋势，也是互联网技术与回收行业深度融合的产物。随着国家政策引导及线上回收实践的不断深入，“互联网+回收”相关概念、模式、特征已逐渐成为学者们关注的热点问题。

在概念界定方面，李春发和冯立攀（2016）首次对引入线上回收渠道的逆向供应链模式进行研究，将其定义为“传统回收和网络回收渠道并存的供应链系统"[7]。Chen 等（2018）将"同时存在线上和线下回收渠道的供应链模式"定义为双渠道逆向供应链[2]。此外，也有学者深入分析"互联网 + 回收"模式和特征。宋庆彬等（2016）通过对"互联网 + 回收"模式的探索，指出其具有信息公开、交投便利、追踪系统便捷、服务专业和措施激励等特点，认为其对中国资源回收行业的发展具有较强的推动作用，并指出未来仍存在网点需拓展、定价机制需完善和监管机制需介入等亟待提升的问题[1]。魏洁（2016）对基于"互联网 + 回收"的废旧电器电子产品回收模式进行研究，指出线上回收流程包括平台搭建、信息发布、生成报价、下单取货和确认收货，认为在线上渠道发展过程中，政府和企业都应该在加大社会宣传、加强平台建设、依托政府扶持和整合回收产业等方面予以支持[11]。Wang 等（2018）利用案例研究方法，归纳"互联网 + 回收"主要四种回收模式，分别为以厦门"回收叔"为代表的"互联网 + 回收 + 供应链金融"的连锁模式、以"爱回收"为代表的 O2O 回收模式、以湖南"大丰"为代表的"五合一"创意回收模式以及以北京的盈创再生资源回收公司为代表的"智能回收机"回收模式[14]。

回收企业在"互联网 +"背景下，基于大数据、云计算和人工智能等互联网技术，依托个人计算机（PC）网站和手机 App 等终端平台，搭建线上回收渠道，进而通过整合线上和传统线下回收渠道，构建了双渠道逆向供应链这一新型供应链结构。随着"互联网 + 回收"模式研究的不断深入，双渠道逆向供应链已经逐渐成为学者们研究的热点问题。目前对于"互联网 + 回收"的研究涉及概念、模式、特征等层面，这些都将为双渠道逆向供应链决策问题的研究提供积极的指导和借鉴。

1.1.2.2 回收定价是双渠道逆向供应链中企业的重要决策问题

双渠道逆向供应链定价问题包含消费者向企业交投废旧产品的回收价格，以及回收企业间交易的转移价格。回收价格和转移价格决策对企业回收量和利润都具有重要影响。

目前针对双渠道逆向供应链定价问题的研究中，李春发和冯立攀（2016）在对双渠道回收模式进行分类的基础上，重点考虑消费者偏好对不同结构下回收企业定价决策和利润的影响，最终通过算例验证，指出当消费者偏好在一定范围取值时，双渠道回收模式下企业的利润均高于单渠道模式[7]。Feng等（2017）则基于消费者对线上和线下回收渠道偏好的差异，分别在集中决策（centralized policy）和分散决策（decentralized policy）下构建回收中心和第三方回收商的利润模型，最终提出两类互补契约，使供应链达到协调[15]。Giri等（2017）对在第三方回收商占据主导时，存在线上回收渠道的闭环供应链的契约设计问题进行研究，通过对比不同渠道权力结构下供应链系统的利润，最终表明零售企业作为领导者时，供应链系统的效率最高[16]。Chen等（2018）为引入线上渠道的回收中心提出统一所有定价、保持价格不变和利润最大化三种定价决策，以减少渠道间冲突并提高回收企业利润[2]。Wu等（2019）将Chen等（2018）的研究扩展，通过引入公平关切因子，在非理性人假设下研究只有回收中心存在公平关切、只有第三方回收商存在公平关切和均不存在公平关切三种情况下回收企业的决策选择问题[6]。Li等（2019）在随机需求假设下，对引入线上回收渠道的双渠道闭环供应链决策问题进行研究，通过对单线下回收渠道、单线上回收渠道和混合回收渠道模式进行对比，指出尽管引入线上回收渠道可以提升再制造商利润，但同时将损害回收企业利润[17]。

以上研究表明，不同供应链结构、消费者偏好及契约协调因子均会对双渠道逆向供应链中企业定价决策产生重要影响，将以上因素作为回收企业决策变量也是近年来研究的热点问题。因此，在研究双渠道逆向供应链中回收企业决策问题时，供应链结构、消费者偏好及契约协调因子都是不容忽视的重要因素。

1.1.2.3 服务水平决策为双渠道逆向供应链研究提供了新视角

回收企业利用线上渠道为消费者提供回收服务，不仅能够有效提升消费者偏好，对提高回收量、利润和企业竞争力也具有促进作用。截至目前，学术界对回收服务的研究集中在内涵界定、类别划分和服务水平决策等方面。

在回收服务相关研究中，王玉燕和李璟（2018）对考虑公平关切的线上回收服务水平决策问题进行了研究，将服务水平概括为广告营销服务、售后、代运营、客服、仓储服务、支付服务、物流服务、信用维护等，并指出当制造商占据主导地位时，消费者可以得到较高的回收服务水平[18]。

之后，王玉燕和于兆青（2019）研究了回收企业佣金协调机制问题，并指出企业最优服务水平受佣金率正相关影响[19]。此外，也有学者研究多类型回收服务对线上回收模式的影响。Jian 等（2019）指出，由于线上回收企业具有专业的数据管理系统，因此能够有效保护消费者在废旧手机中存储的私人信息不被泄露，同时指出线上渠道的高转化率能够有效降低废品回收对环境的有害排放[20]。Zuo 等（2020）强调，相比传统线下回收模式，线上回收渠道的最大优势在于其能为消费者提供便利、安全且保护隐私的回收服务[8]。Wu 等（2020）指出回收中心提供的安全性服务能够有效促进线上回收量的提升，并认为回收企业需根据回收市场的不同提供差异化的回收服务[21]。

以上研究文献表明，服务水平决策对回收企业回收量和利润具有重要影响。此外，由于不同地区或回收不同废旧产品的消费者对多类型回收服务的需求存在差异，因此，如何灵活决策便利性和安全性回收服务水平，使之能够满足不同消费者群体的回收需求是亟待解决的重要问题。

随着“互联网 + 回收”模式理论研究和实践的不断深入，双渠道逆向供应链逐渐成为学术界研究的热点。现有关于双渠道逆向供应链的研究主要涉及相关概念、特征、回收模式和定价决策，针对双渠道逆向供应链多类型服务水平决策的研究较少。已有逆向供应链相关研究结果表明，契约设计对供应链定价决策存在重要影响，因此在双渠道逆向供应链中，契约设计将如何影响企业回收定价和服务水平决策也是值得研究的问题。此外，现有研究主要以企业经济利益最大化为目标进行决策，忽略了以回收量最大化为目标的环境利益同样是企业决策的重要目标。综上，以回收企业经济利益和环境利益最大化为目标，研究双渠道逆向供应链定价及服务水平协调策略问题对供应链企业运作管理具有重要的理论和实践指导意义。

在上述背景下，本书拟应用 Stackelberg 博弈理论，结合双渠道逆向供应链中回收企业的特征，基于现有的供应链结构、回收定价影响因素、服务提供模式等理论研究成果，深入研究消费者渠道偏好、服务成本系数和服务敏感性等参数影响下，不同结构双渠道逆向供应链中回收企业的科学定价及服务水平协调策略问题。本书为企业优化其回收服务水平、科学制定回收价格及促进渠道间协调等决策问题提供理论依据，同时也对推进我国废旧产品回收企业提升盈利能力和缓解生存压力，推动再生资源回收行业的健康和可持续发展具有现实意义。

1.2 研究目标与研究意义

1.2.1 研究目标

本书在归纳梳理以往研究文献的基础上，通过识别和界定双渠道逆向供应链的概念、特征、结构和模式，分别以线上渠道回收企业经济利益和环境利益为决策目标，研究当消费者渠道偏好、便利性和安全性回收服务相关参数改变时，回收企业最优定价和服务水平决策的变化趋势。同时，为解决分散决策下供应链系统及回收企业利润降低的问题，引入收益成本共享契约对其协调。本书的研究目标具体如下：

（1）针对由回收中心和第三方回收商构成的 DCM 逆向供应链结构，构建回收中心作为主导者、第三方回收商作为跟从者的博弈模型。研究分别以企业经济利益和环境利益为目标函数，在集中决策和分散决策下确定回收中心的最优定价和服务水平决策，以及第三方回收商的最优定价决策。研究引入收益成本共享契约，解决分散决策下供应链系统和企业利润降低的问题，促进渠道协调。

（2）针对由回收中心和第三方平台构成的 OM 逆向供应链结构，构建回收中心作为主导者、第三方平台作为跟从者的博弈模型。研究分别以企业经济利益和环境利益为目标函数，结合消费者对便利性和安全性回收服务差异化的需求，在集中决策和分散决策下确定回收中心的最优安全性回收服务水平和定价决策，以及第三方平台的最优便利性回收服务水平和定价决策。针对分散决策下供应链系统效率降低的问题，引入收益成本共享契约提升企业利润并促进渠道协调。

（3）针对由回收中心、第三方回收商和第三方平台构成的 TPM 逆向供应链结构，构建回收中心作为主导者、第三方回收商和第三方平台作为跟从者的博弈模型。研究分别以企业经济利益和环境利益为目标函数，结合消费者对便利性和安全性回收服务差异化的需求，在集中决策和分散决策下确定回收中心的最优安全性回收服务水平和定价决策、第三方平台的最优便利性回收服务水平和定价决策，以及第三方回收商的最优定价决策。构建基于共享因子和补贴因子的收益成本共享契约，同时促使三类回收企业的利润协调。

1.2.2 研究意义

1.2.2.1 理论意义

本书从内涵分析、模型搭建和契约设计三方面开展的研究对双渠道逆向供应链管理的发展具有重要理论意义，具体如下：

首先，本书从供应链服务流视角，依据不同服务提供主体对回收服务分析细化，将其分类为便利性服务和安全性服务，进一步厘清了双渠道逆向供应链的结构和特征，丰富了双渠道逆向供应链基础理论研究，为后续研究其定价及服务水平决策问题奠定理论基础。

其次，本书将供应链系统的利润和回收量纳入统一分析框架，分别构建了三类不同结构双渠道逆向供应链系统利润和回收量模型，扩充了研究情境，为更全面优化企业决策提供了一个新的理论支持；分析回收企业提供或不提供回收服务对供应链系统回收量和利润的影响，探讨并验证了消费者偏好、服务成本系数和服务水平敏感系数等因素对企业决策的影响，深化了回收服务水平决策问题的理论研究，同时弥补了双渠道逆向供应链服务水平决策问题研究的不足。

最后，本书基于收益成本共享契约，解决了回收企业和供应链系统在分散决策下利润均降低的问题。不同于以往契约设计中只考虑定价决策，将便利性和安全性回收服务的单位服务成本等相关参数纳入契约设计中，为解决供应链系统效率降低的问题提供新的理论支持；将收益成本共享契约设计深化到三类回收企业的层面，丰富了供应链协调和契约设计的研究体系。

1.2.2.2 **现实意义**

本书以双渠道逆向供应链中废旧产品定价及服务水平决策为现实背景，探讨不同供应链结构下，消费者偏好、服务成本系数和服务敏感系数的改变对企业决策和利润的影响；通过设计收益成本共享契约，以期能够提升分散决策下回收企业的利润，促进整个供应链系统的协调。本书研究结论的现实意义主要表现在以下两方面：

一方面，从企业的角度出发，本书讨论了回收服务对供应链系统回收量和利润的影响机理，为现实情境下以提升回收量或提升利润为不同目标的回收企业，在市场结构、单位收入以及回收成本等因素改变的动态情境中，是否应提供回收服务这一问题提供了决策依据。同时，本书也为考虑消费者偏好、服务成本系数和服务敏感系数等因素的企业决策优化问题提供了指导，从而帮助企业获取更多利润并有助于实现其市场竞争力的提升。

另一方面，从政府的角度出发，本书为“互联网+回收”背景下政府政策的出台和调整提供了依据。本书关注消费者偏好和单位服务成本对回收量的影响，这可以帮助政府采取优化回收补贴和加强公益广告的方式激发消费者的线上回收热情，同时通过协助改造拆解技术和减免门店租金的方式降低回收企业的单位服务成本。政府对生态环境规制政策的优化将促进实现企业经济利益和社会环境利益的双赢。

1.3 研究内容、方法及技术路线

1.3.1 研究内容

本书的章节安排如下：

第1章：绪论。在分析本书研究的现实背景和理论背景的基础上，提出研究问题，明确研究目标，指出研究的理论意义和现实意义，阐明研究内容、研究方法并绘制技术路线图。

第 2 章：文献综述。围绕研究问题，对国内外逆向供应链、双渠道供应链、双渠道逆向供应链和服务水平决策问题相关文献进行综述。

第 3 章：研究由回收中心和 TPR 构成的 DCM 逆向供应链定价及服务水平协调策略问题。本章在回收中心提供或不提供回收服务两种情况下，研究集中和分散决策下回收中心和 TPR 的最优定价与服务水平决策，以及最大利润。围绕分散决策下回收企业利润较低的问题，设计收益成本共享契约以协调供应链系统。最后，通过数值模拟，分析模型中消费者偏好和服务成本系数等关键参数的敏感性，得出相应管理启示。

第 4 章：研究由回收中心和 TPP 构成的 OM 逆向供应链定价及服务水平协调策略问题。本章在回收中心提供安全性服务、TPP 提供便利性服务或回收企业不提供回收服务两种情况下，构建集中和分散决策下回收中心和 TPP 的利润模型。利用 Stackelberg 博弈理论求解模型，得到回收企业最优定价、服务水平决策及最大利润，并引入收益成本共享契约协调分散决策下的企业利润。最后，对模型结果进行数值仿真，并对关键参数进行敏感性分析，得出相应管理启示。

第 5 章：研究由回收中心、TPR 和 TPR 构成的 TPM 逆向供应链定价及服务水平协调策略问题。本章在回收中心提供安全性服务、TPP 提供便利性服务或回收企业不提供回收服务两种情况下，构建集中和分散决策下回收中心、TPR 和 TPP 的利润模型，并利用 Stackelberg 博弈理论求解模型，得到回收企业最优定价、服务水平决策及最大利润。研究引入基于协调因子和补贴因子的收益成本共享契约，以优化分散决策下三类回收企业利润。最后，对模型结果进行数值仿真，并对关键参数进行敏感性分析，得出相应管理启示。

第 6 章：针对由回收中心和 TPR 构成的 DCM 逆向供应链，研究其考虑公平关切的定价策略问题。本章在回收中心和 TPR 均为公平中性、只有回收中心具有公平关切和只有 TPR 具有公平关切三种情形下构建回收中心和 TPR 的利润模型。利用 Stackelberg 理论求解模型，得到不同情形下各企业的最优决策和利润。最后，对模型结果进行数值仿真，并对关键参数进行敏感性分析，得出相应管理启示。

第7章：研究结论和展望。对本书的研究内容和研究结论进行总结，给出本书的管理启示和创新点，并指出未来进一步的研究方向。

1.3.2 研究方法

本书研究按照如下思路展开：文献综述与实地调研→DCM逆向供应链定价及服务水平协调策略→OM逆向供应链定价及服务水平协调策略→TPM逆向供应链定价及服务水平协调策略（见图1.1）。其中，针对具体问题的研究思路为问题描述→模型假设→模型构建→模型求解→算例分析。本书研究过程中用到的方法包括文献分析、实际调研、博弈论和算例分析等，具体如下：

1.3.2.1 文献分析

依托西安理工大学图书馆，利用知网、Elsevier、Springer、Sciencedirect和Emerald等数据库查阅与本书相关的文献，并对其进行分类、归纳和总结，提炼对本书具有指导作用的知识点。

1.3.2.2 实际调研

通过电话和电子邮件等方式与“爱回收”“快收”和“回收哥”等回收企业进行初步沟通和访谈，并在此基础上，一方面前往北京、上海、杭州等互联网回收渠道发展较快的城市进行调研，另一方面前往陕西省目前最大的线上回收平台“乐收网”参观，了解以上企业在现实运营中存在的问题。

1.3.2.3 博弈论

在对“互联网+回收”和双渠道逆向供应链实际案例进行分析的基础上，绘制多类型供应链物流、资金流和服务流的模式图。通过分别对线上和线下回收量的线性刻画，并分别构建不同供应链模式下回收企业及系统的回收量函数和利润函数，利用Stackelberg博弈理论和最优化理论对模型进行求解。

1.3.2.4 算例分析

在求解模型后，运用Mathematica和Origin等数学软件对求解结果进行数值模拟，对消费者偏好、服务成本系数和服务敏感度等参数进行敏感性分析，并绘制利润和回收量受各参数影响的趋势图，以期获得新的管理启示。

1.3.3 技术路线

本书研究的技术路线如图 1.1 所示。

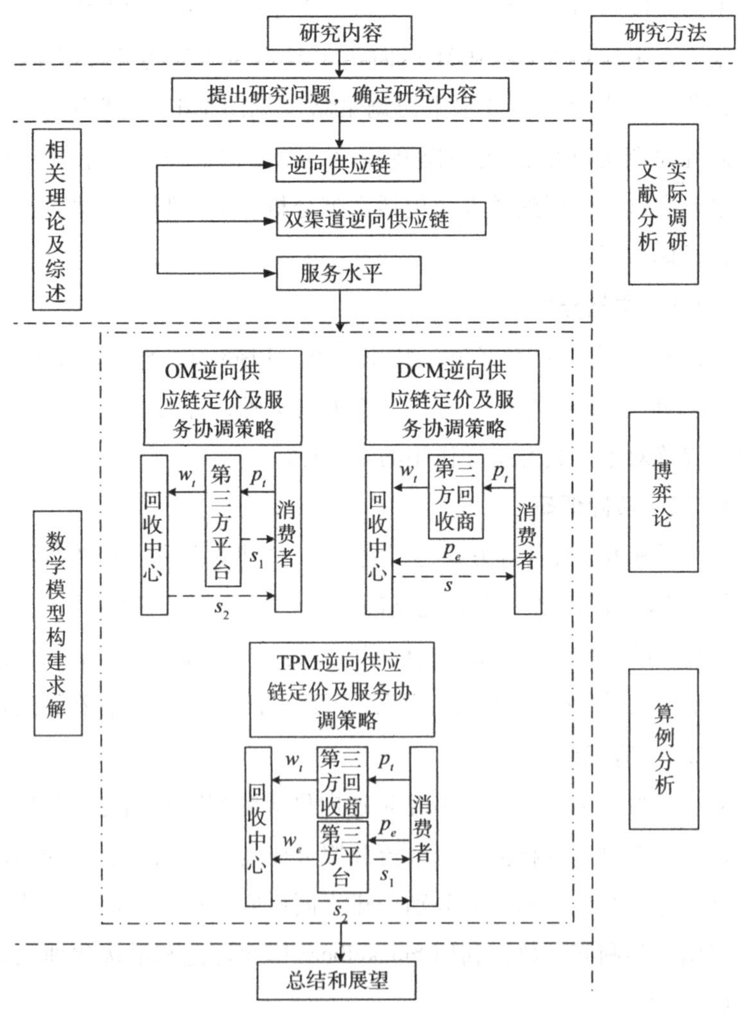

图 1.1 技术路线

第 2 章

文献综述

当前，中国回收业逐步由传统线下模式向线上、线下双渠道模式转变，消费者对废旧电器电子产品高回收价格的追求逐渐转向追求高回收服务水平，服务水平决策已经成为回收企业转型过程中的重要问题。因此，如何综合对回收定价和服务水平科学决策，提升双渠道逆向供应链系统效率和供应链成员企业利润，就成为学术界和企业界关注的热点问题。本书在“互联网 + 回收”背景下，围绕回收企业定价及服务水平协调决策问题进行研究，与本书相关的研究文献主要集中在逆向供应链、双渠道供应链、双渠道逆向供应链和服务水平决策等领域。首先，整理逆向供应链相关文献，探究逆向供应链定价决策和契约设计的影响因素；其次，对双渠道逆向供应链相关文献进行梳理，挖掘引入线上渠道后供应链企业决策模型构建的特征；再次，对双渠道逆向供应链相关文献进行归纳，探寻构建双渠道逆向供应链定价及服务水平协调模型的切入点；最后，对服务水平相关文献进行分析，刻画服务水平特征，为构建多类型回收服务水平决策模型奠定理论基础。

2.1　逆向供应链的相关研究综述

企业构建逆向供应链最初是迫于公众对环境保护的持续关注和政府政策的约束，然而随着回收技术、模式和市场的快速发展，企业将废旧产品回收、拆卸和分解后可以获得大量零件和其他原材料，并将其用于销售和再制造过程以大幅减少成本和增加利润。本节将对逆向供应链相关研究从概念、定价策略和契约设计等方面归纳梳理。

2.1.1　逆向供应链的相关概念

供应链根据结构主要可以分为正向供应链（Forward Supply Chain）、逆向供应链（Reverse Supply Chain）以及闭环供应链（Closed Loop Supply

Chain)。20 世纪末，由于环境问题的不断加剧，逆向供应链逐渐被人们关注。美国逆向物流执行委员会于 1998 年指出，“逆向供应链是将产品的原材料、库存、成品及相关信息从消费者处转移到原始生产地的规划、控制和实施过程，以重新赋予产品价值或将其妥善处置”[22]，并指出逆向供应链通常包含制造商、运输商、零售商、库存商及消费者。逆向供应链中的活动通常包括消费者将废旧产品经由一系列中间企业回收给制造商以进行进一步的分类、分解和拆卸。此外，除了回收，逆向供应链也包含在商品出现故障时，消费者将其交给上游企业以进行维修或直接退货的活动。

在学术界，逆向供应链较为权威的定义为 Guide 和 Wassenhove（2001）提出的：“逆向供应链企业通过一系列活动，从客户手中回收废旧产品以进行再利用。”[23] 此外，也有学者如 Stock（1992）将逆向供应链定义为：“废弃物和危险物质的回收管理，包括减少废弃品来源、物料回收、物料替代、材料再利用和处置相关的一系列物流活动”[24]；Pohlen 和 Farris（1992）将逆向供应链定义为：“生产企业将客户处的废旧产品通过销售渠道转移给自身”[25]；Rogers 和 Lembke（1998）则定义逆向供应链为：“企业为控制成本和获取原材料，从客户处计划和运输废旧产品的过程，以重新获得产品价值并对其妥善处理”[26]。根据以上定义，可以看出对于企业，构建逆向供应链并不只是遵循政府政策或迎合具有环保偏好的消费者，还包括通过回收废旧产品实现对零部件的再利用或再销售，以提升自身收入。

我国国内学者也对逆向供应链定义进行了研究。徐章一和马士华（2004）认为，“逆向供应链的价值是以逆向物流、全生命周期支持、生产资源外部管理等多种形式在物流、营销和生产过程中实现，并创造企业的增值价值”[27]。顾巧论等（2005）认为逆向供应链是企业从消费者处获取废旧产品，并对其进行分解、拆卸等一系列处理后再次利用的过程[28]。王文宾等（2009）的定义为“逆向供应链是指企业间构成网络，以将消费者手中的废旧产品分解、回收和再利用”[29]。

随着时代发展，人们对逆向供应链的认识也在不断变化，不再局限于单纯的回收活动，也包含制造商将产品回收后的一系列再制造、再销售行为，因此许多针对闭环供应链的研究也涉及逆向供应链。针对闭环供应链代表性的定义是由 Wassenhove 和 Guide 于 2009 年提出，他们指出闭环供应链是在产品整个生命周期围绕其价值最大化进行的设计、控制和操作，并获得一定价值的回报[30]。其与美国逆向物流学会的定义明显区别在于，该定义指出企业构建逆向或闭环供应链的目的在于获得利润，而非基于法律或社会责任。

学者们对逆向供应链概念的讨论和界定如表 2.1 所示。

表 2.1　　逆向供应链相关定义

相关文献	定义
Guide 和 Wassenhove (2001)	企业通过一系列活动，从客户手中回收废旧产品以进行再利用
Stock（1992）	物流在废弃物和危险物质的回收管理中的作用，包括减少废弃品来源、物料回收、物料替代、材料再利用和处置相关的一系列物流活动
Pohlen 和 Farris (1992)	生产企业将客户处的废旧产品通过销售渠道转移给自身
Rogers 和 Lembke (1998)	企业为控制成本和获取原材料，从客户处计划和运输废旧产品的过程，以重新获得产品价值并对其妥善处理
徐章一和马士华 (2004)	逆向供应链的价值是以逆向物流、全生命周期支持、生产资源外部管理等多种形式在物流、营销和生产过程中实现，并创造企业的增值价值
顾巧论等（2005）	逆向供应链是企业从消费者处获取废旧产品，并对其进行分解、拆卸等一系列处理后再次利用的过程
王文宾等（2009）	逆向供应链是指企业间构成网络，以将消费者手中的废旧产品分解、回收和再利用

由以上文献可知，随着资源短缺和环境污染等问题加剧，制造商最初为满足政府政策、社会责任和消费者偏好而构建逆向供应链。之后，企业逐渐从回收、维修和退货等一系列活动中获得丰厚收入，逆向供应链已经成为企业提升利润的重要途径。基于此，在逆向供应链发展的近 20 年间，学术界围绕其网络设计[31-33]、合作关系[34-36]、库存和采购管理[37-39]、定价策略和契约设计等问题进行了全面研究。特别地，学者们对逆向供应链定价决策问题进行了深入挖掘。

2.1.2 逆向供应链的定价策略

国内外学者对逆向供应链定价策略问题进行了大量研究，主要考虑消费者偏好、渠道选择和回收政策对回收价格和转移价格的影响。

消费者偏好方面，学者们主要研究消费者环保意识对回收量和定价决策的影响。在围绕正向供应链的研究中，就有学者指出高环保意识会导致消费者不愿意购买对环境有害的产品，并对环保型产品需求增加，甚至有消费者愿意为绿色产品支付高于普通商品的价格[40,41]。由于逆向供应链包含产品回收问题，因此回收企业决策更易受消费者环保偏好影响。Guide 和 Wassenhove（2001）指出再制造商可以通过调整回收价格，控制产品需求和回收质量，以提升消费者回收的积极性和回收数量[23]。Debo 等（2005）针对异质性消费者市场的定价问题进行讨论，指出降低一次性产品成本能够有效提升回收量，并将成为提升回收和再制造企业利润的关键因素[42]。Guo 等（2018）针对包含一个回收中心和一个第三方回收商的逆向供应链，研究不同宣传模式下企业的定价决策模型，并指出当回收中心负责宣传时，可以通过改进宣传手段而不用提高回收价格来提升回收量，而当第三方回收商负责宣传时，则需要通过提升回收价格来提高回收量[43]。Chen 等（2019）研究了零售商负责回收、制造商负责再制造的闭环供应链定价策略问题，重点针对逆向渠道中，消费者环保意识改变对不同企业在集中和分散决策下利润的影响，并指出联合定价策略下整个供应链系统的利润最高[44]。Zhang 等（2019）针对包含一个制造商和一个零售商的供应链，研究消费者环保偏好以及零售商公平偏好对企业定价决策的影响，研究表明，尽管零售商的公平偏好不会改变产品环保质量，但会影响产品的批发价和零售价[45]。

在回收渠道选择方面，学者们重点关注不同回收模式下，考虑渠道间冲突和合作的企业决策问题。Savaskan 等（2004）假设制造企业占据主导者地位，构建了第三方企业、零售企业和制造企业分别负责回收的三类闭环供应链定价模型，指出企业可以利用闭环供应链提高利润和销量，并通过对比总结了不同情境下的最优定价策略[46]。虽然 Savaskan 等深入分析了不同回收渠道之间的优劣势并应用到模型构建中，但他们的研究未能考虑渠道竞争问题。王玉燕等（2006）研究了集中和分散模式下逆向供应链的定价问题，并指出集中决策下的模型相较于分散决策能够进一步增加企业收入，促进渠道协调[47]。Gu 等（2011）指出正向供应链的传统定价策略并不都适用于逆向供应链，因此他们从非合作博弈与合作博弈的视角，应用 Stackelberg 博弈和纳什均衡理论构建包括单一制造商和零售商的定价模型，并指出非合作均衡时系统利润低于合作均衡[48]。在 Gu 等研究的基础上，孙多青和马晓英（2012）运用 Stackelberg 博弈理论研究包含多个零售商结构的逆向供应链定价策略问题，并通过制定联合定价策略提升了整个供应链的利润[49]。Huang 等（2013）针对存在零售企业和第三方回收企业的逆向供应链模式，研究当企业间存在竞争时不同回收模式下的利润[50]。Huang 等的研究对象为单一类型混合渠道，而未考虑其他类型混合回收渠道以及渠道间的竞争和冲突。为了缓解逆向供应链渠道间冲突，Hong 等（2013）提出了三种混合渠道的回收模型，分别是制造商和第三方回收商混合回收、制造商和零售商混合回收、零售商和第三方回收商混合回收，并通过数值验证指出第三种模式的回收效率最高[51]。

在回收政策方面，学者们主要针对政府奖惩和补贴政策对企业决策的影响进行研究。Heydari 等（2017）设计了由单一制造商和零售商组成的逆向供应链回收模式，在该模式中企业提出“以旧换新”措施，通过给与消费者折扣或补贴，以改善自身可持续消费能力，政府为激励企业实行“以旧换新”，同样提出了免税或现金补贴政策[52]。他们通过算例分析，最终指出政府激励制造商产生的利润将优于激励零售商。Wang 等（2019）为研究不同补贴目标对再制造商边际利润的影响，考虑由一个再制造商、一个回收商和两个零售商构成的闭环供应链，并指出当回收转化率较低时，补贴对于再制造商的边际利润较低，政府应补贴回收商和零售商；当回收转化率较高时，补贴对于再制造商的边际利润较高，政府应补贴再制造商[53]。Wan 和 Hong（2019）针对由制造商、零售商和第三方回收商构成的双回收渠道供应链模式，研究政府补贴政策对企业决策和利润的影响，并通过算例分析指出政府补贴正相关影响回收企业回收量和利润[54]。He等（2019）通过构建由零售商、制造商和第三方平台构成的双渠道闭环供应链模式，研究政府补贴下无直销、新产品直销和再制品直销三类模式下企业的定价策略和利润，最终指出尽管高补贴可以显著提升企业利润，但并未提高环境绩效[55]。

上述三类逆向供应链定价问题的对比情况如表2.2所示。

表2.2　逆向供应链定价问题

子论题	研究重点	相关文献
消费者偏好与定价决策	逆向供应链中，针对环保意识和价格敏感型消费者，提出基于企业宣传的定价决策模型	Guo等（2018）、Chen等（2019）
	闭环供应链中，针对环保意识和价格敏感型消费者，提出基于企业宣传、公平关切、回收质量的定价决策模型	Guide和Wassenhove（2001）、Debo等（2005）、Zhang等（2019）
渠道选择与定价决策	以最大化利润为目标的单回收渠道选择策略	Savaskan等（2004）
	存在渠道间竞争的混合回收渠道选择策略	孙多青和马晓英（2012）、Huang等（2013）
政府政策与定价决策	划分补贴对象的类型，建立现金或免税补贴下企业的定价决策模型	Heydari等（2017）、Wang等（2019）
	研究政府补贴对企业回收率和环境绩效的影响	Wan和Hong（2019）、He等（2019）

此外，国内学者对逆向供应链定价问题的研究主要从信息对称性、公平关切和政策引导等方面展开。李枫等（2009）对包含单一制造商和两个零售商的逆向供应链模式进行研究，通过分别在完全信息和不完全信息两种情形下构建企业的定价—利润模型，运用信号甄别方法得到了两个最优定价策略，并指出对于高运营成本的零售商，降低成本不会增加利润[56]。郭春香和刘志涛（2009）对包含一个制造商和零售商的逆向供应链模式进行研究，针对回收价格不确定性的特征，构建基于三角模糊数的回收价格模型，最终证明了方法的有效性[57]。黄颖颖等（2009）构建了由制造商、维修中心和零售商组成的三级逆向供应链，通过分别扩展维修中心和制造商的职能，即将回收的产品通过维修或再制造以再销售到市场，构建它们

的定价模型，并指出较高的再制造率可以显著提升企业利润[58]。陈秋双等（2009）针对由一个制造商和一个回收商构成的逆向供应链，研究最低回收量约束对定价策略的影响，通过构建 Stackelberg 博弈模型对其进行分析和数值验证[59]。邱海永和周晶（2009）在信息对称和不对称情形下，对包含制造企业和零售企业的逆向供应链模式进行研究，指出在信息不对称情形下，制造商将承担更大风险[60]。孙多青和马晓英（2012）针对包含多个零售商的逆向供应链，分别研究合作博弈和非合作博弈下供应链成员的最优定价和利润，并利用改进的 K－S 解法，给出针对不同零售商的利润分配方案[49]。孔令丞和骆唐杰（2012）利用合同理论，对包含单一制造企业和零售企业的逆向供应链模式进行研究，并分别从三种质量水平模式下研究其定价策略，最终指出制造商最优定价不能影响整个逆向供应链的总利润[61]。李锦飞等（2013）利用委托代理理论，研究包含单一制造商和多零售商的逆向供应链模式，并结合博弈论，指出在政府对制造商实施奖惩措施后，逆向供应链整体利润明显提升[62]。蹇明和陈志刚（2014）考虑包含单一制造企业和两个第三方回收企业的逆向供应链模式，对制造商存在信息泄露时的最优定价决策进行研究，并指出当回收商为低成本类型时，制造商总会出现信息泄露的情况[63]。舒亚东等（2017）针对包含单一制造企业和两个具有竞争性的第三方回收企业的逆向供应链模式，基于 Shapley 值法研究公平关切对企业定价决策和利润的影响，并指出公平关切行为会导致回收商提升回收价格，使得回收量提升[64]。舒亚东等（2018）拓展了该研究，指出当两个回收商的回购价格相同时，具有公平偏好的回收商将提升其回收价格，促进回收量提升[65]。

从以上研究可知，与正向供应链相比，围绕逆向供应链研究的主要特征是考虑消费者环保偏好和回收渠道选择对定价的影响。尽管上述从多个角度研究逆向供应链定价问题，但它们忽略了互联网的影响。事实上，互联网的普及和线上渠道的引入使得逆向供应链结构更为复杂，从而影响回收企业定价决策。

2.1.3 逆向供应链的契约设计

随着逆向供应链定价研究的不断深入，逆向供应链协调及契约设计问题也受到学术界关注。目前逆向供应链契约设计问题主要包括收益成本共享契约、两部定价契约、批发价契约和数量折扣契约等，具体如表 2.3 所示。

表 2.3 逆向供应链契约设计问题

子论题	研究重点	相关文献
收益成本共享契约	在逆向供应链中，考虑渠道竞争、回收意愿和回报激励的收益成本共享契约	Mafakheri 和 Nasiri（2013）、Wu（2015）、Heydari 等（2018）
	在逆向供应链中，考虑渠道选择和退货行为的成本共享契约	Savaskan 等（2004）、Zeng 和 Hou（2019）
两部定价契约	针对包含两个成员的供应链模式，研究特许价格和渠道权力的改变对定价决策的影响，并利用两部定价契约对其进行协调	Kaya（2010）、Gao 等（2016）、Zheng 等（2017）
	针对包含三个成员的供应链模式，研究广告投资和需求中断的改变对定价决策的影响，并利用两部定价契约对其进行协调	Hong 等（2015）、Hosseini - Motlagh 等（2019）
其他	批发价格契约、两部定价契约、成本分担契约、补贴契约和赔偿契约等契约间效率的比较	Hu 等（2016）、Zeng 和 Hou（2019）

大量学者应用收益成本共享契约研究逆向供应链协调问题。收益成本共享契约是指由制造商为零售商设定较优惠的价格，作为交换，零售商将自己的收入或成本按比例分配给制造商。早在 2004 年，Savaskan 等就针对逆向供应链中的废旧产品回收问题，分别从零售商回收、制造商回收和第三方回收三方面构建 Stackelberg 博弈模型，并构建收益成本共享契约以协调各企业利润[46]。近年来，学者们根据不同结构逆向供应链构建了多类型收益成本共享契约。Mafakheri 和 Nasiri（2013）针对制造商和零售商构建了基于纳什均衡的收益成本共享契约，指出基于零售商的回报激励政策不仅能够提升企业利润，也能够触发高水平的环境效益[66]。Wu（2015）对包含一个制造商和两个存在竞争的零售商的闭环供应链协调问题进行研

究，针对竞争激烈程度构建收益成本共享契约使其达到协调[67]。Heydari等（2018）针对包含单一制造商和零售商的闭环供应链模式设计收益成本共享契约，并指出消费者的回收意愿随着回收便利性显著提升[68]。Zeng和Hou（2019）针对消费者在退货过程中的差异化行为，为制造商和零售商构成的逆向供应链提供联合策略、奖励策略、广告策略和免运费策略四种定价策略下的收益成本共享契约，并比较不同类型消费者占比下企业的利润[69]。

两部定价契约在逆向供应链协调研究中被广泛应用。两部定价契约是由制造商向零售商收取等于其边际成本的批发价格，在此基础上，再向零售商收取固定的特许经营价格。截至目前，两部定价契约多用于垄断行业。Kaya（2010）研究了制造商和第三方回收商的两部定价契约问题，分别在集中和分散决策下构建利润模型，验证特许价格等因素在契约下对企业利润和定价策略的影响[70]。Gao等（2016）针对存在制造商和零售商的闭环供应链，分别从不同渠道权力结构下应用Stackelberg博弈理论分析其定价决策，并指出当零售商占据主导权时，供应链利润显著提升，并通过构建两部定价契约，在分散模式下显著提升了企业利润[71]。Hong等（2015）分别在零售商回收、制造商回收和第三方回收三种模式下，考虑了广告投资对企业决策影响，在集中和分散决策下分析企业最优决策，并利用两部定价契约对其进行协调[72]。Zheng等（2017）研究包含一个再制造商和回收商的闭环供应链，分别在完全信息和非完全信息下对企业定价决策和利润进行研究，结果表明非完全信息下供应链效率降低，之后利用两部定价契约激励回收商，并最终改善企业利润[73]。Hosseini－Motlagh等（2019）针对由再制造商、零售商和回收商构成的双渠道闭环供应链模型，分别在集中和分散决策下研究线上渠道需求中断时，企业的最优定价决策，并利用两部定价契约协调供应链，在提升企业利润的同时促进环境改善[74]。

另外，有部分学者应用数量折扣契约、批发价契约、补贴契约等研究逆向供应链协调问题。Hu等（2016）针对包含制造商和回收商的二手市场，分别构建批发价格契约、两部收费契约、成本分担契约、补贴契约和赔偿契约五种模式协调企业利润，最终指出补贴契约对制造商更有利、成本分担契约对回收商更有利[75]。Zeng和Hou（2019）针对以废旧手机为主的二手电子市场，指出消费者对回收价格敏感但回收价格普遍较低这一问题，并以数量折扣契约和质量提升方案分别协调供应商和回收商决策，最终指出数量折扣契约可以有效协调该供应链模式，但当废旧产品质量不高时，质量提升方案对供应链系统利润的提升更为显著[69]。

国内学者也对逆向供应链契约设计问题进行了大量研究。孙浩和达庆利（2008）针对逆向供应链回收过程中的设施容量问题进行研究，分别构建回收商或制造商租用设施下的价格—利润模型，并通过引入收益成本共享契约协调了分散决策下企业利润[76]。袁煜昶等（2009）针对由一个制造商和零售商构成的逆向供应链模式，首先基于回收努力构建其定价决策模型，并利用两部定价契约和回馈与惩罚契约分别协调分散决策下企业利润，最终同时提升各企业利润[77]。王文宾等（2009）构建了政府奖惩机制下逆向供应链决策模型，并指出在奖惩机制下，制造商和零售商的积极性得到有效调动，利润均得到提升，实现了供应链协调[29]。贡文伟等（2011）针对包含单制造商和两个零售商的逆向供应链模式，构建考虑政府奖惩机制的决策模型，并指出奖惩机制能够有效促进企业回收量和利润的提高[78]。之后，贡文伟（2012）等将贡文伟等（2011）扩展至考虑不对称信息的逆向供应链契约研究，并指出当政府对零售商实施奖惩机制，制造商可以通过降低回收价格提升自身利润[79]。王先甲和张柳波（2014）针对逆向供应链中激励机制不足的问题，利用博弈论和激励机制理论分别从完全信息和不完全信息下设计契约以协调企业利润[80]。李芳等（2016）针对包含单一制造商和零售商的逆向供应链模式，研究信息不对称条件下的契约协调问题，通过为所有回收商设立多类型契约，实现了企业利润的优化[81]。胡强等（2018）为制造商和零售商分别构建了两类由政府主导的激励契约，并通过数值算例证明两类契约都能够显著提升回收商的努力水平，促进回收量提升[82]。

由以上文献可知，学者们对逆向供应链契约设计的研究已经较为成熟，目前主要集中于渠道竞争、渠道选择和渠道权力等问题的契约设计，对考虑服务水平的契约设计问题研究较少，特别是对线上回收渠道中定价和服务水平协调决策的研究尚未见报道。

2.2 双渠道供应链的定价策略研究

双渠道供应链同时包含线上渠道和线下渠道。在双渠道供应链模式中，虽然线上渠道分割了传统线下渠道的客户资源，但同时也减轻了供应链上下游的双重边际效应，改善了整个系统的效率和利润。因此，线上渠道的引入对于传统线下渠道既是机遇也是挑战。接下来，本书通过梳理相关文献，对双渠道供应链的研究现状进行综述。

2.2.1 双渠道供应链的相关概念

双渠道供应链的概念最早由美国学者 Balasubramanian 于 *Marketing Science* 发表的文章中提出，他指出大量消费者利用基于互联网的线上渠道从直销商处购买产品，这种直销渠道和传统零售渠道并行存在的模式对消费市场具有重要的促进作用。同时，他也指出线上和线下渠道之间总是存在竞争的，以上观点被学者们普遍接受[83]。

由此可知，与传统单渠道供应链相比，双渠道供应链增加了线上直销渠道。尽管线上渠道能够提供更好的服务以满足消费者需求，从而提升产品总价值并增加企业利润，但同时也加剧了市场竞争，容易引发渠道间冲突。由于设置合理的价格能有效减少渠道间冲突和双重边际效应，因此定价决策问题在双渠道供应链研究中被广泛关注。

2.2.2 双渠道供应链的定价策略

国内外学者对双渠道供应链的定价决策问题进行了较为深入的研究，近年来主要考虑消费者偏好、渠道竞争和绿色产品交易对企业定价决策的影响。

在消费者偏好对企业定价、销量和利润影响的研究中，Hua 等（2010）指出线上渠道相比线下渠道在服务质量方面具有优势，并直接影响消费者对线上渠道的接受度及定价策略[84]。盛昭瀚和徐峰（2010）指出区域发展的不平衡，即不同地区之间的差异对双渠道供应链的决策具有重要影响，且为不同地区制造商建立双渠道供应链定价模型，指出差异化定价策略可以提高供应链整体利润，并从制造商视角对其利润优化提供策略[85]。之后，徐峰等（2011）将研究扩展至零售商利润—定价模型，建立批发价格不变、统一批发价格和整体利润最大化三种定价策略，并通过数值仿真比较其效率[86]。以上研究为双渠道供应链企业定价决策问题的研究提供了理论依据。Huang 等（2012）针对由一个制造商和零售商构成的双渠道供应链模式，在需求发生中断情形下分别研究集中和分散决策下的企业利润，并指出在需求发生中断时，产品均具有一定的鲁棒性，其销量和利润受消费者线上渠道偏好的显著影响[87]。Li 等（2018）对考虑消费者退货策略下的双渠道供应链模式进行研究，指出当制造商和零售商同时提供退款保证，且零售商实现个性化定价时，可使得双方企业利润达到最大[88]。Zhou 等（2019）研究包含单一制造商和零售商的双渠道供应链模式，其中线上渠道由零售商搭建，通过在信息不对称情况下对企业定价决策和利润进行考察，指出当市场需求不确定性足够高时，制造商在不付出信息租金成本的情况下可获得较高收入[89]。

在渠道竞争方面，学者们主要研究不同渠道权力结构下的企业定价决策问题。Ma 等（2012）针对由两个制造商和一个零售商构成的双渠道供应链模式，研究渠道权力均衡、制造商主导和集中决策三种模式下各企业的最优定价和利润，发现在制造商主导策略下占据主导的制造商利润最高，在集中策略下两个制造商、零售商和消费者可同时获得高水平效用[90]。Huang 等（2013）根据渠道替代程度和市场潜力构建四种定价策略下的双渠道决策模型，通过数值模拟分析四种策略，并根据线下企业的不同权力结构，为引入线上渠道的企业制定不同的定价策略[91]。Jiang 等（2017）指出引入线上渠道不仅能提高制造商竞争力，由于可以降低批发价格，因此也不会损害零售商利润。由此可见，引入线上渠道并不总对零售商构成威胁。制造商能够通过合理的定价决策实现供应链协调，同时增强自身和零售商的利润[92]。Matsui（2017）针对由一个制造商和零售商构成的双渠道供应链模式，研究线上和线下渠道竞争情况下制造商定价的时机问题，并指出制造商在确定批发价格之前设定线上价格将显著提升自身利润[93]。

在绿色产品交易方面，学者们主要研究消费者绿色偏好和政府节能政策对企业定价决策的影响。由于对环境保护的日益关注，消费者或政府部门都开始关注产品在原材料采集、生产和加工环节是否有益于环境保护和资源节约。同时，以上因素又与企业成本、政府补贴和销售量等决策目标相关。Li 等（2016）分别在集中和分散决策下研究具有环保偏好制造商的定价决策问题，指出当消费者绿色偏好大于阈值时，制造商引入线上渠道可显著提升利润[94]。Zhou 和 Ye（2018）研究由制造商负责减排、零售商负责广告的双渠道低碳供应链模型，指出批发价格和消费者忠诚度将对企业最优决策产生巨大影响，同时，利用成本分担契约比广告合作契约协调供应链效率更高[95]。Ranjan 和 Jha（2019）研究制造商在线上渠道提供新型绿色环保类产品，同时在线下渠道销售传统非绿色产品的双渠道供应链模式，分别在集中决策、分散决策和契约协调三类模式下求解企业最优决策和利润，指出契约协调下的绿色质量水平最高，对环境最有益[96]。类似的，Wang 和 Song（2020）研究需求不确定情形下，制造商在线上渠道销售绿色产品，在线下渠道销售非绿色产品的双渠道绿色供应链模型，指出当单位成本系数提升时，企业需降低营销努力以最大化自身利润[97]。Rahmani 和 Yavari（2019）分析了需求扰动下销售绿色产品的双渠道供应链定价策略问题，指出当需求扰动导致市场规模增大时，较低的产品绿色成本和消费者线下渠道偏好不仅能提升整个供应链的利润，同时也能够显著提高产品绿色度[98]。Javadi 等（2019）考虑政府节能政策，对双渠道供应链定价策略问题进行研究并提出价格激励机制，在有效满足政府政策的同时显著提升供应链系统利润[99]。

上述三类双渠道供应链定价问题的对比如表 2.4 所示。

表 2.4 双渠道供应链定价决策问题

子论题	研究重点	相关文献
消费者偏好与定价决策	基于地区差异的双渠道供应链定价决策模型	盛昭瀚和徐峰（2010）、徐峰等（2011）
	考虑需求中断的双渠道供应链定价决策模型	Huang 等（2012）、Zhou 等（2019）
	考虑退货服务和服务质量的双渠道供应链定价决策模型	Hua 等（2010）、Li 等（2018）
渠道竞争与定价决策	根据时机构建不同定价策略，以优化制造商利润	Ma 等（2012）、Matsui（2017）
	通过合理定价优化所有供应链成员企业利润	Jiang 等（2017）、Huang 等（2013）
绿色产品交易与定价决策	考虑消费者绿色偏好的定价决策模型	Li 等（2016）、Zhou 和 Ye（2018）、Wang 和 Song（2020）、Rahmani 和 Yavari（2019）
	政府补贴对企业回收率、利润和环境绩效的影响	Ranjan 和 Jha（2019）、Javadi 等（2019）

由以上文献可知，目前学术界对双渠道供应链相关研究成果较多，不仅为双渠道逆向供应链管理实施提供了借鉴，也为回收企业相关决策研究奠定了理论基础。双渠道供应链相关研究的不足之处具体表现在：①现有文献对正向供应链研究较多，较少涉及闭环供应链模式。②现有文献研究偏重定价决策问题，对双渠道供应链服务水平决策以及契约协调问题研究较少。

2.3 双渠道逆向供应链的相关研究综述

在“互联网+”背景下，回收企业不仅与消费者完成废旧产品回收交易，还有基于交易各阶段的线上线下回收服务，传统逆向供应链正逐渐向线上线下双渠道模式转变。本节归纳整理了双渠道逆向供应链概念、定价决策等相关文献，梳理现有研究不足，为本书提供借鉴。

2.3.1 双渠道逆向供应链的相关概念

双渠道逆向供应链（Dual Channel Reverse Supply Chain）相关术语有“互联网+回收（Internet + Recycling）”、在线回收（Online Recycling），双渠道回收（Dual Channel Recycling）、E－闭环供应链（E－CLSC）和双回收渠道逆向供应链（Dual－Recycling Channel Reverse Supply Chain）等。

在国内，国家发展和改革委员会在《2015年循环经济推进计划》和《“互联网+”绿色生态三年行动实施方案》中首次提出“互联网+回收”概念，并指出需充分发挥互联网在逆向物流回收体系中的平台作用，提高再生资源交易的便捷化、互动化、透明化，促进生产、生活方式绿色化。之后，尽管学者们从不同角度提出“互联网+回收”的定义，但基本形成一致的观点：“互联网+回收”是回收企业、消费者及其他参与者利用回收平台对废旧产品进行的一系列预约和交易活动。Gu等（2016）指出“互联网+回收”的本质是一类商业模式[100]。朱晓东等（2017）指出双渠道回收是指企业或依托自身线上平台，或委托第三方平台，联合传统线下渠道逐步形成线上回收商和线下零售商共存的双回收渠道模式[101]。Wang等（2019）认为在线回收通常是指居民使用互联网回收平台回收废旧产品的回收方式，它将互联网、回收技术和回收方式的概念纳入资源回收的整个过程中[102]。

另外，有学者研究线上回收的供应链管理问题。Feng等（2017）最早提出双回收渠道逆向供应链的概念，指出双回收渠道逆向供应链是由传统线下回收渠道和基于互联网技术的线上回收渠道构成的回收模式[15]。Chen等（2018）将双渠道逆向供应链定义为回收企业在保留传统线下回收渠道基础上，引入基于互联网技术的线上回收渠道的供应链模式[103]。王玉燕和李璟（2018）指出，制造商利用网络平台这一便捷工具采集和整理废旧产品信息，再利用快递或上门取件完成废品回收，并与产品正向销售过程有机结合，形成E－闭环供应链[18]。

可以看出，以上定义的共性是，回收企业为消费者提供基于互联网技术的线上回收服务，帮助消费者利用手机或电脑便捷地与回收企业咨询和交易废旧产品，同时企业自身也获得更高的利润和市场竞争力。

在针对双渠道逆向供应链特征的相关研究中，宋庆彬等（2016）通过探索“互联网+回收”模式，指出其具有信息公开、交投便利、追踪系统和服务专业等特点，认为其对中国资源回收行业的发展具有较强的推动作用，并指出在未来存在网点需拓展、定价机制需完善和监管机制需介入等亟待提升的问题[1]。李春发和冯立攀（2016）[7]、Feng 等（2017）[15]和 Li 等（2019）[17]均指出开辟线上回收渠道能有效解决时空因素对废品回收的制约，大大提升了交易频率、机会与规模，减少废品回收的搜索时间成本，提升消费者便利性。朱晓东等（2017）指出互联网回收省去了回收站、交易市场等中间环节，极大提高了运营效率，降低运营成本，最大程度上保持平台的“轻模式”[101]。王玉燕和李璟（2018）指出线上回收模式具有节约时间、简化程序和增加回收量的特征[18]。Wang 等（2017）指出作为新兴回收模式，由于低收入人群更愿意选择互联网平台回收废旧电器电子产品，因此线上回收模式将成为解决废旧电器电子产品回收问题的有效途径，并认为企业开辟线上回收渠道将获得更高经济回报[104]。Qu 等（2019）指出相比线下回收渠道，消费者更关注线上回收渠道的回收价格和回收质量[105]。Jian 等（2019）指出由于线上回收企业具有专业的数据管理系统，因此能够有效保护消费者存储的废旧电器电子设备的私人信息不被泄露，回收价格也更加透明[20]。Zuo 等（2020）也在其研究中强调相比传统线下回收模式，线上回收渠道的最大特征在于其环境友好性，以及能为消费者提供便利和安全的回收服务[8]。

在双渠道逆向供应链回收模式研究方面，学者多采用案例和理论分析方法对其进行研究。魏洁（2016）对基于“互联网+回收”的废旧电器电子产品回收模式进行研究，指出线上回收包括平台搭建、信息发布、生成报价、下单取货和确认收货五个流程，认为在线上回收渠道发展过程中，企业应在加大社会宣传、加强平台建设、依托政府扶持和整合回收产业等方面予以注意[11]。Wang 等（2017）在其研究中指出尽管线上回收渠道受到政府支持并且发展迅速，但其目前仍处于初始阶段，仍需对回收流程和模式进行优化以被更多消费者接受[104]。Wang 等（2018）利用案例研究方法，对“互联网 + 回收”主要的四种回收模式进行归纳，分别是以厦门“回收叔”为代表的“互联网 + 回收 + 供应链金融”连锁模式、以“爱回收”为代表的 O2O 回收模式、以湖南“大丰”为代表的“五合一”创意回收模式以及以北京的盈创再生资源回收公司为代表的“智能回收机”回收模式[14]。王玉燕和李璟（2018）在其研究中对线上回收模式的主要流程进行分析，指出回收平台先从消费者处收集其回收需求、产品和地理位置等信息，经过定价、上门收集和批量整合后再将其传递给回收中心[18]。Jian 等（2019）详细描述线上回收流程，首先客户通过第三方平台下达回收订单，接着通过第三方物流、上门取件或门店交易等方式将废旧产品交付回收商，回收商根据产品质量检验情况确认回收价格并完成付款，客户收到现金或网上商城优惠券，最后回收商将废旧产品交给经认证的拆解厂、二手市场或再制造商[20]。Wang 等（2019）指出线上回收主要包含三类模式，分别是制造商独立构建线上回收平台、回收中心独立构建线上回收平台和第三方构建线上回收平台[102]。

针对双渠道逆向供应链定义的相关研究如表 2.5 所示。

表 2.5　双渠道逆向供应链相关定义

子论题	研究重点	相关文献
双渠道逆向供应链术语	“互联网 + 回收”、在线回收、双渠道回收	Gu 等（2016）、朱晓东等（2017）、Wang 等（2019）
	双渠道逆向供应链、E – 闭环供应链、双回收渠道逆向供应链	Feng 等（2017）、Chen 等（2018）、王玉燕和李璟（2018）
双渠道逆向供应链特征	环境友好	Wang 等（2019）、Zuo 等（2020）
	高回收价格	Qu 等（2019）
	便利和安全的回收服务	李春发和冯立攀（2016）、Feng 等（2017）、王玉燕和李璟（2018）、Li 等（2019）、Qu 等（2019）、Jian 等（2019）、Zuo 等（2020）

续表

子论题	研究重点	相关文献
双渠道逆向供应链特征	提升企业利润和回收量	李春发和冯立攀（2016）、朱晓东等（2017）、Feng 等（2017）、王玉燕和李璟（2018）、Li 等（2019）、Wang 等（2019）
双渠道逆向供应链模式	综合比较回收商自建平台、回收商外包平台、智能回收机等多种模式	Wang 等（2018）、Wang 等（2019）
	详细分析某一类线上回收模式	魏洁（2016）、Wang 等（2017）、Jian 等（2019）

以上研究从不同角度、不同理论总结双渠道逆向供应链的定义。由于供应链结构的复杂性和多样性，其含义不尽相同，因此目前还未形成双渠道逆向供应链的通用定义。此外，在针对双渠道逆向供应链特征的研究中，学者们重点分析回收企业向消费者提供便利和安全的回收服务。尽管如此，截至目前针对双渠道逆向供应链企业决策问题的定量研究较少，未见针对便利性和安全性回收服务水平决策问题的报道。

2.3.2 双渠道逆向供应链企业决策研究

国内学者对双渠道逆向供应链企业决策的研究取得了一定成果，而由于国外较少存在线上回收模式，因此其研究较少。通过文献梳理，可知双渠道逆向供应链企业决策相关研究主要包括定价和契约协调两方面。

围绕双渠道逆向供应链定价决策问题，学者们重点从消费者偏好、公平关切和渠道设计等方面研究企业决策优化问题。李春发和冯立攀（2016）通过引入消费者线上回收渠道偏好参数，比较传统线下回收模式和多类型双渠道回收模式，并通过数值仿真，指出存在消费者偏好的帕累托区间，使得双渠道回收模式下企业利润总优于传统模式[7]。作为首个针对双渠道逆向供应链定价问题的研究，该文献进行了全面且深入的探索，为之后学者们进一步深入研究提供了坚实的基础。Huang 和 Wang（2017）通过构建数学模型，比较成本扰动对只存在传统回收渠道和存在双回收渠道两种模式下企业决策的影响，并通过数值验证指出制造商选择双回收渠道时利润更高[106]。Chen 等（2018）将同时存在线上和线下回收渠道的供应链模式定义为双渠道逆向供应链，并在考虑区域差异和消费者可持续意识情形下研究回收中心和第三方回收商最优定价策略[2]。Wu 等（2019）将该研究扩展，通过引入公平关切因子，在非理性人假设下分别研究回收中心存在公平关切、TPR 存在公平关切和均不存在公平关切三种情况下回收企业的决策选择问题[6]。Li 等（2019）研究随机需求下引入线上回收渠道的双渠道闭环供应链决策问题，通过对比单线下回收渠道、单线上回收渠道和混合回收渠道三类模式，指出引入线上回收渠道尽管可以提高再制造商利润，但将损害回收商利润[17]。

围绕双渠道逆向供应链契约协调问题，学者们主要采用收益成本共享契约协调供应链。Feng 等（2017）将线上回收渠道的概念引入传统逆向供应链，并基于消费者偏好的差异，分别在集中和分散决策下构建回收中心和第三方回收商的利润模型，最终提出两类互补契约使供应链达到协调，实现了多回收企业双赢[15]。但是，在研究中假设回收中心占据主导地位，而在现实中存在第三方回收商占据主导者的情形，例如 IBM 的 Global asset recovery services 以及 AER worldwide。对于这一问题，Giri 等（2017）针对存在线上回收渠道的闭环供应链协调问题，研究集中决策、分散决策和制造商、零售商、第三方回收商分别占据主导权情形下企业最优决策问题，最终指出零售商作为主导者时整个供应链系统利润最高[16]。朱晓东等（2017）分别在集中和分散决策下研究包含制造商、零售商和第三方平台的双回收渠道供应链模式，指出集中决策下整个供应链利润最高，分散决策下由于双重边际化导致供应链效率降低，并最后通过构建收益成本共享契约使供应链达到协调[101]。Jian 等（2019）研究包含第三方回收商和第三方平台的双渠道回收模式，通过构建单边成本分担契约和双边成本分担契约协调回收企业利润，结果表明两类契约均能优化企业利润，而在同一成本分担系数下，双边成本分担契约协调效率优于单边成本分担契约[20]。

针对双渠道逆向供应链决策问题研究的对比如表 2.6 所示。

表 2.6 双渠道逆向供应链决策问题

子论题	研究重点	相关文献
双渠道逆向供应链定价决策研究	消费者对线上和线下回收渠道的偏好	李春发和冯立攀（2016）、Chen 等（2018）
	回收中心和第三方回收商分别占据主导地位	Giri 等（2017）
	公平关切	Wu 等（2019）
	回收渠道设计	Huang 和 Wang（2017）、Li 等（2019）
双渠道逆向供应链契约协调研究	构建契约，协调分散决策下企业利润	朱晓东等（2017）
	构建不同契约，并比较不同契约协调效率	Feng 等（2017）、Jian 等（2019）

由以上研究可知，双渠道逆向供应链定价决策相关文献集中于消费者偏好、渠道权力、公平关切和渠道设计等方面，契约协调相关文献集中在契约设计和对比不同契约效率方面。综上可知，定价问题是近年来双渠道逆向供应链决策问题研究的重点，但现有研究只关注回收价格和转移价格的决策问题，对服务水平决策研究较少。

2.4 服务水平决策问题的相关研究综述

在全球经济由工业型向服务型快速转型背景下，服务的重要性日益突出，企业通过向消费者提供高水平服务实现销量和利润的提升。同时，由于涉及相互冲突的决策目标，如降低成本和提升销量，企业需综合决策价格和服务水平。本节针对服务水平的概念和决策相关文献进行综述，梳理现有研究不足，并为本书提供借鉴。

2.4.1 服务水平的内涵

围绕服务水平的定义，Wang 等（2009）认为术语“服务水平”类似经济学中的“营销努力”，是指零售商的品牌建设活动，包括聘请知识渊博的销售人员、投资广告以及提高店内商品展示质量等[107]。Yan 和 Pei（2009）将服务水平定义为所有形式的可以增强需求的服务，包括及时客户支持、预售建议、售后服务、店内广告促销、技术协助、退货、渠道装配以及购物体验等的整体质量[108]。滕文波和庄贵军（2015）认为服务水平即服务的质量和数量[109]。李霞等（2010）认为服务水平是企业为提高需求，所提供服务项目的服务质量水平，包括售前和售后客户服务、店内促销及商品销售过程中的服务等[110]。在服务水平的类型方面，Wang 等（2009）将服务类型分为广告营销、代运营、仓储、物流、支付、客服、售后、信用维护等[107]。许明辉等（2006）指出双渠道供应链中的服务包括送货、退换货、维护、报修和售后等，其都可以增加客户的感知价值[111]。随着互联网的发展以及电子商务的兴起，有学者根据线上和线下渠道划分服务类型。张国兴和方帅（2015）将服务项目扩展至制造商通过线上渠道向顾客提供的产品价格咨询、产品描述、用户评价以及商家信誉等[112]。王玉燕和于兆青（2019）也探讨了服务水平类别的划分，指出服务水平包含广告营销、代运营、仓储、物流、支付、客服、售后和信用维护等[19]。

2.4.2 服务水平对企业决策的影响研究

国内外学者针对服务水平影响企业决策的研究已较为深入，近年来相关研究主要包括服务水平决策和服务水平契约设计两方面。

围绕服务水平决策问题，Flees 和 Senturia（2008）指出提升安全性和便利性服务水平不仅可以增加产品销量，吸引更多消费者购买，更可以增强客户对企业的忠诚度，提升企业竞争力[113]。Dumrongsiri 等（2008）更直接指出价格和服务已经成为消费者是否购买产品的决定因素[114]。Kurata 和 Nam（2010）将服务水平作为主要决策变量，研究售后服务中考虑竞争和冲突的企业决策[115]。Wu（2012）针对包含两个制造商和一个零售商的供应链模式，分别研究不存在竞争、价格竞争、服务竞争和服务价格竞争四种情况下企业决策问题，并指出提供保修和广告等服务将总是能提升零售商利润[116]。Kurata 和 Nam（2013）指出在两级供应链中，售后服务水平对企业绩效及其与客户关系存在显著正相关影响[117]。近年来随着双渠道供应链发展，学者们逐渐关注线上渠道服务水平对企业利润的影响问题。Alba 等（1997）研究引入线上渠道对消费者、零售商和制造商的影响，并指出引入线上渠道将导致部分传统渠道消费者转向线上渠道，引起渠道冲突，零售商在不具有价格优势的情形下，可通过提高服务水平抢占顾客资源[118]。Dumrongsiri 等（2008）指出消费者选择何种渠道购物主要取于价格和服务水平两种因素[114]。Dan 等（2012）研究同时包含制造商和零售商的双渠道供应链定价及服务水平决策问题，分别在集中和分散决策下研究消费偏好对企业决策的影响，指出当消费者对零售商偏好提升时，零售商需同时提升线下渠道的零售价格和服务水平[119]。Kaya 等（2014）指出线上服务具有信息流通快、易比较、易搜索、透明化的优势，也存在“看不见、摸不着”的短板，并指出制造商和零售商在双渠道供应链中提供的总服务水平高于单一渠道服务水平，有利于提升总销量[38]。Wang 等（2017）研究包含两个生产互补产品的制造商和一个零售商的双渠道供应链服务水平决策问题，指出零售商过度提升服务水平将导致高服务成本，并降低自身利润[120]。Guo 等（2019）考虑展厅效应（showrooming effect）影响双渠道供应链服务水平决策问题，分别考虑了无服务、事前服务和事后服务三类模式，指出当展厅效应系数越强时，事后服务将为企业带来更高利润。Pi 等（2019）在考虑需求中断情形下，研究由一个制造商和两个竞争性零售商的定价和服务水平决策问题，指出零售商合作不仅能提升它们各自利润，也能够降低制造商和供应链系统成本[122]。

围绕服务水平契约设计问题，学者们主要采用批发价契约和两部定价契约对其进行研究。Li 和 Li（2016）针对包含制造商和零售商的双渠道供应链，研究零售企业为消费者提供增值服务时，其公平关切对企业决策的影响，并指出消费者对零售渠道忠诚度正相关影响渠道总效用，零售商公平关切负相关影响渠道总效用[123]。同时，他们指出当零售商提供服务且具有公平关切时，无法应用批发价契约协调整个供应链。Pu 等（2017）针对双渠道供应链中，零售商提供线下服务引起的消费者“搭便车”现象，指出随着“搭便车”消费者的增加，制造商和零售商利润都将减少，最后通过引入成本分担契约，同时提升了制造商和零售商的利润[124]。Zhang和Wang（2018）研究包含制造商和零售商的双渠道供应链定价和服务水平综合决策问题，指出在分散决策下服务水平的提升将导致系统稳定性区间先缩小后扩大，在集中决策下该区间则持续缩小，并最终通过引入两部定价契约使供应链达到协调[125]。Xie等（2018）针对包含制造商和零售商的双渠道闭环供应链模式，构建收益成本共享契约协调企业利润，并指出利润共享比的提升将激励零售商提升服务水平，并进一步提高线下销售量[126]。Qin等（2019）针对由在线零售商和两个具有竞争性的物流公司构成的供应链模式，考虑渠道成员理性特征和公平关切对定价和服务水平决策的影响，并利用批发价契约协调分散决策下各企业利润[127]。

针对服务水平决策问题相关研究的对比如表2.7所示。

表2.7 服务水平定价及契约决策问题相关研究

子论题	研究重点	相关文献
服务水平决策	对象为单渠道供应链，研究售后服务水平、维修服务和广告服务等对消费者忠诚度和企业竞争力影响的企业决策问题	Fless和Senturia（2008）、Dumrongsiri等（2008）、Kurata和Nam（2010）、Wu（2012）、Kurata和Nam（2013）
	对象为双渠道供应链，研究消费者偏好、渠道竞争和需求中断等对服务水平和定价决策的影响	Alba等（1997）、Kaya等（2014）、Dumrongsiri等（2008）、Dan等（2012）、Wang等（2017）、Li等（2019）、Pi等（2019）
服务水平契约设计	基于服务水平的收益成本共享契约	Pu等（2017）、Xie等（2018）
	基于服务水平的批发价契约	Li和Li（2016）、Qin等（2019）
	基于服务水平的两部定价契约	Zhang和Wang（2018）

尽管学者们针对供应链企业服务水平决策问题的研究已日趋成熟，但多数学者都是在正向供应链的背景下进行的研究，对于逆向供应链回收服务水平决策研究较少，且现有研究对象多为单渠道逆向供应链结构，尚未见考虑线上回收服务水平决策问题的报道。因此，围绕线上服务水平决策的双渠道逆向供应链协调策略研究就显得日益迫切。

2.5 文献评析

纵观以上相关领域已有的研究成果（见表2.8），不难发现学术界对各类型供应链企业决策问题的关注已进入“白热化”，在定价策略和契约设计等方面取得了一定的研究成果，但也存在一些不足之处，具体如下：

（1）逆向供应链作为供应量管理中的重要内容，近几年得到国内外学者的广泛关注。通过文献梳理发现，围绕逆向供应链的研究主要涉及概念、定价决策、契约协调、网络设计和库存优化等方面，有关回收企业服务水平决策的研究较少，忽略了回收服务对回收量和企业成本的重要影响。同时，在有关逆向供应链契约设计的相关文献中，更多是围绕回收价格设计收益成本共享契约或两部定价契约以协调企业利润，对考虑服务水平决策的契约设计研究较少。

（2）在有关双渠道供应链定价问题的研究文献中，近年来考虑最多的是正向渠道中消费者渠道偏好、渠道间竞争和绿色产品交易等因素对企业决策的影响，对囊括逆向物流的双渠道闭环供应链的研究相对不足，理论研究还不够系统和全面。此外，在有关双渠道供应链契约决策的文献中，学者们主要应用成本分担契约优化两类企业的利润，而未考虑到第三方企业在契约设计中的作用，因此较少涉及同时协调三类企业决策的契约设计问题。

（3）由双渠道逆向供应链相关研究文献可知，国内外学者主要围绕双渠道逆向供应链的术语、特征、回收模式、定价决策和契约设计等方面展开研究，对考虑服务水平的供应链协调决策研究还处于初级阶段，对不同类型服务提供主体的相关理论研究较为缺乏。研究方法主要以描述性的理论研究为主，缺乏深度分析各因素和变量之间影响关系的实证和建模研究。在双渠道逆向供应链的运作管理实践中，存在不同的供应链结构、服务提供主体和回收服务类型，其都会影响双渠道逆向供应链各企业决策、回收量及利润，而目前综合考虑双渠道逆向供应链定价及服务水平协调决策的研究较少，有待于进一步的深入研究。

（4）由有关服务水平决策的研究文献可知，服务水平是影响市场需求和供应链利润的重要因素，而目前的研究主要涉及正向供应链中服务水平的内涵、类型、决策和契约设计等方面，忽略了服务水平决策已经成为回收企业面临的重要难题，考虑逆向供应链中回收服务水平决策问题的研究较少。此外，在有关线上回收服务的相关研究文献中，研究方法主要以思辨和案例研究为主，缺乏基于数据的实证和建模研究。因此，服务水平决策问题在逆向供应链中的研究还处于初级阶段，无论是研究对象与问题、研究方法和思路以及其他理论体系的构建都有待进一步深入研究。

基于此，本书通过建立 Stackelberg 博弈模型，针对当下“互联网 + 回收”模式中最为典型的 DCM 逆向供应链、OM 逆向供应链和 TPM 逆向供应链三种供应链结构，分析各结构下不同的服务提供主体和回收服务类型，构建供应链系统和回收企业的利润—定价—服务水平决策模型，确定集中和分散决策下回收企业最优定价及服务水平决策，并引入收益成本共享契约协调分散决策下各企业利润，为双渠道逆向供应链中回收企业服务提供模式选择及决策优化提供参考和借鉴。

表 2.8　　本书和前人研究模型的对比

相关文献	供应链成员	主导者	逆向回收模式	单渠道模式	线上回收模式	定价决策	契约决策	服务水平决策
Savaskan 等（2004）	制造商、零售商和 TPR	制造商	√	√	×	√	√	×
Zeng 和 Hou（2019）	制造商和零售商	制造商	√	√	×	√	√	×
Mafakheri 和 Nasiri（2013）	制造商和零售商	制造商	√	√	×	√	√	×
Wu（2015）	制造商和两个零售商	制造商	√	√	×	√	√	×
Heydari 等（2018）	制造商和零售商	制造商	√	√	×	√	√	×

续表

相关文献	供应链成员	主导者	逆向回收模式	单渠道模式	线上回收模式	定价决策	契约决策	服务水平决策
Feng 等（2017）	回收中心和TPR	回收中心	√	×	√	√	√	×
Giri 等（2017）	制造商、零售商和 TPR	分别主导	√	×	√	√	√	×
Huang 和 Wang (2017)	制造商和零售商	制造商	√	×	√	√	×	×
Chen 等（2018）	回收中心和TPR	回收中心	√	×	√	√	×	×
Wu 等（2019）	回收中心和TPR	回收中心	√	×	√	√	×	×
Wu（2012）	制造商和零售商	制造商	√	√	×	√	×	√
Kurata 和 Nam (2013)	制造商和零售商	制造商	×	√	×	√	×	√
Wang 等（2017）	制造商和零售商	制造商	×	×	×	√	×	√
Qin 等（2019）	线上回收商和 TPR	线上回收商	×	×	×	√	√	√
Xie 等（2018）	制造商和零售商	制造商	√	×	×	√	√	√
本书	回收中心和TPR	回收中心	√	√	√	√	√	√

第 3 章

DCM 逆向供应链中定价及服务水平协调策略

DCM 逆向供应链既包含传统线下渠道，也包含回收中心自建的线上回收渠道。在该模式下，消费者渠道偏好、渠道间冲突和高服务成本等因素都提升了回收中心定价和服务水平决策的难度。以四川长虹格润再生资源公司为例，其不仅需优化传统线下回收渠道的回收价格和转移价格，同时也需考虑自建线上回收渠道的定价和服务水平决策。在线上渠道，高水平的回收服务可以有效提升选择线上渠道消费者的比例，但同时也会导致高服务成本。因此，服务水平决策问题的核心在于帮助回收中心寻找提升回收量和控制服务成本的最优决策点。此外，服务水平决策还需兼顾回收和转移定价决策，以及可能引发的渠道间冲突问题，综合考虑以上因素将为回收中心带来巨大挑战。因此，探讨 DCM 逆向供应链定价和服务水平决策问题对回收中心具有十分重要的现实意义。

高水平回收服务是线上回收渠道相比传统渠道的重要渠道优势。例如，选择线上渠道的消费者在浏览回收网站时可以查询可供回收产品的种类和型号，并在输入废旧产品购买时间、故障程度和磨损部位等信息后，可及时得到回收中心报价。而在线下回收渠道，消费者需自行前往废品回收门店，或者等待非专业的“回收游击队”走街串巷。线上回收服务不仅能够节约消费者的搜寻时间成本，派遣快递员上门取件、交付后可申请退货和专业的分解拆卸等服务均可节约交易时间并保护消费者隐私。以上回收服务在线下回收渠道中处于较低水平。

目前对 DCM 逆向供应链决策问题的研究主要集中于定价决策问题，未见同时考虑定价和服务水平决策的报道。此外，进一步考虑基于定价和服务水平的契约设计问题不仅有利于提高企业利润，还能够降低渠道间冲突。基于此，研究 DCM 逆向供应链定价及服务水平协调决策问题，为回收企业提高利润和回收量提供决策支持，具有十分重要的现实意义。

3.1 研究过程设计

本章首先对DCM逆向供应链中回收企业的定价及服务水平决策问题进行描述，对其供应链结构、渠道权力和废旧产品种类等因素进行假设，并结合所构建模型中设计的参数，详尽解释模型框架、结构及决策顺序；其次，在回收企业不提供回收服务情形下，构建DCM逆向供应链的利润—定价模型，并求解各回收企业最优定价决策及最大利润；然后，在回收企业提供服务情形下，分别构建集中和分散决策下回收企业利润—定价—服务水平决策模型，并求解其最优定价和服务水平决策及最大利润；接着，为优化分散决策下各回收企业利润，引入收益成本共享契约协调模型；最后，通过数值算例对参数的敏感性进行验证分析，进一步得出消费者偏好、服务成本系数对企业决策和利润影响的规律和管理意义。本章研究过程设计如图3.1所示。

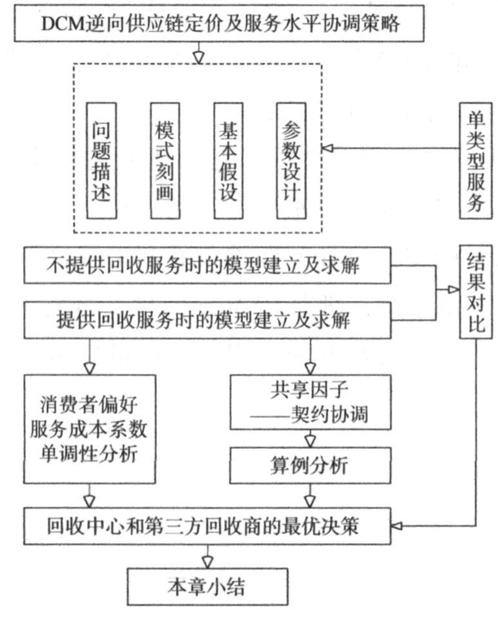

图3.1 本章研究过程设计

3.2　问题描述及模型框架

3.2.1　问题描述

本章所研究的 DCM 逆向供应链主要包含一个回收中心和一个 TPR。如图 3.2 所示，TPR 负责以一定的回收价格从消费者处回收废旧电器电子产品，然后将废旧电器电子产品以转移价格销售给回收中心，这构成双渠道逆向供应链中的线下回收渠道。在线上回收渠道中，回收中心直接与消费者进行交易。回收中心在与消费者通过网站或 App 就价格达成一致后，利用快递或上门取件的方式直接回收废旧电器电子产品。回收中心最终将线上和线下回收的废旧电器电子产品统一销售给上游再制造商或化学工厂进行进一步处理。

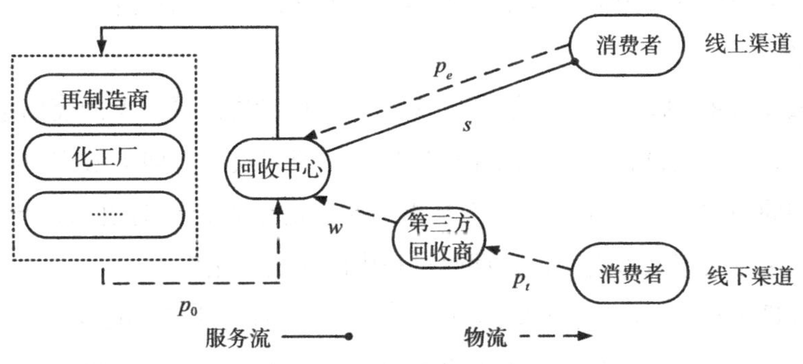

图 3.2　DCM 逆向供应链结构

为准确描述供应链结构和运作模式，本书提出如下假设。

假设 3.1　类似 Feng 等（2017）[15] 和 Giri 等（2017）[16] 的研究，本书假设企业在进行决策时将不考虑公平关切等非理性行为因素。供应链参与成员一旦存在公平感等非理性因素，将对自身以及其他参与者的决策和利润产生重要影响。例如，线上回收渠道的出现分享了 TPR 的利润，可能会造成 TPR 产生报复心理，进而作出欺诈、恶意竞价等非理性行为。本假设意味着不论是在集中决策还是分散决策下，供应链系统和各回收企业都将为最大化自身经济利润为目标进行决策。

假设 3.2 类似 Feng 等（2017）[15]和 Li 等（2019）[17]的相关研究，本书假设在回收中心和 TPR 的博弈中，回收中心的渠道权力远远大于 TPR，占据主导者地位。回收中心不仅具有强大的经济实力，而且由于对环境更为友好，因此也得到政府在政策方面的支持。与此同时，TPR 通常规模较小，不仅缺乏强大资金支持，也缺乏科学完备的分解和处置废旧电器电子产品的手段，因此只能负责以更高的价格将回收的废旧电器电子产品转售给回收中心。综上，本书假设回收中心占据该博弈模型的主导者地位。作为跟从者，TPR 需等到回收中心做出决策后，才能进行决策。此类假设和博弈方法已经在类似文献中被广泛应用。

假设 3.3 本书不考虑线下渠道的服务水平。基于类似研究[13]，相比回收中心在线上渠道直接向消费者提供的便利性服务（在线交流和上门取件）和安全性服务（隐私保障），尽管现实中线下回收企业数量庞大并占据主要市场，但其向消费者提供回收服务水平极低，无法提升线下渠道竞争力，从而对各渠道回收数量产生影响。因此，本书选择忽略线下回收服务水平。

假设 3.4 基于类似研究[2,6]，对于本节中考虑的同类型的废旧电器电子产品，本书假设它们具有同样损耗程度，即回收中心向上游交付后可以获得相同的收入。此外，由于不是本书研究的重点，同时也为简化研究，本书不考虑废旧电器电子产品回收过程中的回收转化率。

假设 3.5 基于大量类似的研究[15-16]，本书假设废旧电器电子产品的回收数量与回收价格和服务水平之间存在线性关系，即在回收企业不提供服务时，线下渠道的回收量 $d_r=(1-\theta)\alpha+mp_t-np_e$，线上回收渠道的回收量 $d_e=\theta\alpha+m\,p_e-np_t$。在回收中心提供回收服务时，线下渠道的回收量 $d_r=(1-\theta)\alpha+m\,p_t-n\,p_e-js$，线上渠道的回收量 $d_e=\theta\alpha+m\,p_e-np_t+is$。同时，基于针对服务水平的相关研究[120-121]，本书假设服务成本服从 $c_s=\eta s^2/2$。

3.2.2　参数设计

本章构建模型应用的参数如下所示：

d_r——线下回收渠道中废旧电器电子产品的回收量。

d_e——线上回收渠道中废旧电器电子产品的回收量。

θ——消费者对线上回收渠道的偏好程度（$0<\theta<1$）。

p_0——回收中心向上游企业销售废旧电器电子产品的单位价格。

p_t——线下回收渠道中 TPR 向消费者回收废旧电器电子产品的单位回收价格。

p_e——线上回收渠道中回收中心向消费者回收废旧电器电子产品的单位回收价格。

w——线下渠道中回收中心向 TPR 回收废旧电器电子产品的单位转移价格。

λ——利润共享因子，指契约协调下回收中心分担 TPR 线下回收渠道 λ 倍的回收价格。

s——线上回收渠道中回收中心的服务水平。

c——线上渠道中回收中心回收废旧电器电子产品的固定成本。

c_s——线上回收渠道中回收中心的服务成本。

η——服务成本系数（$\eta>0$）。

a——回收市场的基础值（$a>0$）。

m——回收量受自身渠道回收价格影响的弹性系数（$m>0$）。

n——回收量受竞争渠道回收价格影响的弹性系数（$m>n>0$）。

i——回收量受自身渠道回收服务水平影响的弹性系数（$i>0$）。

j——回收量受竞争渠道回收服务水平影响的弹性系数（$i>j>0$）。

Π_m——回收中心的利润。

Π_t——TPR 的利润。

Π——整个供应链系统的利润。

此外，本章假设在符号的上标处，$*$ 代表集中决策下的最优决策和利润，** 代表分散决策下的最优决策和利润；c 代表契约下的决策和利润；$c*$ 代表契约下的最优决策和利润。

3.3 提供回收服务下 DCM 逆向供应链定价及服务水平决策

在线平台“爱回收”已经将优化回收服务看作是提升回收量的重要手段。这不仅体现在其网站设计、运营和客服响应已完全向淘宝和京东等一线互联网公司的标准看齐上，同时也体现在其在线下布局了大量网点，方便潜在消费者咨询以及现场交付上。据统计，“爱回收”已经在北京市开设约 58 家线下体验店。那么对于“爱回收”这样的企业，如何综合考虑线上和线下回收渠道运营，优化定价和服务水平决策，就成为亟待解决的重要问题。此外，由于 DCM 逆向供应链中线上渠道由回收中心运营，因此该模式下回收服务全部由回收中心向消费者提供，本节在构建模型时将不对多类型服务进行进一步划分。

本章首先考虑集中决策下供应链系统的定价及服务水平决策问题。在该模式下，本章将回收中心和 TPR 看作整体进行决策。即，回收中心和 TPR 不再以自身利润而是以整个供应链系统利润最大化为目标进行决策。因此，供应链系统将对线下回收价格 p_t、线上回收价格 p_e 和线上服务水平 s 进行综合决策。该供应链系统利润可以为线上和线下回收渠道利润之和，即：

$$\begin{aligned}\prod &= \prod_m + \prod_t \\ &= (p_0 - p_t)d_r + (p_0 - p_e - c)d_e - c_s \\ &= (p_0 - p_t)[(1-\theta)\alpha + mp_t - np_e - js] + (p_0 - p_e - c)(\theta\alpha + \\ &\quad mp_e - np_t + is) - \eta s^2/2 \qquad (3.1)\end{aligned}$$

根据 Yoo 等（2015）的相关研究，为证明多元函数存在极值点，可以通过分别对其变量求解二阶偏导并绘制 Hessian matrix。如果 Hessian matrix

为负定，则该函数存在极大值；如果 Hessian matrix 为正定，则该函数存在极小值。该研究方法已经在类似针对供应链企业定价决策研究中被广泛使用。

命题3.1　当 $i^2m+j^2m-2ijn+2\eta(n^2-m^2)<0$ 时，$\Pi(p_t, p_e, s)$ 是关于 p_t，p_e，s 的上凸函数。

证明：本书绘制了 $\Pi(p_t, p_e, s)$ 的 Hessian matrix 为：

$$
\begin{bmatrix}
\dfrac{\partial^2\Pi}{\partial {p_t}^2} & \dfrac{\partial^2\Pi}{\partial p_t\partial p_e} & \dfrac{\partial^2\Pi}{\partial p_t\partial s} \\
\dfrac{\partial^2\Pi}{\partial p_e\partial p_t} & \dfrac{\partial^2\Pi}{\partial {p_e}^2} & \dfrac{\partial^2\Pi}{\partial p_e\partial s} \\
\dfrac{\partial^2\Pi}{\partial s\partial p_t} & \dfrac{\partial^2\Pi}{\partial s\partial p_e} & \dfrac{\partial^2\Pi}{\partial s^2}
\end{bmatrix}
=
\begin{bmatrix}
-2m & 2n & j \\
2n & -2m & -i \\
j & -i & -\eta
\end{bmatrix}
$$

由于该 Hessian matrix 的一阶顺序主子式为 $-2m<0$，二阶顺序主子式为 $4m^2-4n^2>0$，将三阶顺序主子式展开并解得其为 $2[i^2m+j^2m-2ijn+2\eta(n^2-m^2)]$。因此，只需 $2[i^2m+j^2m-2ijn+2\eta(n^2-m^2)]<0$，就可以使得 $\Pi(p_t, p_e, s)$ 全部的奇数阶顺序主子式为负，偶数阶顺序主子式为正。

因此，当 $2[i^2m+j^2m-2ijn+2\eta(n^2-m^2)]<0$ 时，$H(\Pi)$ 就成为一个负定矩阵，$\Pi(p_t, p_e, s)$ 是关于 p_t，p_e，s 的上凸函数。即存在 p_t^*，p_e^*，s^*，使得供应链系统的总利润达到其最大值。

证毕。

命题3.1证明存在特定决策变量 p_t，p_e，s，能够使得供应链系统的总利润Π达到极大值。供应链系统可以通过对 p_t，p_e，s 进行合理优化，以达到优化自身利润的目的。

此外，Cachon（2005）的研究也指出为求解多元函数取得极值时自变量的值，可以通过求解函数对变量一阶偏导并令其为0时的解。由于命题3.1已证明Π存在极大值，因此为求解集中决策下供应链系统利润达到极大值时对应的 p_t，p_e 和 s，分别求解了Π 对于 p_t，p_e，s 的一阶偏导数并令其为0，解得 p_t，p_e，s 如下：

$$p_t = \frac{cn - js - \alpha + \alpha\theta + mp_0 - np_0 + 2np_e}{2m}$$

$$p_e = \frac{-cm - is - \alpha\theta + mp_0 - np_0 + 2np_t}{2m}$$

$$s = \frac{-ci - jp_0 + ip_0 - ip_e + jp_t}{\eta}$$

由于上述解中仍分别包含决策变量 p_t，p_e和 s，因此为进一步化简，本书联立上式以求得只包含参数的供应链系统最优决策 p_t^*，p_e^*，s^*：

$$p_t^* = \frac{\begin{matrix} ci(jm - in) + \alpha[i^2(\theta - 1) - ji\theta + 2\eta(m - m\theta + n\theta)] \\ + p_0[2j^2m - ij(m + 3n) + (m + n)(i^2 - 2m\eta + 2n\eta)] \end{matrix}}{2[i^2m + j^2m - 2ijn + 2\eta(n^2 - m^2)]} \tag{3.2}$$

$$p_e^* = \frac{-c\begin{pmatrix} j^2m + 2i^2m - 3ijn \\ -2m^2\eta + 2n^2\eta \end{pmatrix} + \alpha\begin{bmatrix} ij\theta - ij - j^2\theta \\ +2\eta(n + m\theta - n\theta) \end{bmatrix} + p_0\begin{bmatrix} j^2(m + n) - ij(m + 3n) \\ +2(i^2m - \eta m^2 + \eta n^2) \end{bmatrix}}{2[i^2m + j^2m - 2ijn + 2\eta(n^2 - m^2)]} \tag{3.3}$$

$$s^* = \frac{ci(m^2 - n^2) + \alpha[i(n\theta - m\theta - n) + j(n\theta - m\theta - m)] + (j - i)(m^2 - n^2)p_0}{i^2m + j^2m - 2ijn + 2\eta(n^2 - m^2)} \tag{3.4}$$

通过式（3.2）、式（3.3）和式（3.4），得到供应链系统最优的定价和服务水平决策 p_t^*，p_e^*和 s^*。因此，对于相同结构的 DCM 逆向供应链，本书可通过将参数代入式（3.2）、式（3.3）和式（3.4），以求解获得系统的最优定价和服务水平决策。同时，通过代入 p_t^*，p_e^*，s^*到 $\prod$，本书可得供应链系统在集中决策下的最大的回收量和利润如下：

$$d_r^* = (1 - \theta)\alpha + mp_t^* - np_e^* - js^* \tag{3.5}$$

$$d_e^* = \theta\alpha + mp_e^* - np_t^* + is^* \tag{3.6}$$

$$\prod{}^* = (p_0 - p_t^*)[(1 - \theta)\alpha + mp_t^* - np_e^* - js^*] + (p_0 - p_e^* - c)[\theta\alpha + mp_e^* - np_t^* + is^*] - \eta s^{*2}/2 \tag{3.7}$$

命题 3.2 提供回收服务时供应链系统的最优线上回收价格 p_e^*与 θ 成负相关，最优回收服务水平 s^*与 θ 成正相关。

证明：令 p_e^*对于 θ 求一阶偏导，可得：

$\partial p_e^*/\partial\theta = a[ij - j^2 + 2\eta(m-n)]/\{2[i^2m + j^2m - 2ijn + 2\eta(n^2 - m^2)]\}$

根据命题3.1，可得$2[i^2m + j^2m - 2ijn + 2\eta(n^2 - m^2)] < 0$。又因为$i > j > 0$，$m > n > 0$，$\eta > 0$，$a > 0$，因此$ij - j^2 > 0$，$2\eta(m-n) > 0$，可得$a[ij - j^2 + 2\eta(m-n)] > 0$。

综上可得$\partial p_e^*/\partial\theta$恒小于0，所以供应链系统的最优线上回收价格$p_e^*$与$\theta$成负相关。

令s^*对于θ求一阶偏导，可得：

$\partial s^*/\partial\theta = a[i(n-m) + j(n-m)]/\{2[i^2m + j^2m - 2ijn + 2\eta(n^2 - m^2)]\}$

根据命题3.1，可得$2[i^2m + j^2m - 2ijn + 2\eta(n^2 - m^2)] < 0$。又因为$i > j > 0$，$m > n > 0$，$a > 0$，因此可得$a[i(n-m) + j(n-m)] < 0$。

综上可得$\partial p_s^*/\partial\theta$恒大于0，所以供应链系统的最优回收服务水平$s^*$与$\theta$成正相关。

证毕。

通过对式（3.5）至式（3.7）的观察，本书发现供应链系统利润的函数中包含了消费者线上回收渠道偏好θ，这表明在集中决策下θ不仅能够对回收企业的定价、服务水平决策产生影响，还会影响供应链系统的利润。此外，尽管由式（3.7）得到了供应链系统在确定最优定价和服务水平决策时的最大利润，但不同回收企业进行集中决策为理想模式，事实上，供应链中的企业主要进行分散决策，并为了最大化自身利润进行博弈。本书对集中决策下供应链模型进行研究是为将其作为最优化目标，在3.5节中通过构建契约以对3.4节中分散决策下回收企业的利润进行优化。

接下来，本章综合考虑分散决策下回收中心和TPR的最优定价、服务水平决策以及回收企业利润。该模式下，供应链中回收中心和TPR分别为最大化自身利润进行决策。根据假设3.2，由于回收中心相对TPR占据供应链的主导地位，因此回收中心先进行决策，TPR在观察它的决策后再进行决策。然而，回收中心进行决策时，由于其具有主导地位，因此能够充分预测自身决策对于作为跟随者的TPR的影响。这意味回收中心可以了解TPR的决策反应函数。考虑到该因素，回收中心可以在TPR做出反应后做出最有利于自身的决策。该博弈模型求解方法被称为逆向归纳法（Simaan 等，1973），并且已经被供应链定价决策领域的学者们广泛应用（Mafakheri 等，2013；Zheng 等，2017；Xie 等，2018）。

根据逆向归纳法，本章先求解 TPR 的最优定价决策。TPR 的利润是由其在线下以 p_t 的价格回收废旧电器电子产品，再以 w 的价格将废旧电器电子产品转移给回收中心，从而赚取利润差构成的。TPR 的利润函数为：

$$\prod_t = (w - p_t)d_r = (w - p_t)[(1 - \theta)\alpha + mp_t - np_e - js]$$

类似集中决策下中对极值点的研究，本章分别求解 Π_t 对于 p_t 的一阶和二阶偏导数，得到其一阶偏导数为 $\partial\Pi_t/\partial p_t = js - \alpha(1-\theta) + np_e + m(w - p_t) - mp_t$，二阶偏导数为 $\partial\Pi_t^2/\partial^2 p_t = -2m$。由于其二阶偏导数小于 0，因此 Π_t 是关于 p_t 的上凸函数。即，存在 p_t^{**} 可以使得 Π_t 达到极大值。令 $\partial\Pi_t/\partial p_t = 0$，可以得到：

$$p_t^{**} = (js + mw - \alpha + \alpha\theta + np_e)/2m$$

根据逆向归纳法，在观察到 TPR 对线下回收价格 p_t^{**} 的决策反应函数后，作为供应链主导者，回收中心将对其线上回收价格、回收服务水平和线下转移价格进行决策以最大化自身利润。回收中心的利润函数可以表示为：

$$\begin{aligned}\prod_m &= (p_0 - w)d_r + (p_0 - p_e - c)d_e - c_s \\ &= (p_0 - w)[(1 - \theta)\alpha + mp_t^{**} - np_e - js] + (p_0 - p_e - c)[\theta\alpha + \\ &\quad mp_e - np_t^{**} + is] - \eta s^2/2\end{aligned}$$

类似命题 3.1 中对极值点的求解，本章先需证明对于回收中心的利润函数 $\prod_m$，存在最优决策变量 w^{**}，p_e^{**}，s^{**}，使得 $\prod_m$ 达到极大值。因此，本章先要对 $\prod_m$ 求解二阶偏导并构建 Hessian matrix。只有当 Hessian matrix 是负定矩阵，才能证明 $\prod_m$ 存在极大值。

命题 3.3 当 $-4ijmn + j^2(m^2 + n^2) + 2m(mi^2 - 2\eta m^2 + 2\eta n^2) < 0$，$\Pi_m(w, p_e, s)$ 是关于 w，p_e，s 的上凸函数。

证明：本章绘制了 $\Pi_m(w, p_e, s)$ 的 Hessian matrix 为：

$$\begin{bmatrix} \frac{\partial^2 \Pi_m}{\partial w^2} & \frac{\partial^2 \Pi_m}{\partial w \partial p_e} & \frac{\partial^2 \Pi_m}{\partial w \partial s} \\ \frac{\partial^2 \Pi_m}{\partial p_e \partial w} & \frac{\partial^2 \Pi_m}{\partial {p_e}^2} & \frac{\partial^2 \Pi_m}{\partial p_e \partial s} \\ \frac{\partial^2 \Pi_m}{\partial s \partial w} & \frac{\partial^2 \Pi_m}{\partial s \partial p_e} & \frac{\partial^2 \Pi_m}{\partial s^2} \end{bmatrix} = \begin{bmatrix} -m & n & j/2 \\ n & -2m + \frac{n^2}{m} & -i + \frac{jn}{2m} \\ j/2 & -i + \frac{jn}{2m} & -\eta \end{bmatrix}$$

由于该 Hessian matrix 的一阶顺序主子式为 $-m<0$，二阶顺序主子式为 $2m^2-2n^2>0$，将三阶顺序主子式展开并解得其为 $[-4ijmn+j^2(m^2+n^2)+2m(mi^2-2\eta m^2+2\eta n^2)]/2m$。因此，只需 $[-4ijmn+j^2(m^2+n^2)+2m(mi^2-2\eta m^2+2\eta n^2)]<0$，就可以使得 $\Pi_m(w, p_e, s)$ 全部的奇数阶顺序主子式为负，偶数阶顺序主子式为正。

因此，当 $[-4ijmn+j^2(m^2+n^2)+2m(mi^2-2\eta m^2+2\eta n^2)]<0$ 时，H（Π_m）就成为一个负定矩阵，$\Pi_m(w, p_e, s)$ 是关于 w，p_e，s 的上凸函数。即存在 w^*，${p_e}^*$，s^*，使得回收中心的利润可以达到最大值。

命题3.3的成立证明了存在 w^{**}，${p_e}^{**}$，s^{**}能够使得Π_m达到极大值。接下来，将求解最优决策变量 w^{**}，${p_e}^{**}$，s^{**}，以优化回收中心利润。类似命题3.1中的研究，为求解以上决策变量的最优值，分别求解 Π_m对于 w，p_e，s 的一阶偏导数并令其为0，解得 w，p_e，s 如下：

$$w = \frac{cn - js - \alpha + \alpha\theta + mp_0 - np_0 + 2np_e}{2m}$$

$$p_e = \frac{-2cm^2 + cn^2 - 2ims + jns + 2mnw - n\alpha - 2m\alpha\theta + n\alpha\theta + 2m^2p_0 - mnp_0 - n^2p_0}{2(2m^2 - n^2)}$$

$$s = \frac{-2cim + cjn + jmw - jmp_0 + 2imp_0 - jnp_0 - 2imp_e + jnp_e}{2m\eta}$$

由于以上求解结果中仍包含决策变量，因此需对其联立并化简，以求解只包含参数的最优解。通过其联立，可以得到 w^{**}，${p_e}^{**}$，s^{**}：

$$w^{**} = \frac{\begin{array}{l} cp_0[-mnj^2 - 2mni^2 + ij(2m^2+n^2)] + \alpha[2mi^2(\theta-1) - 4m^2\eta(\theta-1) \\ + j^2n\theta + 4mn\eta\theta + ij(n - 2m\theta - n\theta)] + [j^2(2m^2+mn+n^2) \\ - ij(2m^2+5mn+n^2) + 2m(m+n)(i^2+2\eta(n-m))] \end{array}}{2[-4ijmn + j^2(m^2+n^2) + 2m(mi^2 - 2\eta m^2 + 2\eta n^2)]} \tag{3.8}$$

$$p_e^{**} = \frac{\begin{gathered} -c[-7ijmn + j^2(m^2+2n^2) + 4m(i^2m - m^2\eta + n^2\eta)] \\ + m\alpha[ij(\theta-1) - j^2\theta + 4\eta(n + m\theta - n\theta)] \\ + p_0[-ijm(m+7n) + j^2(m^2+mn+2n^2) + 4m(mi^2 - m^2\eta + n^2\eta)] \end{gathered}}{2[-4ijmn + j^2(m^2+n^2) + 2m(mi^2 - 2\eta m^2 + 2\eta n^2)]} \tag{3.9}$$

$$s^{**} = \frac{\begin{gathered} c(2im - jn)(m^2 - n^2) + p_0(m^2 - n^2)(-2im + jm + jn) \\ + \alpha[-2im(n + m\theta - n\theta) + j(m^2 + n^2 - m^2\theta + 2mn\theta - n^2\theta)] \end{gathered}}{-4ijmn + j^2(m^2+n^2) + 2m(mi^2 - 2\eta m^2 + 2\eta n^2)} \tag{3.10}$$

由式（3.8）、式（3.9）和式（3.10）得到对于回收中心最优的 w^{**}，p_e^{**}，s^{**}，即回收中心能够通过调整对于 w，p_e，s 决策以最大化其利润。与此同时，通过将式（3.8）、式（3.9）和式（3.10）代入 p_t^{**}，可得 TPR 的最优定价决策。尽管在供应链中作为回收中心的跟随者，但 TPR 依然可以通过调整线下回收价格以优化自身利润。基于此，将以上最优决策代入回收企业利润函数，可得分散决策下回收中心和 TPR 的最大利润：

$$\prod_t^{**} = (w^{**} - p_t^{**})[(1-\theta)\alpha + mp_t^{**} - np_e^{**} - js^{**}] \tag{3.11}$$

$$\begin{gathered} \prod_m^{**} = (p_0 - w^{**})[(1-\theta)\alpha + mp_t^{**} - np_e^{**} - js^{**}] + \\ (p_0 - p_e^{**} - c)(\theta\alpha + mp_e^{**} - np_t^{**} + is^{**}) - \eta s^{**2}/2 \end{gathered} \tag{3.12}$$

此时，供应链系统的线上和线下渠道的回收量分别为：

$$d_r^{**} = (1-\theta)\alpha + mp_t^{**} - np_e^{**} - js^{**} \tag{3.13}$$

$$d_e^{**} = \theta\alpha + mp_e^{**} - np_t^{**} + is^{**} \tag{3.14}$$

命题 3.4 回收中心的最优线上回收价格 p_e^* 与 θ 成负相关，回收中心的最优回收服务水平 s^* 与 θ 成正相关。

证明：令 p_e^* 对于 θ 求一阶偏导，可得：

$$\partial p_e^*/\partial\theta = ma\,[ij - j^2 + 4\eta\,(m-n)]\,/\,\{2\,[-4ijmn + j^2\,(m^2+n^2) + 2m\,(mi^2 - 2\eta m^2 + 2\eta n^2)]\}$$

根据命题 3.3，可得 $2\,[-4ijmn + j^2\,(m^2+n^2) + 2m\,(mi^2 - 2\eta m^2 + 2\eta n^2)] < 0$。又因为 $i > j > 0$，$m > n > 0$，$\eta > 0$，$a > 0$，因此 $ij - j^2 > 0$，4η

$(m-n)>0$，可得 $ma[ij-j^2+4\eta(m-n)]>0$。

综上可得 $\partial p_e^*/\partial\theta$ 恒小于0，所以回收中心的最优线上回收价格 p_e^* 与 θ 成负相关。

令 s^* 对于 θ 求一阶偏导，可得：

$$\partial s^*/\partial\theta=a[2mi(n-m)-j(m-n)^2]/[-4ijmn+j^2(m^2+n^2)+2m(mi^2-2\eta m^2+2\eta n^2)]$$

根据命题3.3，可得 $[-4ijmn+j^2(m^2+n^2)+2m(mi^2-2\eta m^2+2\eta n^2)]<0$。又因为 $i>j>0$，$m>n>0$，$a>0$，因此可得 $a[2mi(n-m)-j(m-n)^2]<0$。

综上可得 $\partial p_s^*/\partial\theta$ 恒大于0，所以回收中心的最优回收服务水平 s^* 与 θ 成正相关。

证毕。

由式（3.11）和式（3.12）可得分散决策下，回收中心和TPR在进行最优定价和服务水平决策下的最优利润。类似集中决策，分散决策下消费者线上回收渠道偏好将影响回收中心和TPR的决策和利润。此外，由于企业在分散决策下存在双重边际化等原因导致的供应链不协调和效率低的问题，将导致回收企业和供应链系统的利润均低于集中决策。因此，在3.5节中构建了收益成本共享契约协调各企业利润，在促进整个供应链协调的同时也实现回收企业利润的提升。

3.4 不提供回收服务下DCM逆向供应链定价决策

相比传统线下回收渠道，线上回收渠道的主要优势在于其能够为消费者提供高水平的回收服务。然而，一方面由于回收中心在提供回收服务时需付出较高的服务成本，另一方面对于复杂现实情境，例如不同区域或不同的废旧电器电子产品类别，消费者对服务水平的敏感度存在差异。综上，存在回收企业不愿意向线上渠道消费者提供回收服务的情况，这体现在网站设计的极简以及客服的响应速度等方面。因此在本节中，将对不提供回收服务下的 DCM 逆向供应链的回收企业定价决策和利润进行研究，并对比 3.3 节中提供回收服务下的模型结果，以期为回收企业定价及服务提供决策等提供理论参考。

类似 3.3 节，在该模式下，以 DCM 逆向供应链整体利润的最大化为目标进行决策。具体来讲，本节将分别对线下回收价格 p_t，线上回收价格 p_e 进行决策，并不考虑 TPR 将废旧电器电子产品销售给回收中心的转移价格 w。供应链系统的利润可以表示为：

$$
\begin{aligned}
\Pi &= \Pi_m + \Pi_t \\
&= (p_0 - p_t)d_r + (p_0 - p_e - c)d_e \\
&= (p_0 - p_t)[(1-\theta)\alpha + mp_t - np_e] + (p_0 - p_e - c)[\theta\alpha + mp_e - np_t]
\end{aligned}
$$

命题 3.5 Π（p_t，p_e）是关于 p_t，p_e的严格上凸函数。

证明：本节绘制了 Π（p_t，p_e）的 Hessian matrix 为：

$$
\begin{bmatrix} \dfrac{\partial^2\Pi}{\partial p_t^2} & \dfrac{\partial^2\Pi}{\partial p_t\partial p_e} \\ \dfrac{\partial^2\Pi}{\partial p_e\partial p_t} & \dfrac{\partial^2\Pi}{\partial p_e^2} \end{bmatrix} = \begin{bmatrix} -2m & 2n \\ 2n & -2m \end{bmatrix}
$$

由于该 Hessian matrix 的一阶顺序主子式为 $-2m<0$，二阶顺序主子式为 $4m^2-4n^2>0$。因此，得 Π（p_t，p_e）全部的的奇数阶顺序主子式为负，偶数阶顺序主子式为正，H（Π）是一个负定矩阵，Π（p_t，p_e）是关于 p_t，p_e的严格上凸函数。即，存在 p_t^*，p_e^* 使得供应链系统的总利润可以达到最大值。

证毕。

命题 3.1 证明存在特定的决策变量 p_t，p_e，能够使得供应链系统的总利润Π达到极大值。供应链系统可以通过优化 p_t，p_e，以达到优化自身利润的目的。接下来，分别求解Π 对于 p_t，p_e的一阶偏导数且令其为 0 并联立，解得供应链系统最优的决策 p_t^*，p_e^*：

$$
p_t^* = \frac{ma(\theta-1) - na\theta + p_0(m^2-n^2)}{2(m^2-n^2)} \tag{3.15}
$$

$$p_e{}^* = \frac{c(n^2 - m^2) + na(\theta - 1) - ma\theta + p_0(m^2 - n^2)}{2(m^2 - n^2)} \tag{3.16}$$

基于以上研究可得供应链系统最优的定价决策 $p_t{}^*$，$p_e{}^*$，通过代入 $p_t{}^*$，$p_e{}^*$，s^* 到 $\prod$，可得供应链系统在集中决策下的最大的回收量和利润，如下：

$$d_r{}^* = (1 - \theta)\alpha + mp_t{}^* - np_e{}^* \tag{3.17}$$

$$d_e{}^* = \theta\alpha + mp_e{}^* - np_t{}^* \tag{3.18}$$

$$\prod{}^* = (p_0 - p_t{}^*)[(1 - \theta)\alpha + mp_t{}^* - np_e{}^*] + (p_0 - p_e{}^* - c)(\theta\alpha + mp_e{}^* - np_t{}^*) \tag{3.19}$$

命题3.6 当DCM逆向供应链系统向消费者提供回收服务时，总能获得不低于不提供回收服务时的总利润。

证明：将集中决策下供应链系统的最优定价及服务水平决策式（3.2）、式（3.3）和式（3.4）代入式（3.7），可以得到提供回收服务时的最大利润式（3.7）。

将集中决策下供应链系统的最优定价及服务水平决策式（3.15）和式（3.16）代入式（3.19），可以得到不提供回收服务时的最大利润式（3.19）。

令Δ=式（3.7）－式（3.19），可以解得：

$$\Delta = \frac{\{ci(m^2 - n^2) + a[in(\theta - 1) - im\theta + j(m - m\theta + n\theta)] + p_0(j - i)(m^2 - n^2)\}^2}{-4(m^2 - n^2)[i^2m + j^2m - 2ijn - 2\eta(m^2 - n^2)]}$$

根据命题3.1中的假设可知 $[i^2m + j^2m - 2ijn + 2\eta(n^2 - m^2)] < 0$，又由于 $m > n$，因此可知Δ的分母部分大于0。又由于Δ的分子部分为大于等于0，因此可知Δ的整体大于等于0。

所以，对于DCM逆向供应链，集中决策下供应链系统提供服务时的总利润大于等于不提供服务时的总利润。

证毕。

由命题3.6可知，对于DCM逆向供应链，在回收中心和TPR进行集中决策时，供应链系统向消费者提供线上回收服务时获得的总利润，总不低于不提供回收服务的总利润。因此，对于供应链系统，可以通过积极向消费者提供回收服务以优化自身利润。

命题 3.7 当供应链参数满足 $ci(m^2-n^2)+p_0(j-i)(m^2-n^2)+a[(1-\theta)(jm-in)+\theta(jn-im)]<0$ 时，供应链系统提供回收服务将提升线上回收渠道的回收量以及总的回收量，同时会降低线下渠道的回收量。

证明：令供应链系统提供回收服务时线下渠道的回收量减去不提供回收服务时的回收量为 Δ_{dr}，即 Δ_{dr} = 式（3.17）－式（3.13），可解得：

$$\Delta_{dr}=-\frac{j\{ci(m^2-n^2)+p_0(j-i)(m^2-n^2)+a[(1-\theta)(jm-in)+\theta(jn-im)]\}}{2[i^2m+j^2m-2ijn-2\eta(m^2-n^2)]}$$

令供应链系统提供回收服务时线上回收渠道的回收量减去不提供回收服务时的回收量为 Δ_{de}，即 Δ_{de} = 式（3.18）－式（3.14），可解得：

$$\Delta_{de}=\frac{i\{ci(m^2-n^2)+p_0(j-i)(m^2-n^2)+a[(1-\theta)(jm-in)+\theta(jn-im)]\}}{2[i^2m+j^2m-2ijn-2\eta(m^2-n^2)]}$$

线上和线下回收渠道整体的提供服务后与提供服务前的回收量之差为 Δ_d，可以表示为：

$$\Delta_d=\frac{(i-j)\{ci(m^2-n^2)+p_0(j-i)(m^2-n^2)+a[(1-\theta)(jm-in)+\theta(jn-im)]\}}{2[i^2m+j^2m-2ijn-2\eta(m^2-n^2)]}$$

由命题 3.1 可知 $[i^2m+j^2m-2ijn+2\eta(n^2-m^2)]<0$，又由于 $m>n$，$i>j$，因此当 $ci(m^2-n^2)+p_0(j-i)(m^2-n^2)+a[(1-\theta)(jm-in)+\theta(jn-im)]<0$ 时，可以实现 $\Delta_d>0$，$\Delta_{de}>0$，且 $\Delta_{dr}<0$，则此时供应链系统提供回收服务将提升线上回收渠道的回收量以及总的回收量，同时会降低线下渠道回收量。

证毕。

由命题 3.7 可知，当供应链系统的参数满足 $ci(m^2-n^2)+p_0(j-i)(m^2-n^2)+a[(1-\theta)(jm-in)+\theta(jn-im)]<0$ 时，向消费者提供回收服务尽管会导致线下回收渠道回收量的降低，但是将显著提升线上回收渠道和供应链系统整体的回收量。回收总量的提升，尤其是线上回收量的提升将极大促进回收和再制造领域的整体发展，并对资源节约和环境可持续事业做出贡献。

3.5　考虑回收服务的 DCM 逆向供应链契约协调模型

在以上研究基础上，由于分散决策下企业或供应链整体的利润均低于集中决策，因此本书通过构建收益成本共享契约以对回收企业利润进行帕累托改进。收益成本共享契约可以帮助回收中心和 TPR 实现合作并趋向理想的集中决策，在提升双方及供应链系统利润的同时，促进供应链整体协调。具体来讲，本书引入共享因子 λ 以及较低的转移价格 w_c。回收中心选择共同分担 TPR 在线下回收渠道 λ 倍的回收价格，作为交换，TPR 同意以一个较低的 w_c 将废旧电器电子产品转移给回收中心。类似于 3.3 节中的 Stackelberg 博弈模型，本节先构建 TPR 和回收中心的利润模型：

$$\prod_t^c = [w_c - (1-\lambda)p_t]d_r$$
$$= [w_c - (1-\lambda)p_t][(1-\theta)\alpha + mp_t - np_e - js]$$

$$\prod_m^c = (p_0 - w_c)d_r + (p_0 - p_e - c)d_e - c_s - \lambda p_t^* d_r$$
$$= (p_0 - w)[(1-\theta)\alpha + mp_t^* - np_e - js] + (p_0 - p_e - c)[\theta\alpha + mp_e - np_t^* + is] - \eta s^2/2 - \lambda p_t^*[(1-\theta)\alpha + mp_t^* - np_e - js]$$

接下来，先针对 Π_t^c 求解其对 p_t 的一阶偏导，并得到 TPR 的最优线下转移价格为 p_t^{c*}：

$$p_t^{c*} = (-js + js\lambda + \alpha - \alpha\theta - \alpha\lambda + \alpha\theta\lambda - np_e + n\lambda p_e - mw_c)/2m(\lambda - 1)$$

为确定收益成本共享契约下各决策变量的最优取值，类似于 Cachon（2005）、Wu 等（2015）和 Heydari 等（2018）的研究，本节分两个阶段对契约下的模型进行分析。首先，从供应链系统的角度，需保证将契约引入分散决策下的供应链模型后，其利润可以达到集中决策下水平。其次，在确定供应链系统整体利润后，本节将对供应链中回收企业各自获得的利润进行分配，并保证它们各自获得的利润不得低于引入契约之前。

为使得协调后供应链系统的总利润达到集中决策下的利润水平，需使得引入契约后各项定价和服务水平决策与集中决策下的决策相等。这是由于只有当线上和线下回收价格和服务水平相等时，引入契约前后供应链线上和线下的回收量才可以达到一致。此外，由于契约只是改变了回收中心和 TPR 的利润分配，因此供应链系统的利润仍保持不变。综上，当定价和服务水平决策满足以下条件，引入契约后供应链系统的总利润能够达到集中决策下的水平：

$$p_t^{c*} = p_t^*$$

$$p_e^{c*} = p_e^*$$

$$s^{c*} = s^*$$

当以上条件同时成立，就实现了加入契约后分散决策下供应链系统的总利润与集中决策下的相等。在确定供应链系统总利润基础上，接下来对供应链系统内部回收企业间的利润进行分配。为使得引入 λ^* 和 w_c^* 的收益成本共享契约有效，就需保证在契约干预下，回收中心和 TPR 的利润都不得低于引入契约前。只有这样，回收中心和 TPR 的决策者才能够接受并遵循该契约。引入契约后回收中心的利润 Π_m^{c*} 和 TPR 的利润 Π_t^{c*} 需要同时满足以下条件：

$$\Pi_m^{c*} \geqslant \Pi_m^{**}$$

$$\Pi_t^{c*} \geqslant \Pi_t^{**}$$

最后，综合考虑以上条件，并联立以上方程，可解得为使得 $\Pi_m^{c*} \geqslant \Pi_m^{**}$ 成立，λ 需满足以下条件：

$$\lambda \geqslant \frac{i^2m^2 - 2ijmn + j^2n^2 + 2m\eta(n^2 - m^2)}{-4ijmn + j^2(m^2 + n^2) + 2m(mi^2 - 2\eta m^2 + 2\eta n^2)}$$

同时，为使得 $\Pi_t^{c*} \geqslant \Pi_t^{**}$ 成立，λ 需满足以下条件：

$$\lambda \leqslant \frac{\left\{\begin{array}{l} -4j^3imn(m^2 + 2n^2) + j^4(2m^2n^2 + n^4) - 12ijm^2n(mi^2 - 2\eta m^2 + 2\eta n^2) \\ + 3m^2(mi^2 - 2\eta m^2 + 2\eta n^2)2 + 2mj^2[i^2(m^3 + 8mn^2) - 2\eta(m^4 + m^2n^2 - 2n^4)] \end{array}\right\}}{-4ijmn + j^2(m^2 + n^2) + 2m(mi^2 - 2\eta m^2 + 2\eta n^2)}$$

在该范围内，收益成本共享契约的协调可以确保回收中心和 TPR 的利润不低于分散决策下。在契约协调下，供应链系统比分散决策时更有秩序，效率显著提高，收入也得到改善。此外本书发现，共享因子 λ 只受服务敏感系数和服务成本系数等参数影响，并不会受消费者偏好影响。为研究它们对回收企业决策和利润影响机理，本章将在算例分析中对其进一步分析。

3.6　算例分析

基于以上研究，本书发现不论在集中决策下，还是在分散决策下，消费者线上渠道偏好 θ 以及收益成本共享契约因子 λ 都会影响回收企业的定价及服务水平决策。因此，本书需识别并归纳 θ 和 λ 的改变对回收企业和供应链系统决策和利润的影响规律。尽管对于反映线上和线下渠道占比的参数 θ，本书可以直观识别出它的提升会导致回收中心利润提升以及 TPR 利润的降低。但是，当 θ 和 λ 改变，各回收企业和供应链系统应如何调整其定价和服务水平决策？供应链系统的总利润将怎样改变？以上问题无法通过直接思考或根据方程识别。因此，基于3.3节至3.5节的研究结果，本节分别对 θ 和 λ 进行算例分析，以进一步为回收企业决策提供理论支持。

部分数据由于涉及企业商业机密（例如单位回收收入）而难以获取，因此本书选择根据已发表的文献对参数进行假设。类似于 Wu（2012）和 Xie（2018）的研究，本章对以下参数进行假设：$p_0 = 1000$，$c = 10$，$\alpha = 500$，$\eta = 4$，$m = 2$，$n = 1$，$i = 2$，$j = 1$。以上参数是指在数量为 $\alpha = 500$ 废旧电器电子产品的市场中，回收中心每回收一件废旧电器电子产品的单位收入为 $p_0 = 1000$，回收运维固定成本为 $c = 10$。$m = 2$ 和 $n = 1$ 是指当某渠道回收价格改变一个单位时，对该渠道回收量的影响将会是2倍该单位，同时对另一渠道回收量的影响则是 -1 倍。同样的原理可解释 $i = 2$ 和 $j = 1$，即某渠道单位服务水平的改变对两个渠道回收量的影响。

3.6.1　消费者渠道偏好

本小节对 θ 变化时回收企业的决策和利润进行分析。相比线下，线上回收渠道不仅对于消费者来说更加便利和安全，同时由于其更高的回收转化率和较低的污染排放，因此对环境更为友好。此外，政府和企业的宣传，以及互联网的不断普及都会促进消费者对线上回收渠道偏好的提升。基于此，本小节假设服务成本为 $c_s = \eta s^2/2 = 4s^2/2$ 不变，同时 θ 逐渐从 0.1 提升至 0.9。利用 Mathematica 将以上数值假设代入 3.3 节和 3.4 节的模型结果中，可以得到集中决策和分散决策下回收企业定价、服务水平决策及利润（见表 3.1 和表 3.2）。此外，本小节也针对表 3.1 和表 3.2 中的决策结果绘制图 3.3 以进一步归纳验证其管理规律和现实意义。

表 3.1　　　　集中决策下 θ 对决策和利润的影响

θ	centralized policy						
	p_e^*	p_t^*	s^*	d_r^*	d_e^*	d^*	Π^*
0.1	317.5	341.7	171.67	644.2	686.7	1330.9	826921
0.2	305.0	350.0	180.0	615.0	720.0	1335.0	828150
0.3	292.5	358.3	188.3	585.8	753.3	1339.1	830421
0.4	280.0	366.7	196.7	556.7	786.7	1343.4	833733
0.5	267.5	375.0	205.0	527.5	820.0	1347.5	838088
0.6	255.0	383.3	213.3	498.3	853.3	1351.6	843483
0.7	242.5	391.67	221.7	469.2	886.7	1355.9	849921
0.8	230.0	400.0	230.0	440.0	920.0	1360.0	857400
0.9	217.5	408.3	238.3	410.8	953.3	1364.1	865921

表 3.2　　　　分散决策下 θ 对决策和利润的影响

θ	decentralized policy									
	p_e^{**}	p_t^{**}	s^{**}	w^{**}	d_r^{**}	d_e^{**}	d^{**}	Π_m^{**}	Π_t^{**}	Π^{**}
0.1	291.7	187.1	223.2	341.7	309.2	893	1202	727333	47802	775135
0.2	280.4	202.4	229.2	350.0	295.2	917	1212	737376	43572	780948
0.3	269.1	217.7	235.2	358.3	281.2	941	1222	748053	39537	787590
0.4	257.7	233.1	241.2	366.7	267.2	965	1232	759363	35698	795061
0.5	246.4	248.4	247.2	375.0	253.2	989	1242	771306	32055	803361
0.6	235.1	263.7	253.2	383.3	239.2	1013	1252	783883	28608	812491
0.7	223.7	279.1	259.2	391.7	225.2	1037	1262	797093	25358	822451
0.8	212.4	294.4	265.2	400.0	211.2	1061	1272	810936	22303	833239
0.9	201.1	309.7	271.2	408.3	197.2	1085	1282	825413	19444	844857

首先，由表 3.1 和表 3.2 可知，随着 θ 的提升，分散决策下回收中心利润提升，TPR 利润降低。此外，在集中和分散决策下，供应链系统的总

利润都会不断提升。这是由于一方面，随着消费者对线上回收渠道偏好提升，更多消费者选择回收其闲置的废旧电器电子产品，废旧电器电子产品总回收量提升导致供应链系统利润提升；另一方面，θ 的提升也使得许多选择线下渠道的消费者转而选择线上渠道，导致分散决策下 TPR 利润下降以及回收中心利润提升。而由于线上回收渠道单位回收量的利润高于线下渠道，因此出现供应链系统总利润逐渐提升的现象。综上，回收中心应积极利用广告宣传、政策引导等方式促进消费者提升线上回收渠道偏好。这不仅有利于自身以及供应链系统利润的提升，同时也将实现对废旧电器电子产品回收市场的进一步挖掘。

其次，由图 3.3 可知在集中决策下，随着消费者线上渠道偏好的提升，为提升利润，供应链系统应降低线上回收价格，提升服务水平和线下回收价格。在分散决策下，回收中心应降低线上回收价格，同时提升服务水平和线下转移价格；为减少损失，TPR 需提升线下回收价格。这是由于随着更多消费者选择线上回收渠道，回收中心可以以更低的回收价格回收废旧电器电子产品。然而，为保证线上回收量继续提升，回收中心仍需不断提升服务水平。在线下渠道，为尽可能挽回转向线上渠道的消费者并减小损失，TPR 不得不提升其线下回收价格。综上，尽管随着 θ 的提升，回收中心可以降低线上回收价格，但仍需提升其服务水平。此外，回收中心也需提升其线下转移价格。

最后，由图 3.4 和图 3.5 可知，随着消费者线上回收渠道偏好的提升，在集中或分散决策下，都会导致线上回收渠道回收量提升和线下渠道回收量降低。该结论符合实践规律，较容易得出。进一步，可以发现该参数的提升将导致总回收量提升。在该模式中，集中决策下线上渠道的回收量低于分散决策。通过对比线上回收渠道各类决策，本书发现尽管分散决策下线上回收价格较低，但其较高的服务水平可以有效提升回收量。此外，分散渠道下极低的线下回收价格也导致部分线下渠道消费者转向线上渠道。综上，回收企业可以通过广告宣称、政策引导等方式提升消费者对线上回收渠道的偏好，这有助于提升总回收量，改善环境，并进一步促进回收行业的发展。

由图 3.3 可以看出，在集中决策下，伴随着消费者对线上回收渠道偏好的提升，供应链系统应逐渐提升线下回收价格以及回收服务水平，同时降低线上回收价格，以对其利润进行优化。在分散决策下，伴随着消费者对线上回收渠道偏好的提升，回收中心应逐渐提升线下转移价格以及回收服务水平，同时降低线上回收价格，以对其利润进行优化。此外，TPR 也应提升其线下回收价格。

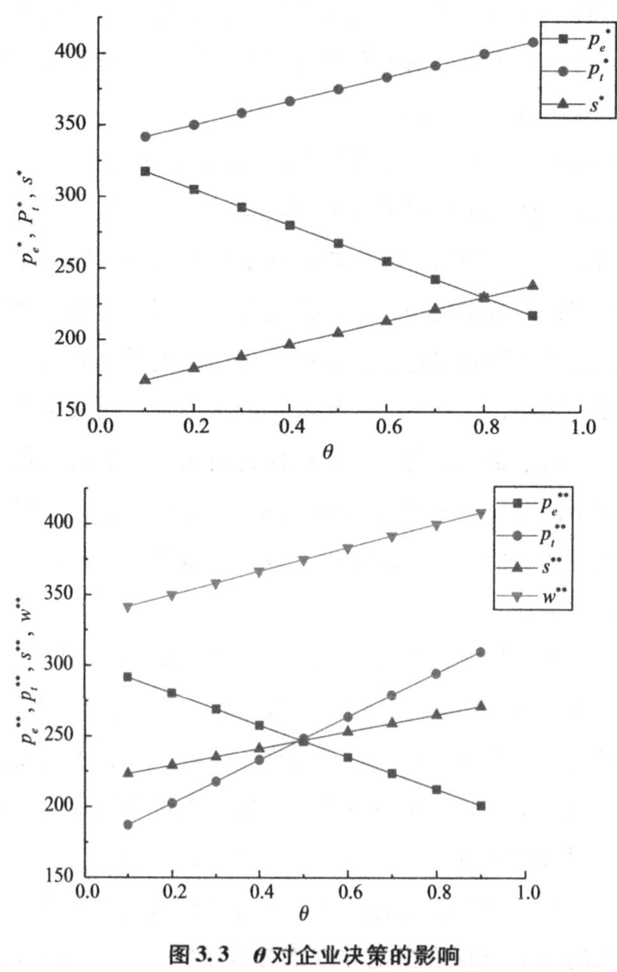

图 3.3 θ 对企业决策的影响

由图 3.4 可以看出，伴随着消费者对线上回收渠道偏好的提升，集中决策下线下回收渠道的回收量明显高于分散决策下的，同时线上回收渠道的回收量明显低于分散决策下的。

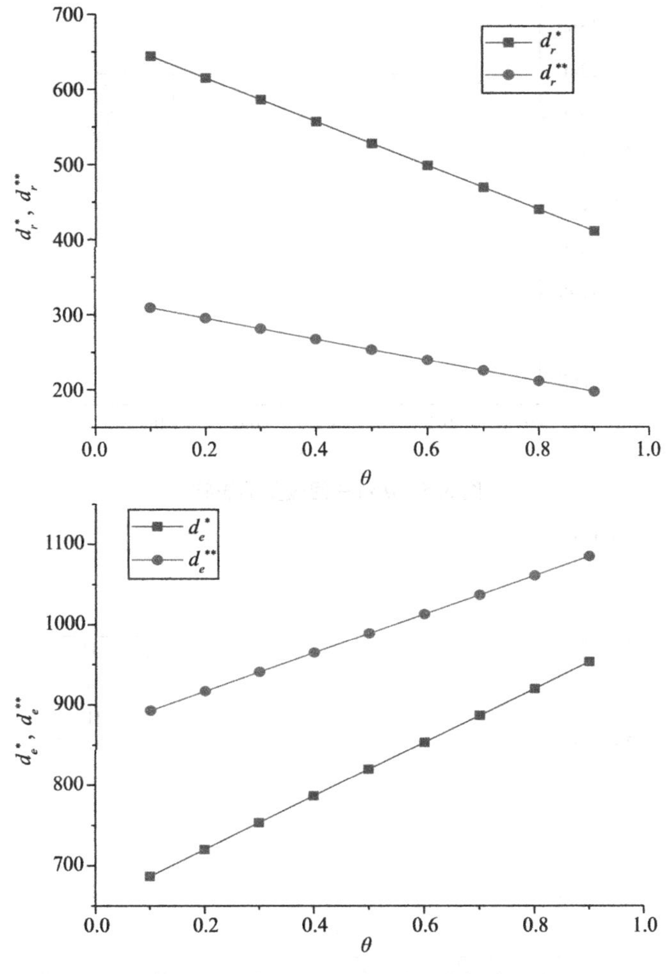

图 3.4　θ 对线上和线下渠道回收量的影响

由图 3.5 可以看出，伴随着消费者对线上回收渠道偏好的提升，集中决策下整个供应链系统总的回收量明显高于分散决策下的。

由图 3.6 可以看出，伴随着消费者对线上回收渠道偏好的提升，集中决策下供应链系统的总利润明显高于分散决策下的，且均在不断提升。同时，回收中心的利润也在随着消费者对线上回收渠道偏好的提升而不断提升，TPR 的利润随着偏好的提升逐渐降低。

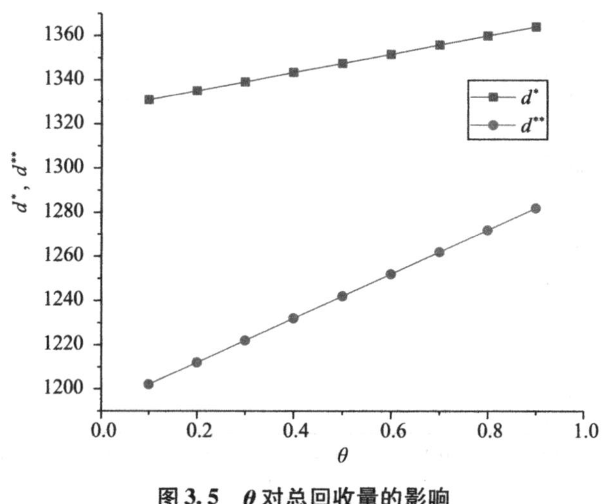

图 3.5 θ 对总回收量的影响

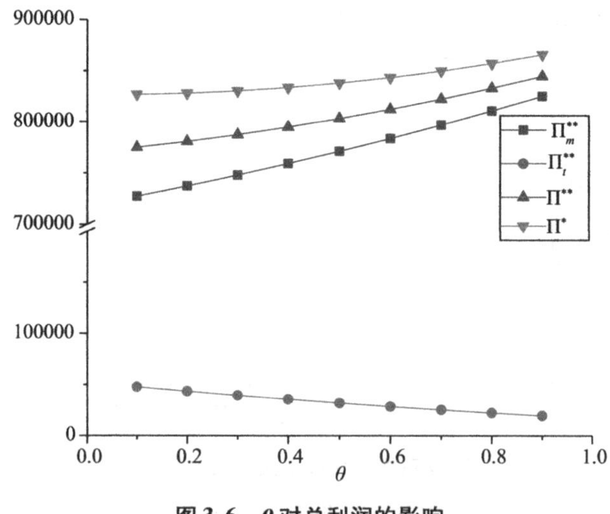

图 3.6 θ 对总利润的影响

3.6.2 服务成本系数

在本节中，针对回收服务的服务成本系数 η 对回收企业决策和利润的影响进行研究。由于在模型求解结果中，η 对定价和服务水平决策的影响不是完全的上凸或下凸函数，因此需要通过算例对其进行进一步分析。在现实情境下，伴随着回收企业对回收业务和流程的提升，在提供同等回收服务情况下，可以通过不断提升服务效率、精简服务流程而降低服务成本系数。在线平台“乐收网”就通过针对废旧电器电子产品回收时的上门取货预约方式进行优化，降低了单位服务水平的服务成本。基于此，在本节中假设消费者对线上回收渠道的偏好$\theta=0.4$保持不变，服务成本系数η则从8逐渐降至1，并通过Mathematica软件将数值代入，分别求解集中和分散决策下回收企业和供应链系统的最优决策和最大利润契约，如表3.3、表3.4和表3.5所示。

表3.3　　集中决策下η对决策和利润的影响

η	centralized policy						
	p_e^*	p_t^*	s^*	d_r^*	d_e^*	d^*	Π^*
9	341.46	366.67	73.75	618.12	663.75	1281.87	797473
8	336.19	366.67	84.29	612.86	674.29	1287.15	800581
7	329.17	366.67	98.33	605.83	688.33	1294.16	804725
6	319.33	366.67	118.00	596.00	708.00	1304.00	810527
5	304.58	366.67	147.50	581.25	737.5	1318.75	819229
4	280.00	366.67	196.67	556.67	786.67	1343.34	833733
3	230.83	366.67	295.00	507.50	885.00	1392.50	862742
2	83.33	366.67	590.00	360.00	1180.0	1540.00	949767

表3.4　　分散决策下η对决策和利润的影响

η	decentralized policy								
	p_e^{**}	p_t^{**}	s^{**}	w^{**}	d_r^{**}	d_e^{**}	d^{**}	Π_m^{**}	Π_t^{**}	Π^{**}
9	331.95	214.51	92.77	366.67	304.31	834.92	1139.23	703423	46301.6	749724.6
8	325.44	216.14	105.79	366.67	301.05	846.32	1147.37	708330	45316.3	753646.3
7	316.80	218.30	123.06	366.67	296.74	861.43	1158.17	714839	44025.7	758864.7
6	304.80	221.30	147.07	366.67	290.73	882.44	1173.17	723889	42262.5	766151.5
5	286.97	225.76	182.73	366.67	281.82	913.64	1195.46	737326	39710.7	777036.7
4	257.73	233.07	241.20	366.67	267.20	964.80	1232.00	759363	35697.9	795060.9
3	200.98	247.26	354.71	366.67	238.82	1064.12	1302.94	802140	28518.3	830658.3
2	43.33	286.67	670.00	366.67	160.00	1340.00	1500.00	920967	12800.0	933767.0

表 3.5 η 对契约因子的影响

Revenue Sharing Contract	η	2.00	3.00	4.00	5.00
	λ	$0.556 \leq \lambda \leq 0.802$	$0.529 \leq \lambda \leq 0.779$	$0.520 \leq \lambda \leq 0.770$	$0.515 \leq \lambda \leq 0.765$
	η	6.00	7.00	8.00	9.00
	λ	$0.512 \leq \lambda \leq 0.762$	$0.510 \leq \lambda \leq 0.760$	$0.509 \leq \lambda \leq 0.759$	$0.508 \leq \lambda \leq 0.758$

由表 3.3 和表 3.4 首先可知，不论是集中决策还是分散决策下，随着服务成本系数降低，回收中心都需降低其线上回收价格或提升回收服务水平以优化利润。服务成本系数的降低直接减少了回收中心的单位服务运营成本，因此回收中心可以在维持服务成本不变的同时提升服务水平以提升线上回收量，或是降低线上回收价格，以进一步缩减成本。值得一提的是，本书发现随着服务成本系数的降低，回收中心的最优线上回收价格和服务水平的单位变化速度逐渐提升，当 η 达到 5 以下，以上决策变量对服务成本系数尤为敏感。同样情况也出现在分散决策下，TPR 对线下回收价格的决策中。随着 η 的降低，TPR 需不断提升其线下回收价格以减小线下消费者数量的降低程度。与此同时，随着 η 的降低，线下回收价格的单位变化也更为敏感，当 η 由 3 降低至 2 时，TPR 需提升近一倍的回收价格。此外，集中决策下线下回收价格以及分散决策下的线下转移价格均不受 η 的影响。

其次，在分析 η 降低对线上、线下渠道及供应链总回收量的影响中，本书发现不论是在集中决策还是在分散决策下，η 降低均会导致线上回收量提升、线下回收量降低以及供应链系统回收量的提升。这是由于 η 的降低可以促使回收中心提升其回收服务水平，进而提升线上及供应链整体的回收量。同时，线下消费者也会因为线上的高服务水平转向线上回收渠道，导致线下回收量降低。类似于对 θ 的分析，本书发现尽管集中决策能够保证其线下和整体回收量高于分散决策，但其线上回收量却低于分散决策。这是由于集中决策下回收服务水平显著低于分散决策，导致其线上回收量较低。同时，由于集中决策较高的线下回收量，因此集中决策下供应链系统整体的回收量仍高于分散决策。

再次，通过对集中和分散决策下回收企业和供应链整体利润的分析，本书发现集中决策下供应链利润显著高于分散决策，且该利润随 η 的降低逐渐提升。集中决策能够对供应链上下游进行整合和优化，且相比分散决策可以显著提升整个供应链系统的总利润。此外，η 的降低也导致 TPR 利润的降低和回收中心利润的升高。

最后，本书研究可得随着 η 降低，λ 取值范围的变化规律。由表 3.5 可知 λ 的上界和下界随 η 的降低将显著提升。这是由于当 η 降低，回收中心不论是线上回收量还是利润都较之前占据更大优势，λ 越高则可以保证在契约有效前提下，回收中心获得的利润更高。此外，可知相比下界，λ 的上界对 η 的降低更为敏感。

由图 3.7 可知，在集中决策下，伴随着 η 的降低，供应链系统应提升

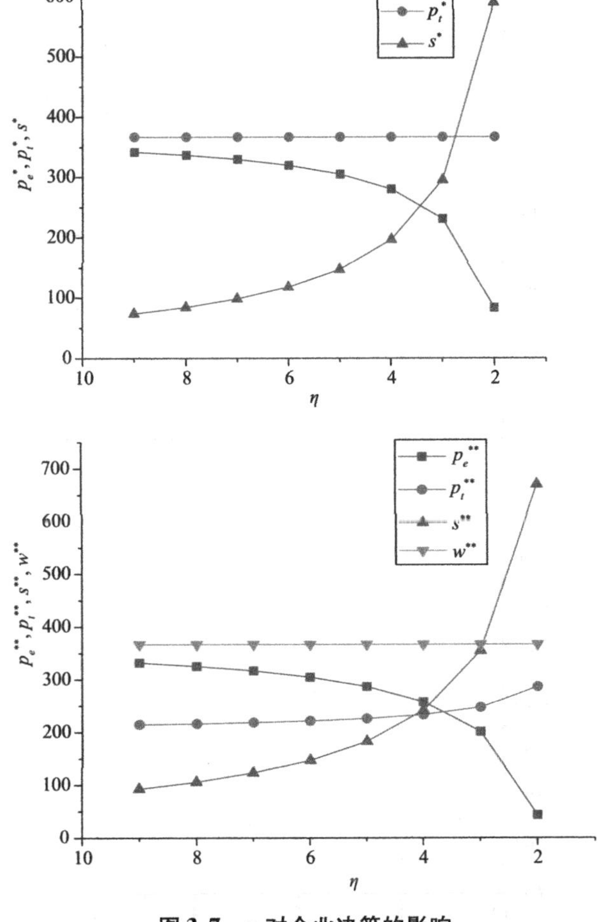

图 3.7　η 对企业决策的影响

其线上服务水平，同时降低其线上回收价格以优化其利润。另外，可以发现随着 η 达到较低的水平，集中决策对于 η 的敏感性也在逐渐提升。但是，线下回收价格的决策并不受 η 的影响。

同时，在分散决策下，伴随着 η 的降低，回收中心应提升其线上服务水平，同时降低其线上回收价格以优化其利润，TPR 则需要提升其线下回收价格。同时，可以发现随着 η 达到较低的水平，分散决策对于 η 的敏感性也在逐渐提升。但是，回收中心对转移价格的决策并不受 η 的影响。

由图 3.8 可知，集中决策下线下渠道的回收量始终高于分散决策下，分散决策下线上回收渠道的回收量始终高于集中决策下。此外，可以发现随着 η 达到较低的水平，线下回收量和线上回收量对于 η 的敏感性均在逐渐提升。

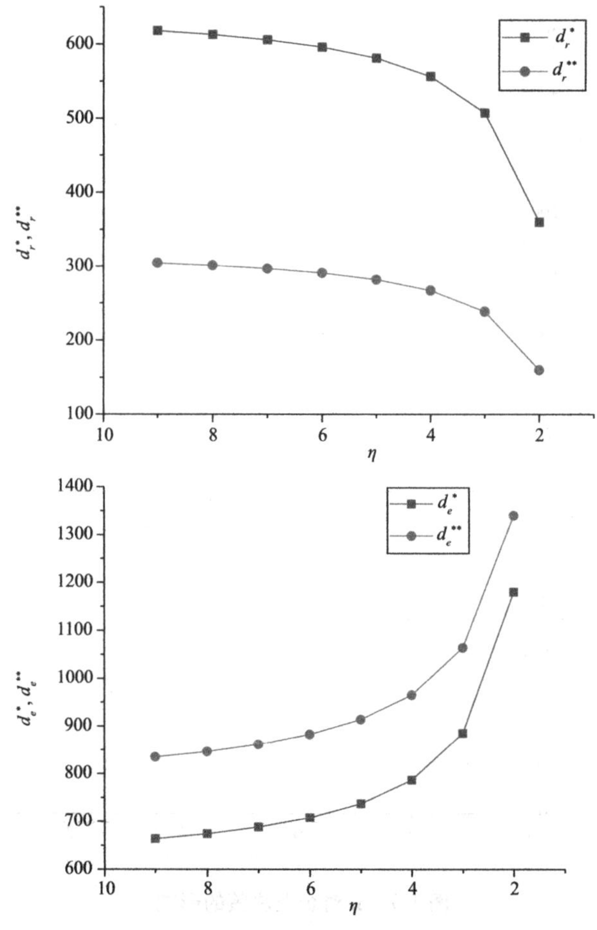

图 3.8　η 对线上和线下渠道回收量的影响

由图3.9可知，集中决策下供应链系统总的回收量始终高于分散决策。同时，可以发现随着η达到较低的水平，回收量对于η的敏感性逐渐提升。此外，可知集中决策下供应链系统的总利润始终高于分散决策。随着η的降低，集中和分散决策下供应链系统，以及回收中心的利润都在逐渐提升，TPR的利润则逐渐降低。同时，可知随着η达到较低的水平，各项利润对于η的敏感性也在逐渐提升。

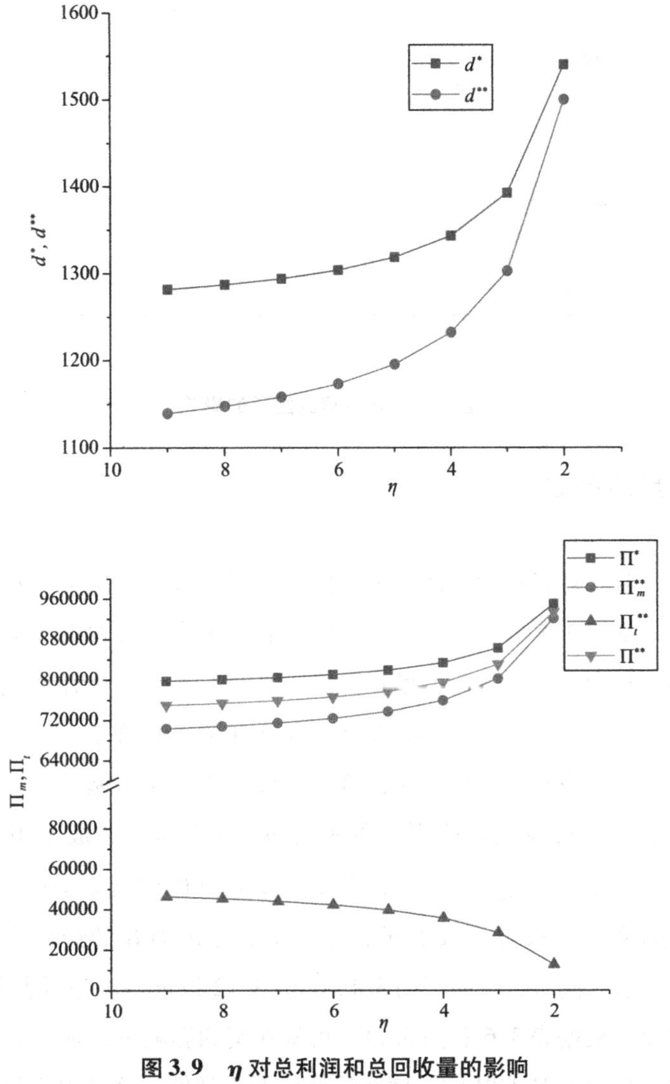

图3.9　η对总利润和总回收量的影响

由图3.10可知，伴随着η的降低，收益成本共享契约下λ取值范围的上下界都在逐渐提升。同时，随着η达到较低的水平，相比于下界，λ的上界对其更为敏感。

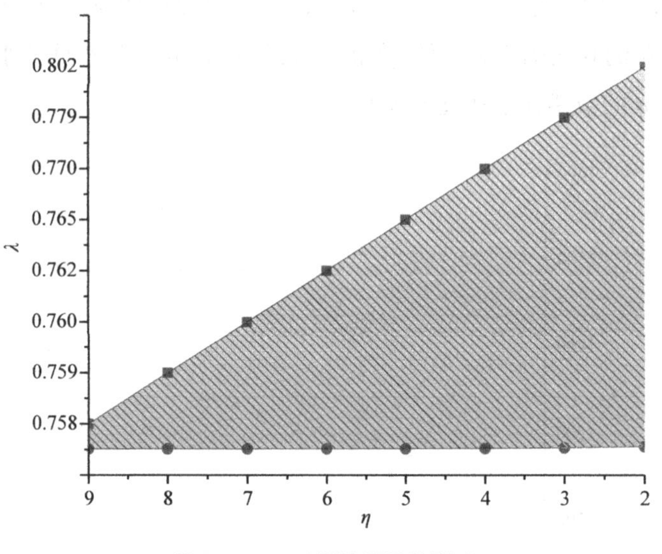

图3.10　η对契约因子的影响

3.6.3　契约系数

在本小节，针对契约协调因子λ的变化对回收企业决策和利润的影响进行分析。基于3.5节的研究，一方面，λ变化并不影响引入契约后供应链系统的总利润。另一方面，尽管在契约协调下不管λ怎样变化，回收中心和TPR的利润都不会低于分散决策，但由于双方博弈仍存在，因此它们仍将为最大化自身利润而根据λ的变化不断改变决策。基于此，在本小节中先假设消费者对线上回收渠道的偏好$\theta=0.4$和服务成本恒定为$c_s=4s^2/2$，代入3.5节结论后可得λ的取值范围为$0.52\leqslant\lambda\leqslant0.77$。本书以0.03为变动单位，求得$\lambda$取不同值时回收中心和TPR的最优决策和利润如表3.6所示。同时，绘制了图3.11和图3.12以进一步分析表中的数据。

一方面，根据表3.6和图3.11，可知在契约影响下，随着λ提升，线下渠道中回收中心对TPR的最优转移价格不断降低。这是由于尽管该模式下供应链系统总利润不发生改变，但 λ 提升会导致回收中心在线下渠道的成本增加，因此需降低线下渠道的转移价格以弥补增加的成本。此外，尽管回收中心和 TPR 仍在进行分散决策，但契约的本质是引导它们合作。即在极端情况下，当 $\lambda=1$，$w^c=0$ 时，可以理解为 TPR 业务已全部交由回收中心，这实际上已变为 3.3 节中的集中决策模式。

另一方面，由图 3.12 可知，尽管当 $0.52\leqslant\lambda\leqslant0.77$，回收中心和 TPR 的利润均不低于分散决策，但当 λ 逐渐提升，其利润变化趋势却相反。对于回收中心，其利润随 λ 的增长单调递增，TPR 的利润则单调递减。这是由于在其回收价格和服务水平不变时，尽管回收中心分担 TPR 回收成本的比例不断提升，但 w^c 的大幅降低仍不断降低 TPR 在线下渠道的利润。

表 3.6　λ 对企业决策和利润的影响

λ	contract policy					
	p_e^{c*}	p_t^{c*}	s^{c*}	w^{c*}	Π_m^{c*}	Π_t^{c*}
0.52	280.00	366.67	196.67	309.60	759363	74370.7
0.55	280.00	366.67	196.67	290.25	764011	69722.5
0.58	280.00	366.67	196.67	270.90	768659	65074.3
0.61	280.00	366.67	196.67	251.55	773307	60426.2
0.64	280.00	366.67	196.67	232.20	777955	55778.0
0.67	280.00	366.67	196.67	212.85	782604	51129.8
0.70	280.00	366.67	196.67	193.50	787252	46481.7
0.73	280.00	366.67	196.67	174.15	791900	41833.5
0.77	280.00	366.67	196.67	148.35	798097	35635.9

综上，在收益成本共享契约模式下，随着 λ 提升，回收中心需及时降低其线下渠道转移价格，以保证供应链协调。此外，尽管随着 λ 提升，回收中心利润提升，TPR 利润降低，但它们的利润始终高于分散决策下。因此，本书中的收益成本共享契约可以有效弥补分散决策下供应链系统的失效，使回收中心和 TPR 实现帕累托最优，促进整个供应链的协调。

由图 3.11 可知，在契约协调下回收中心的线下转移价格始终低于引入契约前，并且伴随着 λ 的提升，转移价格仍在不断降低。

由图 3.12 可知，在契约协调下伴随着 λ 的提升，回收中心的利润保持稳定增长，TPR 的利润保持稳定降低。

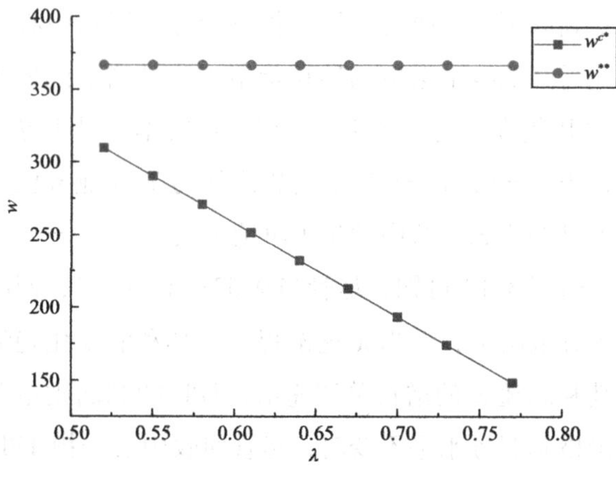

图 3.11 λ 对 w 的影响

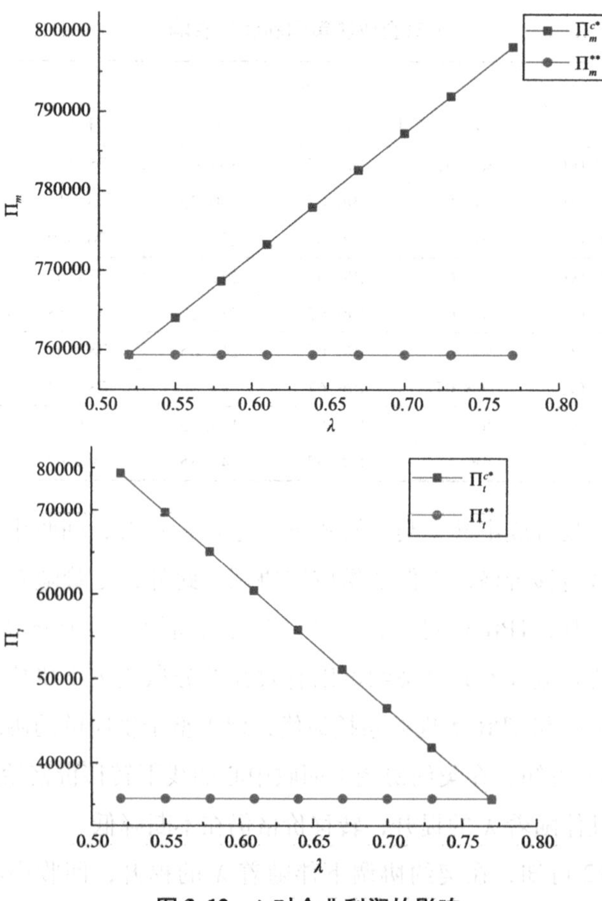

图 3.12 λ 对企业利润的影响

3.7　本章小结

本书研究了由回收中心和TPR构成的DCM逆向供应链中，在回收企业提供或不提供回收服务两种情形下，其集中和分散决策下的定价、服务水平及契约协调问题。本书主要的发现有：

（1）回收企业向消费者提供线上回收服务时整个供应链的总利润，总不低于不提供服务时的利润；回收企业提供回收服务时供应链的总回收量，对比不提供服务时的回收量，取决于消费者偏好、固定回收成本和单位固定收入等因素。回收企业可根据“提升回收量”或“提高企业利润”等不同决策目标，灵活决策线上回收服务。

（2）消费者线上渠道偏好正相关影响供应链系统利润和回收量、回收中心利润和回收量、回收中心线下转移价格、回收中心服务水平、TPR线下回收价格，同时负相关影响TPR利润和回收量、回收中心线上回收价格。回收中心应加强宣传引导，提升消费者线上回收渠道偏好，在提升自身利润的同时，提高供应链系统总的回收量，并对环境保护和资源节约事业做出贡献。

（3）回收服务成本系数负相关影响供应链系统利润和回收量、回收中心利润和回收量、回收中心服务水平、TPR线下回收价格，同时正相关影响TPR利润和回收量、回收中心线上回收价格。回收中心降低单位服务成本不仅能有效提升自身回收量和利润，更能够提升总回收量。

（4）在收益成本共享契约协调下，共享因子正相关影响回收中心利润，负相关影响TPR利润和回收中心线下转移价格。该契约可有效协调供应链企业利润，使回收中心和TPR利润均不低于分散决策下各自利润，并提升供应链系统总利润，促进供应链整体协调。

3.7 本章小结

第 4 章

OM 逆向供应链中定价及服务水平协调策略

近年来，随着政府“互联网+回收”相关政策的提出，互联网资本逐渐进入回收行业。回收企业如盈创再生资源回收公司，搭建且委托第三方平台并将其作为中间商向消费者提供服务，再将回收的废旧产品集中转移回收企业处理。该模式下仅存在线上回收渠道，即只包含回收中心和TPP（Third－Party Platform）的OM逆向供应链模式。不同于传统的回收中心——TPR逆向供应链模式，OM逆向供应链通常涉及多类型回收服务水平决策问题，因此探讨OM逆向供应链回收企业的定价和服务水平决策问题具有重要意义。

在OM逆向供应链模式中，存在回收企业对安全性和便利性回收服务分别决策的问题。回收中心负责提供安全性服务，即分解、拆卸废旧产品和清理设备数据，对保护消费者隐私承担重要责任。在现今技术手段先进环境下，由消费者将废旧手机、电脑送往不正规商家进行回收和修理，导致个人信息被盗取和泄露的报道屡见不鲜。这直接造成部分消费者宁可将手机闲置也不愿回收的情况出现。线上回收企业具有标准化、先进的拆卸技术和监控制度，通常不会出现此类问题。例如，“爱回收”不断提升自身清除数据的能力并联合第三方数据公司共同解决消费者的数据安全问题。另外，TPP负责提供便利性服务。便利性服务贯穿整个交易过程，在消费者咨询阶段包含了搭建易于操作的网站、在线客服的快速响应等服务；在线上交易、线下交付等阶段，便利性服务包含线上交易是否支持多个支付平台、交易后多久快递员可以上门取件、对大件产品是否支持进屋搬运、交付后多久可以得到平台反馈等方面。数字化时代下生活节奏不断加快，人们对时效性愈发看重，便利性回收服务已成为消费者选择线上渠道的重要因素。

对于不同类型废旧电器电子产品，消费者的回收服务需求也存在差异。“爱回收”的主要经营范围包括手机、照相机、笔记本电脑等小微型电子产品，目标消费者更关心产品交付后的数据隐私安全问题；“快收”则主要以回收电视机、洗衣机和冰箱等家用电器为经营目标，由于这些设备无法存储个人隐私信息，因此目标消费者更关心上门取件、进屋搬运等便利性服务。因此，回收企业如何针对差异性的废旧产品市场灵活决策价格和服务水平，就成为其面临的重要现实问题。

目前针对 OM 逆向供应链决策问题的研究较少，且未见考虑多类型回收服务水平决策的报道，而进一步考虑基于定价和服务水平的契约设计问题有利于提高企业利润，降低渠道间冲突。基于此，研究 OM 逆向供应链定价及服务水平协调决策问题具有重要理论意义。

4.1 研究过程设计

本章研究过程设计如图 4.1 所示。

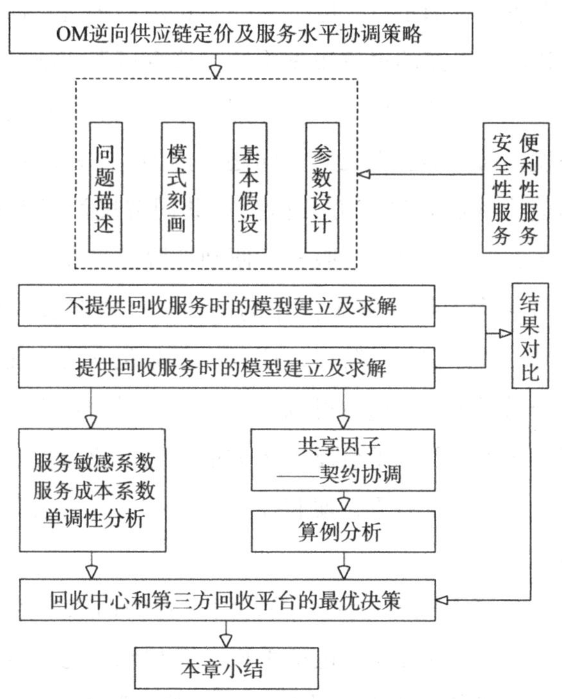

图 4.1 本章研究过程设计

本章首先对 OM 逆向供应链中回收企业的定价及服务水平决策问题进行描述，对其供应链结构、渠道权力和废旧产品种类等因素进行假设，并结合所构建模型中设计的参数，详尽解释模型框架、结构及决策顺序；其次，在回收企业不提供服务情形下，构建OM逆向供应链利润—定价模型，并求解回收企业最优定价和最大利润；然后，在提供服务情形下，分别构建集中和分散决策下的利润—定价—服务水平模型，并求解回收企业最优定价、服务水平决策和最大利润；接着，为优化分散决策下回收企业利润，引入收益成本共享契约对其协调；最后，应用数值算例验证以上模型结果，并进一步得出服务成本系数、服务水平敏感系数等参数对企业决策和利润影响的规律和管理意义。

4.2 问题描述及模型框架

4.2.1 问题描述

OM逆向供应链主要包含一个回收中心和一个TPP，如图4.2所示。在该模式下，TPP首先从消费者处以线上回收价格回收废旧电器电子产品，再将废旧电器电子产品以一定的转移价格销售给回收中心。在整个回收过程中，TPP为消费者提供包括在线咨询、线上支付、上门取货和快递邮寄等便利性服务，回收中心在获得废旧电器电子产品后为消费者提供数据擦除等保护隐私的安全性服务。回收中心最后将废旧电器电子产品出售给化工厂或再制造商以获得利润。由于不存在传统线下回收渠道，因此该模式下不存在消费者对不同渠道偏好以及渠道间竞争等问题。事实上，在该模式下，回收中心和TPP同样存在竞争和合作关系。具体来讲，供应链上下游企业能够联合各企业优势资源，例如回收中心的资金、废旧产品处理能力，以及TPP的咨询服务能力、物流服务能力等，积极沟通提升效率，同时降低系统内部交易成本，进而增强供应链系统在回收市场的竞争力，共同开拓市场并参与市场竞争，实现双赢。

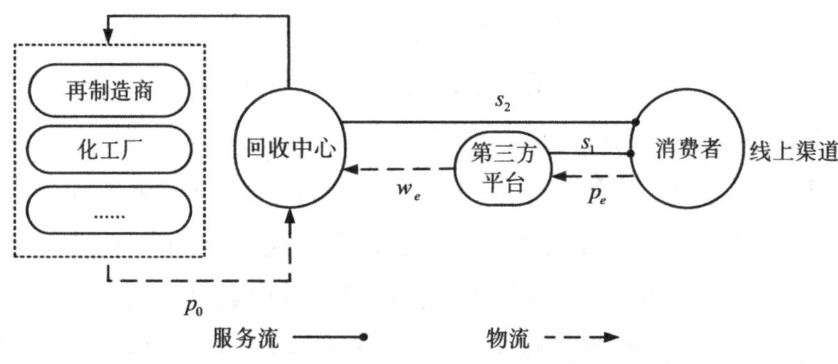

图 4.2　OM 逆向供应链结构

为准确描述 OM 逆向供应链交易模式，本书提出如下假设：

假设 4.1　类似 Feng 等（2017）[15]和 Giri 等（2017）[16]的研究，本书假设企业在进行决策时不考虑公平关切等非理性行为因素。回收中心一旦滥用市场主导权而挤压 TPP 的利润空间，将使得 TPP 产生不公平感并导致渠道冲突，这些都将影响企业的正常决策。本假设意味着各回收企业均以最大化自身经济利润为目标进行最优定价及服务水平决策。

假设 4.2　基于本领域类似研究[15-16]，本书假设在回收中心和 TPP 的博弈中，回收中心的渠道权力远远大于 TPP，占据主导者地位。这是由于回收中心拥有强大的经济实力和技术能力，同时在政策方面得到政府的扶持。而 TPP 作为面向消费者的服务企业和废旧产品中转企业，在供应链系统中的各方面渠道权力均落后于回收中心，甚至不少 TPP 在发展初期接受了回收中心大额资金支持。综上，本书假设回收中心占据该博弈模型的主导地位。作为跟从者，TPP 需等到回收中心作出决策后，才能进行决策。

假设 4.3　本书同时考虑回收中心和 TPP 为消费者提供的不同类型服务水平。在消费者与 TPP 交易前后，TPP 通过提供咨询、上门取货和在线交易等服务提高消费者回收过程中的便利性。同时，回收中心通过提高其物流、拆卸和分解等流程中的安全性服务水平以保护消费者隐私。不论是便利性还是安全性服务都对回收量具有促进作用。此外，本部分研究将不考虑回收中心的便利性服务和 TPP 的安全性服务。尽管回收中心运输和拆卸速度将影响消费者便利性，TPP 存储的消费者信息也涉及消费者隐私，但由于以上服务水平相对较低，因此本书构建模型时未考虑以上参数。

假设 4.4　基于类似的研究[6,13]，对于本书中考虑的废旧电器电子产品，假设它们具有同样损耗程度，即回收中心向上游交付后可以获得相同的收入。此外，由于不是本书的重点，同时也为简化研究，本书不考虑废旧电器电子产品回收过程中的回收转化率。

假设 4.5　基于类似研究[15-16]，本书假设废旧电器电子产品的回收数量与价格和服务水平存在线性关系，即 $d_e=\alpha+mp_e+i_1s_1+i_2s_2$。同时，基于针对服务水平的相关研究[120-121]，本书假设服务成本服从 $c_{s1}=\eta_1{s_1}^2/2$，$c_{s2}=\eta_2{s_2}^2/2$。

4.2.2　参数设计

本章中所应用到的参数如下所示：

d_e——线上回收渠道中废旧电器电子产品的回收量。

p_0——回收中心向上游企业销售废旧电器电子产品的单位价格。

p_e——线上回收渠道中 TPP 向消费者回收废旧电器电子产品的单位回收价格。

w_e——线上回收渠道中回收中心向 TPP 回收废旧电器电子产品的单位转移价格。

λ——利润共享因子，指契约协调下回收中心共同分担 TPP 在线下回收渠道 λ 倍的回收价格。

s_1——线上回收渠道的便利性回收服务水平，由 TPP 向消费者提供，包括搭建网站、在线客服快速响应、支持多支付平台、上门取件搬运、平台反馈等。

s_2——线上回收渠道的安全性回收服务水平，由回收中心向消费者提供，包括在产品运输、分解和拆卸过程中对客户隐私信息的保护和清理。

c——线上回收渠道中回收中心回收废旧电器电子产品的固定成本。

c_{s1}——线上回收渠道中 TPP 的便利性服务成本。

c_{s2}——线上回收渠道中回收中心的安全性服务成本。

η——服务成本系数（$\eta>0$）。

a——回收市场的基础值（$a>0$）。

m——回收量受自身渠道回收价格影响的弹性系数（$m>0$）。

i——回收量受自身渠道回收服务水平影响的弹性系数（$i>0$）。

Π_m——回收中心的利润。

Π_e——TPP 的利润。

Π——整个供应链系统的利润。

此外，在符号的下标处，1 代表着 TPP 提供给消费者的便利性服务水平；2 代表着回收中心提供给消费者的安全性服务水平。在符号的上标处，$*$ 代表着集中决策下的最优决策和利润；$**$ 代表着分散决策下的最优决策和利润；c 代表着契约下的决策和利润；$c*$ 代表着契约下的最优决策和利润。

4.3 提供回收服务下 OM 逆向供应链定价及服务水平决策

不同的废旧电器电子产品市场将影响回收企业决策制定。对于在线平台“快收”，其主营业务为回收废旧电视、电冰箱、空调和洗衣机等家用电器。这类废旧电器电子产品的共同点是无法存储任何消费者个人信息，即消费者不用担心该企业回收产品后存在任何隐私泄露的安全风险。另外，该消费者群体较为看重回收企业提供的便利性回收服务，即商家是否愿意上门将大型电器搬走，或是需要消费者自己扛下楼。这将对消费者是否选择该企业起到决定性影响。类似的，对于手机、数码相机、笔记本电脑、平板电脑这类储存客户重要私人信息且通常体积不大的电子产品，该类消费者在考察回收企业时更看重其数据清理能力，而回收商是否上门取件，或是需要消费者自行前往附近代理点，就成为消费者次要关心的问题。那么，当某一类型回收服务的单位成本改变，企业应如何调整其定价和服务水平决策？当不同消费者对某一类型服务敏感度存在差异，企业应如何调整其定价和服务水平决策？供应链和回收企业利润将发生怎样变化？综上，如何为回收企业优化其定价和多类型回收服务水平决策，就成为亟待解决的现实问题。

在集中决策下，本书将回收中心和TPP看作整体进行研究。即，回收中心和TPP不再以自身利润，而是以优化整个供应链整体利润为目标进行决策。在该模式下，供应链系统以p_e的价格从消费者处回收废旧电器电子产品，再以p_0的单位价格将废旧电器电子产品销售以获得利润。供应链系统的利润如下：

$$\prod = (p_0 - p_e - c)d_e - c_{s1} - c_{s2}$$
$$= (p_0 - p_e - c)(\alpha + mp_e + i_1s_1 + i_2s_2) - \eta_1 s_1^2/2 - \eta_2 s_2^2/2 \quad (4.1)$$

为求解供应链系统对回收价格p_e以及服务水平s_1和s_2的最优决策，需将利润函数Π（p_e，s_1，s_2）对p_e，s_1，s_2求解一阶和二阶偏导数。

命题4.1 当$i_1^2\eta_2 + i_2^2\eta_1 - 2m\eta_1\eta_2 < 0$时，$\Pi$（$p_e$，$s_1$，$s_2$）是关于$p_e$，$s_1$，$s_2$的严格上凸函数。

证明：绘制Π（p_e，s_1，s_2）的Hessian matrix为：

$$\begin{bmatrix} \frac{\partial^2 \Pi}{\partial s_2^2} & \frac{\partial^2 \Pi}{\partial s_2 \partial s_1} & \frac{\partial^2 \Pi}{\partial s_2 \partial p_e} \\ \frac{\partial^2 \Pi}{\partial s_1 \partial s_2} & \frac{\partial^2 \Pi}{\partial s_1^2} & \frac{\partial^2 \Pi}{\partial s_1 \partial p_e} \\ \frac{\partial^2 \Pi}{\partial p_e \partial s_2} & \frac{\partial^2 \Pi}{\partial p_e \partial s_1} & \frac{\partial^2 \Pi}{\partial p_e^2} \end{bmatrix} = \begin{bmatrix} -\eta_2 & 0 & -i_2 \\ 0 & -\eta_1 & -i_1 \\ -i_2 & -i_1 & -2m \end{bmatrix}$$

由于该Hessian matrix的一阶顺序主子式为$-2\eta_2 < 0$，二阶顺序主子式为$\eta_1\eta_2 > 0$，三阶顺序主子式为$i_1^2\eta_2 + i_2^2\eta_1 - 2m\eta_1\eta_2$，因此只需$i_1^2\eta_2 + i_2^2\eta_1 - 2m\eta_1\eta_2 < 0$，就可以使得$\Pi$（$p_e$，$s_1$，$s_2$）全部的奇数阶顺序主子式为负，偶数阶顺序主子式为正。

因此，当$i_1^2\eta_2 + i_2^2\eta_1 - 2m\eta_1\eta_2 < 0$时，H（$\Pi$）就成为一个负定矩阵，$\Pi$（$p_e$，$s_1$，$s_2$）是关于$p_e$，$s_1$，$s_2$的上凸函数。即存在$p_e^*$，$s_1^*$，$s_2^*$，使得供应链系统的总利润可以达到最大值。

证毕。

由命题4.1可知存在极值点以使得Π达到极大值，而该点即一阶偏导数取0时p_e，s_1，s_2的值。因此，本书分别求取Π对于p_e，s_1，s_2的一阶偏导数并令其为0后反解可得：

$$s_1 = -\frac{i_1(c - p_0 + p_e)}{\eta_1}$$

$$s_2 = -\frac{i_2(c - p_0 + p_e)}{\eta_2}$$

$$p_e = \frac{mp_0 - mc - a - i_1s_1 - i_2s_2}{2m}$$

由于以上表达式包含决策变量，因此需对其联立，以求得只包含参数的最终最优决策。通过联立可以化简得到：

$$s_1{}^* = \frac{i_1\eta_2(cm - a - mp_0)}{i_2^2\eta_1 + i_1^2\eta_2 - 2m\eta_1\eta_2} \tag{4.2}$$

$$s_2{}^* = \frac{i_2\eta_1(cm - a - mp_0)}{i_2^2\eta_1 + i_1^2\eta_2 - 2m\eta_1\eta_2} \tag{4.3}$$

$$p_e{}^* = \frac{(i_2^2\eta_1 + i_1^2\eta_2)(p_0 - c) + \eta_1\eta_2(cm + a - mp_0)}{i_2^2\eta_1 + i_1^2\eta_2 - 2m\eta_1\eta_2} \tag{4.4}$$

由此，获得集中决策下供应链系统的最优定价和服务水平决策$p_e{}^*$，$s_1{}^*$，$s_2{}^*$。通过观察，本书发现其受不同类型服务成本系数影响。此外，通过将$p_e{}^*$，$s_1{}^*$，$s_2{}^*$代入供应链系统利润函数中，可获得该决策下OM逆向供应链系统最大利润为：

$$\prod{}^* = (p_0 - p_e{}^* - c)(\alpha + mp_e{}^* + i_1s_1{}^* + i_2s_2{}^*) - \eta_1s_1{}^{*2}/2 - \eta_2s_2{}^{*2}/2 \tag{4.5}$$

此时整个供应链系统的回收量为：

$$d_e{}^* = \alpha + mp_e{}^* + i_1s_1{}^* + i_2s_2{}^* \tag{4.6}$$

由于供应链系统最优利润函数包含服务成本系数，因此为探索随着回收企业对服务流程的优化和服务成本系数的降低，其如何影响企业决策和利润，本书将利用数值算例对其进一步分析。另外，本书是基于不同回收企业集中决策下进行的。而事实上，现实中企业主要进行分散决策。因此在下文中，将讨论分散决策下回收中心和TPP的最优决策和利润。

在分散决策模式下，回收中心和 TPP 以最大化自身利益进行决策。由假设可知相比 TPP，回收中心占据绝对的主导地位。因此，根据 Stackelberg 博弈，由回收中心先进行决策，TPP 在观察到回收中心的决策后再进行决策。根据逆向归纳法，需先求解 TPP 利润函数及决策。TPP 的利润函数为：

$$\prod_e = (w_e - p_e)d - c_{s1} = (w_e - p_e)(\alpha + mp_e + i_1 s_1 + i_2 s_2) - \eta_1 {s_1}^2/2$$

为求解 TPP 最优定价 p_e和最优便利性服务水平决策 s_1，先需证明存在极值点能使得 TPP 获得最大利润。

命题 4.2　当 $2m\eta_1 - {i_1}^2 > 0$ 时，Π_e（p_e，s_1）是关于 p_e，s_1 的上凸函数。

证明：分别求解Π_e对于 p_e，s_1的一阶偏导数，可得：

$$\frac{\partial \prod_e}{\partial s_1} = i_1(w_e - p_e) - \eta_1 s_1$$

$$\frac{\partial \prod_e}{\partial p_e} = -a - mp_e - i_1 s_1 - i_2 s_2 + m(w_e - p_e)$$

分别求解Π_e对于 p_e，s_1的二阶偏导数，可得：

$$\frac{\partial^2 \prod_e}{\partial {s_1}^2} = -\eta_1$$

$$\frac{\partial^2 \prod_e}{\partial {p_e}^2} = -2m$$

基于以上结果，绘制 Π_e（p_e，s_1）的 Hessian matrix 为：

$$\begin{bmatrix} \dfrac{\partial^2 \Pi_e}{\partial {s_1}^2} & \dfrac{\partial^2 \Pi_e}{\partial s_1 \partial p_e} \\ \dfrac{\partial^2 \Pi_e}{\partial p_e \partial s_1} & \dfrac{\partial^2 \Pi_e}{\partial {p_e}^2} \end{bmatrix} = \begin{bmatrix} -\eta_1 & -i_1 \\ -i_1 & -2m \end{bmatrix}$$

由于该 Hessian matrix 的一阶顺序主子式为 $-\eta_1 < 0$，二阶顺序主子式为 $2m\eta_1 - {i_1}^2$，因此只需 $2m\eta_1 - {i_1}^2 > 0$，就可以证明 H（p_e，s_1）为一个负定矩阵，Π_e（p_e，s_1）为关于 p_e，s_1的上凸函数。

证毕。

由于$\prod_e$（p_e，s_1）是关于p_e，s_1的上凸函数，因此存在最优的p_e，s_1能使得$\prod_e$达到极大值。为进一步求解 TPP 的最优定价及服务水平决策，我们令$\prod_e$对于p_e，s_1的一阶偏导为 0 并反解，可解得：

$$s_1 = \frac{i_1(w_e - p_e)}{\eta_1}$$

$$p_e = \frac{mw_e - a - i_1 s_1 - i_2 s_2}{2m}$$

由于以上最优解仍包含决策变量，因此需要对其联立并化简，可得：

$$s_1 = \frac{i_1(a + i_1 s_2 + mw_e)}{i_1^{\ 2} - 2m\eta_1} \tag{4.7}$$

$$p_e = \frac{i_1^{\ 2} w_e + \eta_1(a + i_2 s_2 - mw_e)}{i_1^{\ 2} - 2m\eta_1} \tag{4.8}$$

作为 OM 逆向供应链中的主导者，回收中心在观察到跟随者 TPP 的决策后，再以此为依据对自身决策进行优化。因此，需将式（4.7）和式（4.8）代入回收中心利润函数中，可表示为：

$$\begin{aligned}\prod\nolimits_m &= (p_0 - w_e - c)d - \eta_2 s_2^{\ 2}/2 \\ &= (p_0 - w_e - c)\left[\alpha + m\frac{i_1^{\ 2} w_e + \eta_1(a + i_2 s_2 - mw_e)}{i_1^{\ 2} - 2m\eta_1} + \right. \\ &\quad \left. i_1\frac{i_1(a + i_1 s_2 + mw_e)}{i_1^{\ 2} - 2m\eta_1} + i_2 s_2\right] - \eta_2 s_2^{\ 2}/2\end{aligned}$$

为求解回收中心的最优转移价格w_e和最优安全性服务水平决策s_2，首先需要证明存在极值点能使得回收中心获得最大利润。

命题 4.3 当$2m\eta_1 - i_1^{\ 2} > 0$时，$\prod_m$（w_e，s_2）是关于w_e，s_2的上凸函数。

证明：分别求解$\prod_m$对于w_e，s_2的一阶偏导数，可得：

$$\frac{\partial \prod_m}{\partial s_2} = \frac{mi_2\eta_1(c - p_0 + w_e)}{i_1^2 - 2m\eta_1} - \eta_2 s_2$$

$$\frac{\partial \prod_m}{\partial w_e} = \frac{m\eta_1(a + cm - mp_0 + i_2 s_2 + 2mw_e)}{i_1^2 - 2m\eta_1}$$

分别求解$\prod_m$对于 w_e，s_2的二阶偏导数，可得：

$$\frac{\partial^2 \prod_m}{\partial {s_2}^2} = -\eta_2$$

$$\frac{\partial^2 \prod_m}{\partial {w_e}^2} = \frac{2m^2\eta_1}{i_1^2 - 2m\eta_1}$$

基于以上结果，绘制 Π_m（w_e，s_2）的 Hessian matrix 为：

$$\begin{bmatrix} \frac{\partial^2 \Pi_m}{\partial {s_2}^2} & \frac{\partial^2 \Pi_m}{\partial s_2 \partial w_e} \\ \frac{\partial^2 \Pi_m}{\partial w_e \partial s_2} & \frac{\partial^2 \Pi_m}{\partial {w_e}^2} \end{bmatrix} = \begin{bmatrix} -\eta_2 & \frac{mi_2\eta_1}{i_1^2 - 2m\eta_1} \\ \frac{mi_2\eta_1}{i_1^2 - 2m\eta_1} & \frac{2m^2\eta_1}{i_1^2 - 2m\eta_1} \end{bmatrix}$$

由于该 Hessian matrix 的一阶顺序主子式为 $-\eta_2 < 0$，二阶顺序主子式为 $\frac{2m^2\eta_1\eta_2 + (mi_2\eta_1)^2}{2m\eta_1 - i_1^2}$。

由于在命题 4.2 中已经假设 $2m\eta_1 - {i_1}^2 > 0$，又因为 $2m\eta_1\eta_2 > 0$ 且 $(mi\eta_1)^2 > 0$，所以该二阶顺序主子式也大于 0。因此，就可以证明 H_m（w_e，s_2）为一个负定矩阵，$\prod_m$（w_e，s_2）为关于 w_e，s_2的上凸函数。

证毕。

因此，由上可知存在最优的 ${w_e}^{**}$，${s_2}^{**}$，可以使得回收中心的利润达到极大值。令$\prod_m$对于 w_e，s_2的一阶偏导数为 0，并反解，可以求得回收中心的最优服务水平和转移价格为：

$${s_2}^{**} = -\frac{i_2\eta_1(a + mp_0 - mc)}{{i_2}^2\eta_1 + 2\eta_2(i_1^2 - 2m\eta_1)} \tag{4.9}$$

$${w_e}^{**} = -\frac{m\eta_1 i_2^2(c - p_0) + \eta_2(a - mp_0 + mc)(i_1^2 - 2m\eta_1)}{m[{i_2}^2\eta_1 + 2\eta_2(i_1^2 - 2m\eta_1)]} \tag{4.10}$$

下一步，将回收中心的最优决策代入 TPP 的决策函数中，可以解得 TPP 的最优服务水平和回收价格分别为：

$${s_1}^{**} = -\frac{i_1\eta_2(a + mp_0 - mc)}{{i_2}^2\eta_1 + 2\eta_2(i_1^2 - 2m\eta_1)} \tag{4.11}$$

$$p_e^{**} = -\frac{m\eta_1 i_2^2(c - p_0) + \eta_2[i_1^2(a - mp_0 + mc) + m\eta_1(mp_0 - 3a - mc)]}{m[i_2^2\eta_1 + 2\eta_2(i_1^2 - 2m\eta_1)]} \tag{4.12}$$

由以上回收中心和TPP的最优决策，可以解得当它们如此决策时所能取得的最大利润分别为：

$$\prod_m^{**} = (p_0 - w_e^{**} - c)(\alpha + mp_e^{**} + i_1 s_1^{**} + i_2 s_2^{**}) - \eta_2 s_2^{**2}/2 \tag{4.13}$$

$$\prod_e^{**} = (w_e - p_e^{**})(\alpha + mp_e^{**} + i_1 s_1^{**} + i_2 s_2^{**}) - \eta_1 s_1^{**2}/2 \tag{4.14}$$

命题4.4 回收中心的最优服务水平 s_2^{**} 与 η_1 成负相关，TPP的最优服务水平 s_1^{**} 与 η_2 成负相关。

证明：由式（4.9）和式（4.11）可以分别得到回收中心和TPP的最优服务水平决策。令式（4.9）中 s_2^{**} 的表达式右侧分子与分母同时除以 η_1，可得：

$$s_2^{**} = -\frac{i_2(a + mp_0 - mc)}{i_2^2 + 2\eta_2 i_1^2/\eta_1 - 4m\eta_2}$$

由于恒存在 $\eta_1 > 0$，因此当 η_1 减小的时候，上式的分母位置将增大，整个分式将减小，同时 s_2^{**} 将不断增大。

同理，令式（4.11）中 s_1^{**} 的表达式右侧分子与分母同时除以 η_2，可得：

$$s_1^{**} = -\frac{i_1(a + mp_0 - mc)}{i_2^2\eta_1/\eta_2 + 2(i_1^2 - 2m\eta_1)}$$

由于恒存在 $\eta_2 > 0$，因此当 η_2 减小的时候，上式的分母位置将增大，整个分式将减小，同时 s_1^{**} 将不断增大。

因此，回收中心的最优服务水平 s_2^{**} 与 η_1 成负相关，TPP的最优服务水平 s_1^{**} 与 η_2 成负相关。

证毕。

根据以上研究，可得分散决策下回收企业的最优决策和利润，并可知随回收中心对其安全性服务成本系数的降低，TPP需要提升其便利性服务水平，同时随TPP对其便利性服务成本系数的降低，回收中心需要提升其安全性服务水平。尽管如此，本书无法通过均衡性分析得到当 η 和 i 等参数改变时，对定价及服务水平决策的影响。因此，需在 4.6 节的算例分析中进一步对其趋势进行验证。

4.4 不提供回收服务下 OM 逆向供应链定价决策

类似于 3.4 节，本节将对不考虑回收中心和 TPP 向消费者提供回收服务下的 OM 逆向供应链决策问题进行研究。在得到供应链系统的最优定价决策和利润基础上，通过对比 4.3 节中提供回收服务下供应链系统总利润，为回收企业是否应向消费者提供回收服务，以及在何种情况下提供回收服务将优化回收总量以及总利润等问题，提出对策建议。

具体来讲，本节将以 OM 逆向供应链系统整体利润最大化为目标进行决策。在不考虑 TPP 将废旧电器电子产品销售给回收中心的转移价格 w_e 的同时，考虑最优线上回收价格 p_e 决策问题。供应链系统的利润可以表示为：

$$\prod = \prod_m + \prod_e = (p_0 - p_e - c)d_e = (p_0 - p_e - c)(\alpha + mp_e)$$

命题 4.5 Π（p_e）是关于 p_e 的严格上凸函数。

证明：通过求解 Π（p_e）对 p_e 的一阶和二阶偏导数，可得：

$$\frac{\partial \Pi}{\partial p_e} = -a + m(p_0 - c) - 2mp_e$$

$$\frac{\partial^2 \Pi}{\partial p_e^{\ 2}} = -2m$$

由于 $m>0$，因此二阶偏导数 $-2m<0$，$\prod$（p_e）是关于 p_e 的严格上凸函数。

证毕。

命题 4.5 证明了存在特定的决策变量 p_e^*，能够使得供应链系统的总利润 $\prod$ 达到极大值。令 Π（p_e）对 p_e 的一阶偏导数为 0 并反解，可以求得

OM 逆向供应链的最优线上回收价格为：

$$p_e^{\ *} = \frac{mp_0 - mc - a}{2m} \tag{4.15}$$

基于以上研究得到了供应链系统最优的定价决策 $p_e^{\ *}$，通过代入 $p_e^{\ *}$ 到 Π，可以得到供应链系统在集中决策下的最大的回收量和利润，如下：

$$d_e^{\ *} = \alpha + mp_e^{\ *} \tag{4.16}$$

$$\prod{}^{*} = (p_0 - p_e^{\ *} - c)(\alpha + mp_e^{\ *}) \tag{4.17}$$

命题 4.6 当 OM 逆向供应链系统向消费者提供回收服务时，总能获得不低于不提供回收服务时的总利润。

证明：将集中决策下供应链系统的最优定价及服务水平决策式（4.2）、式（4.3）和式（4.4）代入式（4.5），可以得到提供回收服务时的最大利润式（4.5）。

将集中决策下供应链系统的最优定价及服务水平决策式（4.15）代入式（4.17），可以得到不提供回收服务时的最大利润式（4.17）。

令 Δ = 式（4.5）– 式（4.17），可以解得：

$$\Delta = \frac{(i_2^2\eta_1 + i_1^2\eta_2)(mp_0 - mc + a)^2}{-4m(i_2^2\eta_1 + i_1^2\eta_2 - 2m\eta_1\eta_2)}$$

根据命题 4.1 中的假设可知 $i_1^{\ 2}\eta_2 + i_2^{\ 2}\eta_1 - 2m\eta_1\eta_2 < 0$，又由于 $-4m < 0$，$i_1^{\ 2}\eta_2 + i_2^{\ 2}\eta_1 > 0$，因此可知 Δ 的整体大于等于 0。

所以，对于 OM 逆向供应链，集中决策下供应链系统提供服务时的总利润大于等于不提供服务时的总利润。

证毕。

由命题 4.6 可知，对于 OM 逆向供应链，在回收中心和 TPP 进行集中决策时，整个供应链系统向消费者提供线上回收服务时获得的总利润，总是不低于不提供回收服务的总利润。因此，供应链系统可以通过积极向消费者提供回收服务以优化自身利润。

命题 4.7 当供应链参数满足 $mc - a - mp_0 < 0$ 时，供应链系统提供回收服务将提升整个供应链的回收量。

证明：令供应链系统提供回收服务时线下渠道的回收量减去不提供回

收服务时的回收量为 Δ_d，即 Δ_d = 式（4.16）－式（4.6），可解得：

$$\Delta_d = \frac{(i_2^2\eta_1 + i_1^2\eta_2)(cm - a - mp_0)}{2(i_2^2\eta_1 + i_1^2\eta_2 - 2m\eta_1\eta_2)}$$

根据命题 4.1 中的假设可知 $i_1{}^2\eta_2 + i_2{}^2\eta_1 - 2m\eta_1\eta_2 < 0$，又由于 $i_1{}^2\eta_2 + i_2{}^2\eta_1 > 0$，因此当 $mc - a - mp_0 < 0$ 时，可以实现 Δ_d 的整体大于等于 0。则此时供应链系统提供回收服务将提升供应链系统总的回收量。

证毕。

由命题 4.7 可知，当供应链系统的参数满足 $mc - a - mp_0 < 0$，供应链向消费者提供回收服务将显著提升整个系统的回收量。对于 OM 逆向供应链，提供回收服务将不仅提升供应链整体的利润，同时也将提高废旧电器电子产品的回收量，对回收行业的发展起着重要的推动作用。

4.5 考虑回收服务的 OM 逆向供应链契约协调模型

在以上研究基础上，由于分散决策下回收中心、TPP 和 OM 供应链系统的利润均低于集中决策，因此本书采用收益成本共享契约对其各类决策和利润进行优化。通过引入利润共享因子 λ，使得在线上回收渠道中，回收中心分担 TPP λ 倍的线上回收价格的支出。同时，TPP 将给回收中心较为优惠的线上转移价格 $w_e{}^c$。之后，通过令引入契约后分散决策下供应链系统的总利润达到集中决策下的总利润，同时保证回收企业的利润均不低于各自在分散决策下的利润，以求解 λ 的取值范围。

基于此，由于在引入收益成本共享契约后回收中心和 TPP 依然遵循 Stackelberg 博弈模型，因此采用类似 4.3 节中对分散决策下回收中心和 TPP 最优决策和最大利润的求解方法，本部分先构建 TPP 的利润函数为：

$$\begin{aligned}\prod_e{}^c &= [w_e{}^c - (1 - \lambda)p_e]d - c_{s1} \\ &= [w_e{}^c - (1 - \lambda)p_e](\alpha + mp_e + i_1s_1 + i_2s_2) - \eta_1 s_1{}^2/2\end{aligned}$$

可以看出，相比引入契约前 TPP 的利润函数，每当 TPP 回收 1 件废旧电器电子产品，其单位支出中有 λp_e 的部分由回收中心承担。此外，尽管 TPP 在回收价格中的支出降低，但作为其主要收入部分，转移价格 w_e^c 也会降低。根据 Stackelberg 博弈理论以及逆向归纳法，需先求解其最优定价和服务水平决策。本部分先分别求解 Π_e^c 对 p_e 和 s_1 的一阶偏导数为：

$$\frac{\partial \prod_e^c}{\partial s_1} = i_1[w_e^c - (1-\lambda)p_e] - \eta_1 s_1$$

$$\frac{\partial \prod_e^c}{\partial p_e} = (1-\lambda)(-a - mp_e - i_1 s_1 - i_2 s_2) + m[w_e - (1-\lambda)p_e]$$

令 Π_e^c 对 p_e 和 s_1 的一阶偏导数为 0，可反解得收益成本共享契约下 TPP 的最优定价及服务水平决策为：

$$s_1^{c*} = \frac{i_1[a - a\lambda + (1-\lambda)i_2 s_2 + mw_e]}{2m\eta_1 - (1-\lambda)i_1^2}$$

$$p_e^{c*} = \frac{(1-\lambda)i_1^2 w_e + \eta_1[a - a\lambda + (1-\lambda)i_2 s_2 + mw_e]}{(\lambda-1)[2m\eta_1 - (1-\lambda)i_1^2]}$$

同时，为使得契约能够同时被回收中心和 TPP 所接受，还需要保证在引入契约后回收企业的利润都不低于引入前，即需满足：

$$\Pi_m^{c*} \geqslant \Pi_m^{**}$$

$$\Pi_e^{c*} \geqslant \Pi_e^{**}$$

对其进行进一步化简，可得：

$$(p_0 - w_e^c - c - \lambda p_e^{c*})(\alpha + mp_e^{c*} + i_1 s_1^{c*} + i_2 s_2^{c*}) - \eta_2 s_2^{c*2}/2 \geqslant (p_0 - w_e^{**} - c)(\alpha + mp_e^{**} + i_1 s_1^{**} + i_2 s_2^{**}) - \eta_2 s_2^{**2}/2$$

$$[w_e^{c*} - (1-\lambda)p_e^{c*}](\alpha + mp_e^{c*} + i_1 s_1^{c*} + i_2 s_2^{c*}) - \eta_1 s_1^{c*2}/2 \geqslant (w_e - p_e^{**})(\alpha + mp_e^{**} + i_1 s_1^{**} + i_2 s_2^{**}) - \eta_1 s_1^{**2}/2$$

将上述方程联立并化简，可得契约被回收中心所接受时，λ 的取值范围为：

$$\lambda \geqslant \frac{\eta_2(i_1^2 - 2m\eta_1)^2(i_1^2 - m\eta_1)}{2m^2 i_2^2 \eta_1^3 + \eta_2(i_1^6 - 4mi_1^4\eta_1 + 8m^2 i_1^2 \eta_1^2 - 8m^3\eta_1^3)}$$

为使得契约被 TPP 接受，λ 的取值范围为：

$$\lambda \leqslant \frac{\eta_2(i_1^2 - 2m\eta_1)^2(i_1^2 - m\eta_1)[2i_2^2\eta_1 + 3\eta_2(i_1^2 - 2m\eta_1)]}{2m^2 i_2^4 \eta_1^4 + 2i_2^2\eta_1\eta_2(i_1^6 - 4mi_1^4\eta_1 + 8m^2 i_1^2\eta_1^2 - 8m^3\eta_1^3) + \eta_2^2(i_1^2 - 2m\eta_1)^2(3i_1^4 - 6mi_1^2\eta_1 + 8m^2\eta_1^2)}$$

当 λ 在该范围内取值时，可以保证回收中心和 TPP 的利润都不低于各自在分散决策下的利润。尽管如此，当 λ 取不同值时，回收中心和 TPP 的利润以及线上转移价格 w_e变化的趋势仍然具有差异。同时，随着线上回收服务流程的优化，回收企业将逐渐降低单位服务成本。而由于不同类型服务成本系数的改变对企业利润和决策都会产生影响，因此需在算例分析中进一步验证当服务成本系数改变时，λ 的变化趋势，以及 λ 的改变对回收企业利润和定价的影响。

4.6 算例分析

基于以上研究，首先，本书发现不论在集中决策、分散决策或是在引入收益成本共享契约的情况下，安全性和便利性回收服务的服务成本系数都会对回收企业决策及利润产生影响。随着回收企业对服务流程和技术的改进，企业在提供相同回收服务水平时所需成本势必会不断降低。因此，当回收中心降低安全性回收服务的成本系数 η_2，以及 TPP 降低便利性回收服务的成本系数 η_1时，探究企业的最优定价及服务水平决策以及利润的变化趋势，就成为亟待解决的重要问题。

其次，不同消费者对多类型回收服务的敏感性存在差异。例如，对于废旧电视机，由于其体积较大且不会保存消费者隐私信息，因此消费者在其回收前较为关心回收企业提供的便利性服务水平，如是否可以上门取货以及响应时间的长短，而并不关心其安全性服务水平。相反，对于回收废旧手机的消费者，由于手机小巧轻便且大量存储消费者个人信息，因此消费者更关心手机回收后，回收企业能否彻底清除手机内存储的个人隐私类安全性服务，而不会在意是否有快递员上门取货或需自己邮寄。事实上，以不同地区消费者群体为例，其对多类型回收服务的敏感度也存在显著差异。因此综上，回收中心需根据不同消费者群体，针对回收服务敏感系数 i_1，i_2对定价和服务水平决策，以及回收量和企业利润的影响进行研究。

最后，当收益成本共享契约的共享因子 λ 改变时，尽管在其取值范围内始终能够优化分散决策下的企业利润，但研究其如何影响回收中心和TPP 的利润，将对企业构建契约时最大限度提升自身利润具有重要意义。由于无法通过分析模型结果的凹凸性对其进行判断，因此本书利用算例对其分析以进一步为回收企业提供决策依据。

部分数据由于涉及企业商业机密（例如单位回收收入）而难以获取，因此本书选择根据已发表的文献对参数进行假设。类似于 Wang 等（2017）的研究，基于4.1 节对以下参数进行假设：$p_0=1000$，$c=10$，$\alpha=500$，$m=5$。以上参数是指在废旧电器电子产品数量为 $\alpha=500$ 的回收市场中，对于回收中心，每回收 1 件废旧电器电子产品的单位收入为 $p_0=1000$，回收运维成本为 $c=10$。此外，$m=5$ 是指当回收价格每改变 1 个单位，对该渠道回收量的影响将会是 5 倍。

4.6.1 服务成本系数

在本节中，针对线上回收服务成本系数对回收企业决策和利润的影响规律进行研究。在 TPP 为消费者提供便利性回收服务 s_1 的过程中，会产生 c_{s1} 的回收服务成本，η_1 即为其回收服务水平影响服务成本的敏感系数。以国内线上回收平台“回收哥”为例，其曾对旗下快递员上门取件的路径和网点布局进行优化，实现在提供等量服务水平时服务成本的降低。如，回收中心在为消费者提供安全性回收服务 s_2 的同时也能够通过对拆卸工艺和设备的升级，有效减少人工成本，降低安全性回收服务的成本系数 η_2。基于此，在本节中先假设不同类型服务水平影响回收量的敏感系数为 $i_1=i_2=2$ 保持不变，之后令 $\eta_2=4$，η_1 逐渐从 9 降低至 2，以验证便利性服务成本系数对企业决策和利润的影响。通过利用 Mathematica 将以上数值假设代入 4.3 节的模型结果中，分别得到集中决策和分散决策的各项数值结果，具体如表 4.1、表 4.2 和表 4.3 所示。同时，本书也根据表中的结果绘制了企业决策、回收量和利润的趋势图（见图 4.3）。

表4.1 集中决策下η_1对决策和利润的影响

η_1	centralized policy				
	$p_e{}^*$	$s_1{}^*$	$s_2{}^*$	d^*	Π^*
9	352.99	141.56	318.51	3185.06	1735860
8	348.82	160.29	320.59	3205.88	1747210
7	343.39	184.75	323.31	3233.05	1762010
6	336.00	218.00	327.00	3270.00	1782150
5	325.37	265.85	332.32	3323.17	1811130
4	308.75	340.63	340.63	3406.25	1856410
3	279.13	473.91	355.33	3554.35	1937120
2	211.43	778.57	389.29	3892.86	2121610

表4.2 分散决策下η_1对决策和利润的影响

η_1	decentralized policy							
	$p_e{}^{**}$	$s_1{}^{**}$	$s_2{}^{**}$	$w_e{}^{**}$	d^{**}	$\Pi_m{}^{**}$	$\Pi_t{}^{**}$	Π^{**}
9	113.99	66.87	150.46	414.91	1504.60	820008	432642	1252650
8	111.94	75.69	151.39	414.72	1513.89	825069	435453	1260520
7	109.28	87.20	152.60	414.48	1526.00	831670	439122	1270790
6	105.66	102.83	154.25	414.15	1542.45	840637	444110	1284750
5	100.46	125.29	156.61	413.68	1566.09	853520	451286	1304810
4	92.35	160.29	160.29	412.94	1602.94	873603	462496	1336100
3	77.96	222.45	166.84	411.63	1668.37	909260	482465	1391720
2	43.33	363.33	181.67	408.67	1816.67	990083	528044	1518130

表4.3 η_1对契约共享因子的影响

Revenue – cost Sharing Contract	η_1	2.00	3.00	4.00	5.00
	λ	$0.309 \leqslant \lambda \leqslant 0.501$	$0.384 \leqslant \lambda \leqslant 0.604$	$0.421 \leqslant \lambda \leqslant 0.652$	$0.443 \leqslant \lambda \leqslant 0.679$
	η_1	6.00	7.00	8.00	9.00
	λ	$0.457 \leqslant \lambda \leqslant 0.696$	$0.468 \leqslant \lambda \leqslant 0.708$	$0.475 \leqslant \lambda \leqslant 0.717$	$0.481 \leqslant \lambda \leqslant 0.724$

首先，由图4.3可以看出，在集中和分散决策下，随着便利性回收服务成本系数η_1的降低，回收中心和TPP均需不断提升各自的服务水平，同时回收中心还需降低线上转移价格，TPP需降低线上回收价格，以最大化

自身的利润。这是由于随着 TPP 对便利性服务流程的优化，η_1 的减小可以降低 TPP 的单位服务成本支出，并促使 TPP 或供应链系统利用节约的资金提升便利性服务水平，提升回收量以及利润。对于分散决策下的回收中心，由于 TPP 对便利性服务水平的提升显著提高了回收量，促使回收中心可以通过小幅降低线上转移价格以及提升安全性回收服务水平以提升自身利润。同时，可以发现以上决策对于 η_1 的敏感性均随着 η_1 的降低而显著提升。这种敏感性的提升尤其体现在 TPP 对便利性服务水平 s_1 和线上回收价格 p_e 的决策中，即当 η_1 从 3 降低到 2 时，这两类决策出现了近 100% 的增幅。

其次，由表 4.1 和表 4.2 可知随着便利性回收服务成本系数 η_1 的降低，集中决策下供应链系统的利润和回收量都明显高于分散决策，且随着 η_1 的降低不断升高。尽管线上回收价格的小幅降低不利于提升回收量，但由于便利性服务水平和安全性服务水平均显著提升，因此总的回收量也得到提高。此外，可知回收企业决策、利润和回收量变化的敏感性，均随 η_1 的降低显著提升。此外，由于在分散决策下回收中心和 TPP 均为最大化自身利润而对价格和服务进行决策，出现了双重边际化现象，因此分散决策下不论是回收企业还是供应链系统的利润均显著低于集中决策。

最后，由图 4.4 可知随着 η_1 的降低，收益成本共享契约系数 λ 的上下界均单调递减，且降低的速率不断提升，并导致 TPP 的利润单调递增。

由图 4.3 可知，在集中决策下，当便利性服务成本系数 η_1 降低时，为最大化供应链系统的利润，需在大幅提升便利性回收服务水平的同时，降低线上回收价格，并小幅提升安全性回收服务水平。

同时，在分散决策下，当便利性服务成本系数 η_1 降低时，为优化 TPP 利润，TPP 需大幅提升便利性回收服务水平，并降低线上回收价格。为优化回收中心利润，回收中心需小幅提升安全性回收服务水平，并小幅降低线上回收转移价格。

由图 4.4 可知，在收益成本共享契约协调下，当便利性服务成本系数 η_1 降低时，契约共享系数的上下界均逐渐降低。

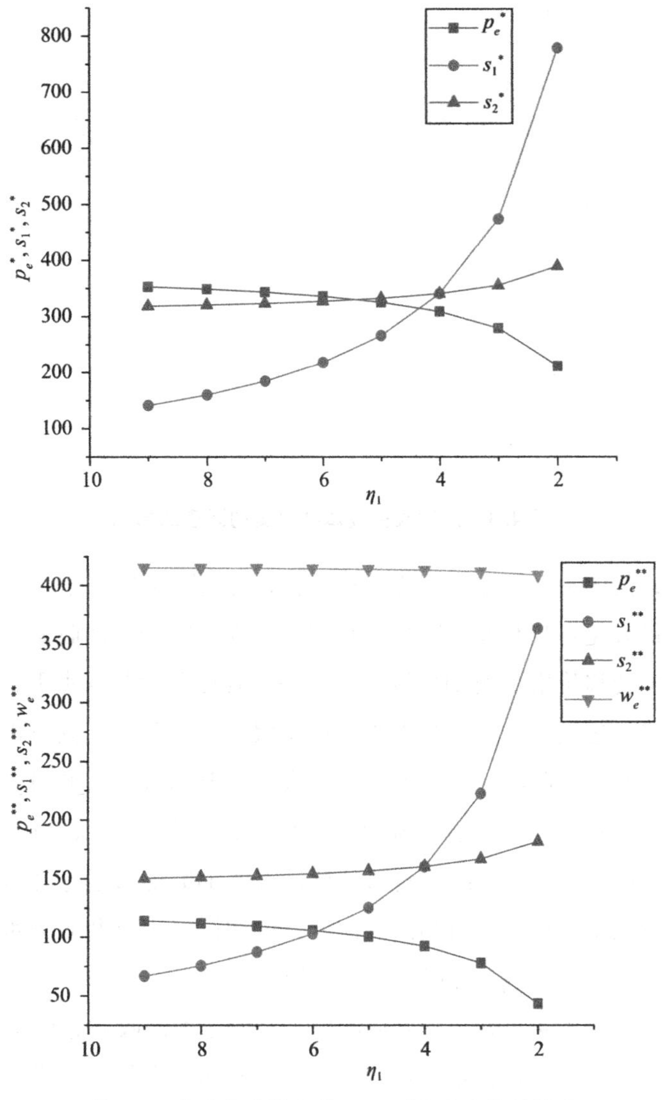

图 4.3　集中和分散决策下 η_1 对企业决策的影响

此外，由于集中决策下回收中心和 TPP 被看作整体进行决策，因此在该模式下供应链系统的决策和利润受便利性回收服务 s_1 和安全性回收服务 s_2 的相关参数影响时具有同样的变化趋势，这一点也可以由 4.2.1 小节的模型的结果中得出。相反的，由于在分散决策下，便利性服务由 TPP 提供，安全性服务由回收中心提供，因此将在下文算例中对安全性回收服务的成本系数改变对回收企业决策和利润的影响进行研究。

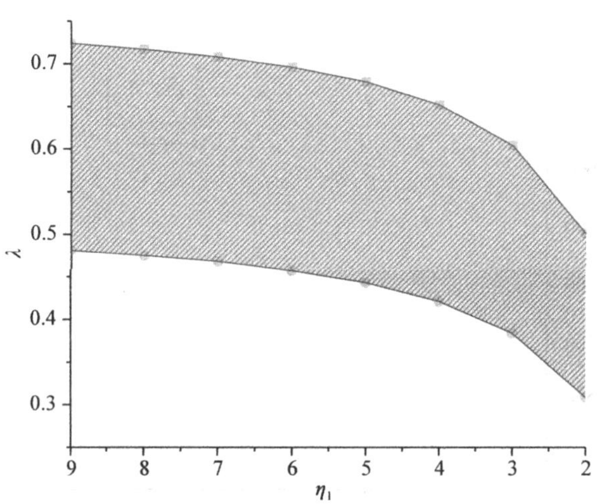

图 4.4 η_1对收益成本共享契约因子的影响

首先，由图 4.5 可知，随着回收中心对安全性回收服务成本系数 η_2的优化，为最大化自身利润，回收中心需大幅提升安全性回收服务水平，同时降低线上转移价格，而 TPP 则需小幅提升其便利性服务水平，并降低线上回收价格。这是由于当回收中心的单位服务成本降低，其可以通过提升服务水平，并在控制服务成本的同时，大幅提升回收量。此时，随着回收量的提升，TPP 也可以通过小幅提升其便利性服务水平以优化自身利润。同时，由于回收中心降低线上转移价格，因此 TPP 能够通过降低线上回收价格以减少成本，优化自身利润。此外，可知以上定价和服务水平决策对于 η_2的敏感性也随着 η_2的降低而不断提升。

其次，由表 4.4 可知，随着回收中心对安全性回收服务成本系数 η_2的优化，不论是总回收量，还是回收中心、TPP 和整个供应链系统的利润都将得到提升。尽管线上回收价格降低了，但安全性回收服务水平的大幅提升提高了总回收量，并使得虽然回收中心的服务总成本降低了，但高回收量依然大幅提升了回收中心的利润。对于 TPP，在总服务成本不变，以及资金收入与支出变化不大的情况下，回收量的大幅提升也优化了 TPP 的利润。此外，可知回收中心和 TPP 的利润和回收量对于 η_2的敏感性均随着 η_2的降低逐渐提升。

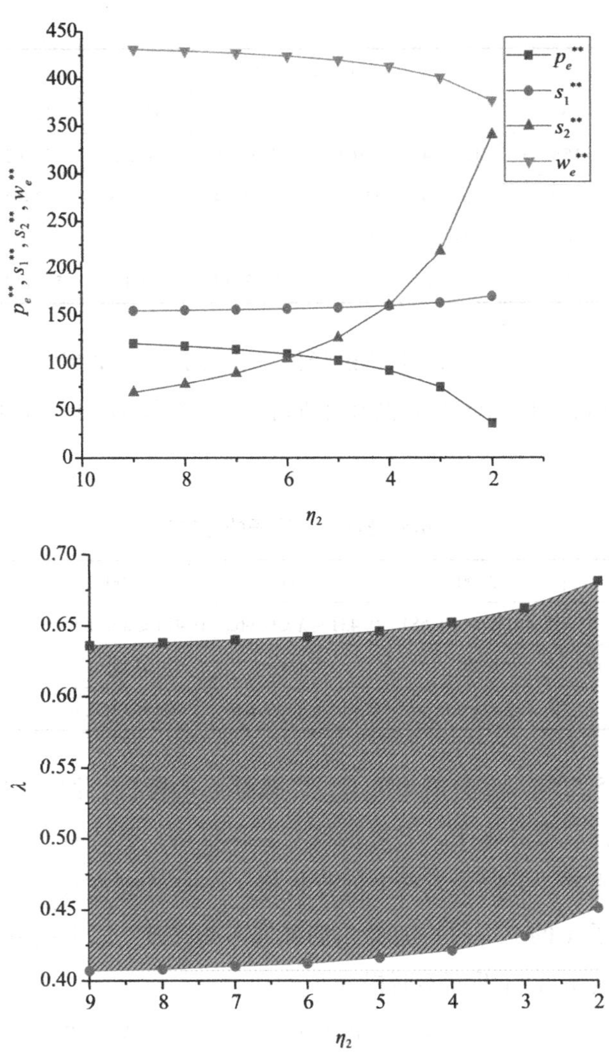

图4.5 η_2对企业决策的影响

表4.4 分散决策下η_2对决策和利润的影响

η_2	decentralized policy							
	p_e^{**}	s_1^{**}	s_2^{**}	w_e^{**}	d^{**}	Π_m^{**}	Π_t^{**}	Π^{**}
9	120.76	155.22	68.99	431.20	1552.22	845957	433687	1279640
8	118.00	155.71	77.86	429.43	1557.14	848643	436445	1285090
7	114.43	156.35	89.34	427.13	1563.52	852121	440030	1292150
6	109.62	157.21	104.81	424.04	1572.12	856803	444878	1301680

续表

η_2	decentralized policy							
	p_e^{**}	s_1^{**}	s_2^{**}	w_e^{**}	d^{**}	Π_m^{**}	Π_t^{**}	Π^{**}
5	102.79	158.43	126.74	419.65	1584.3	863445	451802	1315250
4	92.35	160.29	160.29	412.94	1602.94	873603	462496	1336100
3	74.40	163.50	218.00	401.40	1635.00	891075	481181	1372260
2	36.25	170.31	340.63	376.88	1703.13	928203	522114	1450320

最后，由表4.5可知，随着 η_2 降低，收益成本共享契约系数 λ 的上下界均单调递增，且递增速率也在不断提升，并导致回收中心利润不断提升。

表4.5　　η_2 对契约共享因子的影响

Revenue - cost Sharing Contract	η_2	2.00	3.00	4.00	5.00
	λ	$0.451 \leqslant \lambda \leqslant 0.681$	$0.431 \leqslant \lambda \leqslant 0.662$	$0.421 \leqslant \lambda \leqslant 0.652$	$0.416 \leqslant \lambda \leqslant 0.646$
	η_2	6.00	7.00	8.00	9.00
	λ	$0.412 \leqslant \lambda \leqslant 0.642$	$0.410 \leqslant \lambda \leqslant 0.640$	$0.408 \leqslant \lambda \leqslant 0.638$	$0.407 \leqslant \lambda \leqslant 0.636$

由图4.5可知，在分散决策下，伴随着 η_2 的降低，回收中心需大幅提升其安全性回收服务水平，并降低线上转移价格；TPP需小幅提升其便利性回收服务水平，并降低其线上回收价格。在收益成本共享契约协调模式下，共享因子 λ 的上下界均随着 η_2 的降低不断提升。以上决策对于 η_2 的敏感度均会随着 η_2 的降低而不断提升。

由图4.6和图4.7可得，不同类型服务成本系数的改变对回收量及企业和供应链系统利润的影响。

首先，由图4.6和图4.7可知，随着 η_1 和 η_2 分别降低，集中和分散决策下回收企业和供应链系统的利润和回收量均保持单调递增，且其敏感度均随服务成本系数的减小而不断递增。

其次，当单位安全性服务成本高于便利性服务成本时，则安全性服务成本对回收企业和供应链总回收量和利润的负相关影响更为显著；反之，则便利性服务成本对以上目标函数负相关影响更为显著。

最后，可知尽管优化不同类型服务成本系数均能够显著影响企业利

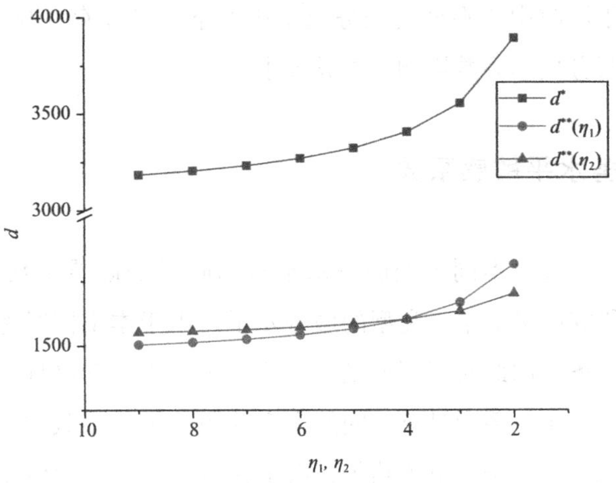

图 4.6　η_1 和 η_2 对回收量的影响

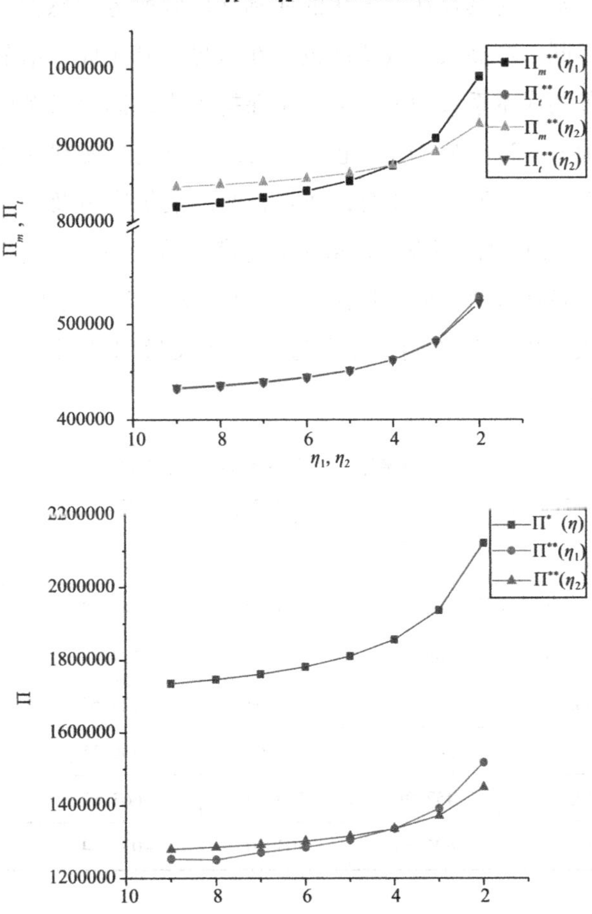

图 4.7　η_1 和 η_2 对利润的影响

润，但不同于回收中心在两类服务成本影响下的利润存在显著差异，TPP利润受两类服务成本系数影响的差异较小。

4.6.2 服务水平敏感系数

在本节中，针对不同类型服务水平对回收量的敏感系数 i 进行研究。不同于现有研究中考虑单一类型的服务水平，由于本书同时考虑安全性和便利性回收服务，因此对于不同的敏感系数 i_1 和 i_2，其也具有不同的现实意义。例如，对于一系列具有相同的安全性服务敏感系数的废旧电器电子产品——电视机、空调、电冰箱等，由于它们具有不同的体积以及拆卸困难度，因此消费者对其存在差异化的便利性回收服务敏感性。此外，不同地区消费者对同一产品服务敏感度也存在差异。基于此，本节先假设不同类型回收服务的成本系数为 $\eta_1=\eta_2=4$ 保持不变，同时只考虑安全性服务敏感系数均为 $i_2=2$ 的废旧电器电子产品，并研究当便利性回收服务敏感系数 i_1 从 0.5 逐渐增加到 3.0 时，回收企业的最优决策及利润。通过利用 Mathematica 将以上数值假设代入 4.3 节的模型结果中，分别得到集中决策和分散决策的各项数值结果，具体如表 4.6、表 4.7 和表 4.8 所示。同时，本书也根据表中的结果绘制了企业决策、回收量和利润的趋势图（见图 4.8 和图 4.9）。

表 4.6　集中决策下 i_1 对利润和决策的影响

i_1	centralized policy				
	p_e^*	s_1^*	s_2^*	d^*	Π^*
0.5	380.21	76.22	304.90	3048.95	1661680
1.0	367.14	155.71	311.43	3114.29	1697290
1.5	344.07	242.22	322.96	3229.63	1760150
2.0	308.75	340.63	340.63	3406.25	1856410
2.5	257.23	457.98	366.39	3663.87	1996810
3.0	182.59	605.56	403.70	4037.04	2200190

表4.7 分散决策下 i_1 对利润和决策的影响

i_1	decentralized policy							
	p_e^{**}	s_1^{**}	s_2^{**}	w_e^{**}	d^{**}	Π_m^{**}	Π_t^{**}	Π^{**}
0.5	127.38	36.09	144.37	416.13	1443.71	786821	414254	1201070
1.0	120.95	73.65	147.30	415.54	1492.97	802770	423082	1225850
1.5	109.62	114.34	152.45	414.51	1524.48	830839	438660	1269500
2.0	92.35	160.29	160.29	412.94	1602.94	873603	462496	1336100
2.5	67.36	214.57	171.65	410.67	1716.54	935512	497221	1432730
3.0	31.55	281.90	187.93	407.41	1879.31	1024220	547430	1571650

表4.8 i_1 对契约共享因子的影响

Revenue Sharing Contract	i_1	0.50	1.00	1.50
	λ	$0.520 \leqslant \lambda \leqslant 0.769$	$0.501 \leqslant \lambda \leqslant 0.747$	$0.468 \leqslant \lambda \leqslant 0.710$
	i_1	2.00	2.50	3.00
	λ	$0.421 \leqslant \lambda \leqslant 0.652$	$0.359 \leqslant \lambda \leqslant 0.570$	$0.280 \leqslant \lambda \leqslant 0.459$

首先，由图4.8可知，当消费者对便利性服务水平敏感系数单调提升时，回收企业将改变其定价和服务水平决策。具体来讲，在集中和分散决策下，回收企业均需大幅提升便利性服务水平 s_1，同时降低线上回收价格。此时，回收企业还需小幅提升安全性服务水平 s_2。在分散决策下，回收中心需小幅降低其线上转移价格以优化利润。回收企业大幅提升便利性服务水平较易解释，是由于消费者更为在意便利性服务，因此可以通过对应地提升便利性服务水平以提升回收量。由于回收量方面占据优势，因此回收企业可以在降低回收价格的同时依然将利润维持在较高水平。同时，对安全性回收服务水平的小幅提升尽管会导致服务成本的升高，但是也能够进一步提升回收量。

其次，由表4.6和表4.7可知，伴随着 i_1 的提升，回收企业和供应链系统的回收量和利润都得到了提升，且敏感性随着 i_1 的提升也在不断提升。可知对于消费者对便利性服务更为敏感的废旧电器电子产品，回收企业可以选择设定较低的回收价格，同时大幅提升消费者更为关注的便利性服务，使得回收量相较于其他产品取得巨大优势，进而获得更高的利润。此外，对比可知集中决策下供应链系统的回收量和利润均优于分散决策，同样是由于双重边际化导致的。

最后，由图4.9可知，伴随着废旧电器电子产品 i_1 的提升，为协调分散决策下供应链系统利润而构建的收益成本共享契约系数的上下界都需要降低。这是由于在契约协调的 λ 的区间内，λ 的降低会导致 TPP 利润的升高和回收中心利润的降低，而消费者更为敏感的便利性服务正是由 TPP 提供的。此外，可以发现 λ 变化的敏感性随着 i_1 的提升也在不断升高。

由图4.8可知，在集中决策下，供应链系统的最优回收价格随着 i_1 的

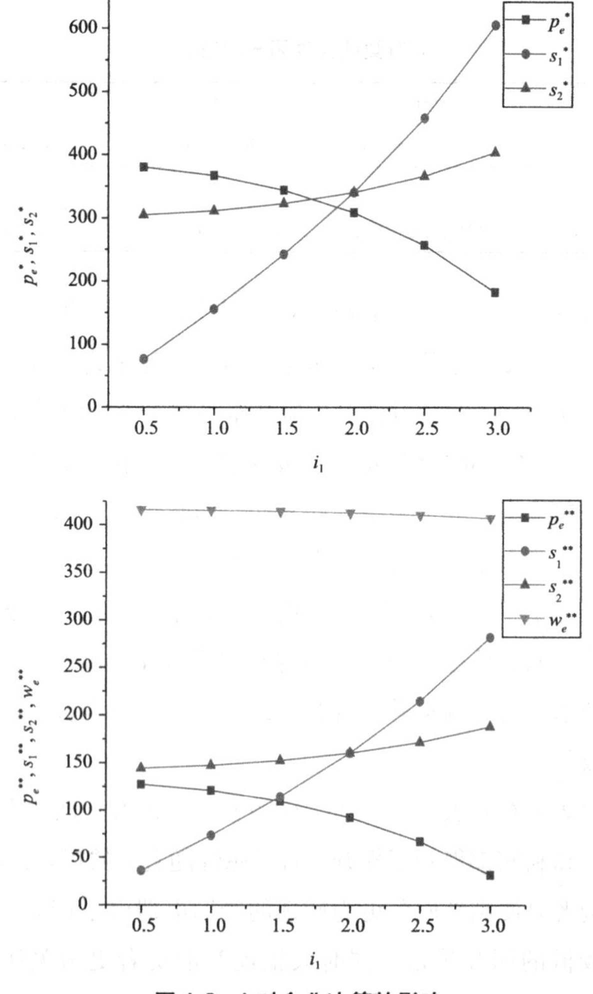

图4.8 i_1 对企业决策的影响

提升而降低，最优便利性服务水平随着 i_1 的提升而大幅提升，最优安全性服务水平随着 i_1 的提升而小幅提升。同时，在分散决策下，最优回收价格和服务水平的决策与集中决策下具有相同的变化趋势，此外，最优转移价格将小幅降低。

由图 4.9 可知，伴随着 i_1 的提升，利润成本共享系数的上下界均单调降低，且敏感性随着 i_1 的提升而提升。

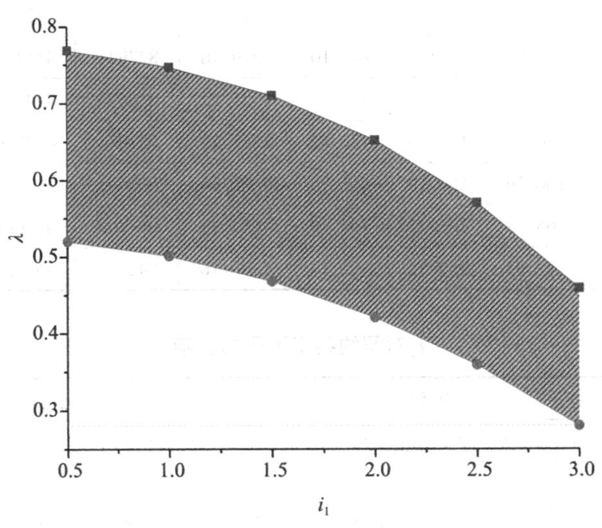

图 4.9　i_1 对契约共享因子的影响

事实上，回收市场不仅存在不同便利性服务敏感的电子产品，同时也存在不同的安全性服务敏感的产品，例如数码相机、智能手机和笔记本电脑。数码相机通常只存储相片、视频，智能手机中则除了相片、视频外，还有大量消费者的指纹、银行卡信息和社交账户信息等。另外，笔记本电脑中除了在存储数量上超过以上电子产品，还可能存储涉密、机要文件等。因此，不同消费者对安全性服务敏感性也具有差异。与此同时，以上电子产品通常较为轻便，消费者对其便利性服务敏感性差异较小。因此，如何针对安全性服务敏感性具有差异的废旧电器电子产品的回收问题进行决策，就成为亟待解决的现实问题。基于此，本书接下来只考虑便利性回收服务敏感系数均为 $i_1=2$ 的废旧电器电子产品，并研究当安全性回收服务的敏感系数 i_2 从 0.5 逐渐增加到 3.0 时，回收企业的最优决策及利润。

通过利用 Mathematica 将以上数值假设代入 4. 3 节的模型结果中，分别得到了集中决策和分散决策的各项数值结果，具体如表 4. 9 和表 4. 10 所示。同时，本书也根据表中的结果绘制了企业决策、回收量和利润的趋势图（见图 4. 10 至图 4. 12）。

表 4.9　　分散决策下 i_2 对利润和决策的影响

i_2	decentralized policy							
	p_e^{**}	s_1^{**}	s_2^{**}	w_e^{**}	d^{**}	Π_m^{**}	Π_t^{**}	Π^{**}
0. 5	139. 27	151. 92	37. 98	443. 10	1519. 16	827944	415415	1243360
1. 0	130. 28	153. 52	76. 76	437. 32	1535. 21	836690	424237	1260930
1. 5	114. 88	156. 27	117. 20	427. 42	1562. 72	851685	439579	1291260
2. 0	92. 35	160. 29	160. 29	412. 94	1602. 94	873603	462496	1336100
2. 5	61. 64	165. 78	207. 22	393. 19	1657. 79	903498	494691	1398190
3. 0	21. 11	173. 02	259. 52	367. 14	1730. 16	942937	538821	1481760

表 4. 10　　i_2 对契约共享因子的影响

Revenue Sharing Contract				
	i_2	0. 50	1. 00	1. 50
	λ	$0.397 \leq \lambda \leq 0.626$	$0.402 \leq \lambda \leq 0.631$	$0.410 \leq \lambda \leq 0.640$
	i_2	2. 00	2. 50	3. 00
	λ	$0.421 \leq \lambda \leq 0.652$	$0.437 \leq \lambda \leq 0.668$	$0.459 \leq \lambda \leq 0.689$

首先，由图 4. 10 可知，类似于便利性服务敏感系数对企业利润的影响，当安全性服务敏感系数 i_2 逐渐提升时，回收中心需大幅提升其安全性服务水平，TPP 则需要小幅提升其便利性服务水平，并降低回收价格。同时，该情况下转移价格显著降低，已接近回收价格的降低幅度。可知对于安全性回收服务较为敏感的消费者，回收中心提供的安全性回收服务能够较好地满足其需要，进而大幅提升回收量，获取更高的利润。

其次，由表 4. 9 可知，随着 i_2 的提升，回收企业和供应链系统的回收量和利润都得到了提升，且敏感性随 i_2 的提升也在不断提升。可知对于安全性服务更为敏感的消费者，回收企业可以选择设定较低的回收价格，同时大幅提升消费者更为关注的安全性服务，使回收量相比其他渠道获得优势，进而获得更高利润。此外，对比可知集中决策下供应链系统的回收量和利润均优于分散决策，这是渠道双重边际化导致的。

最后，由图4.10可知，随着 i_2 的提升，为协调分散决策下供应链系统利润而构建的收益成本共享契约系数 λ 的上下界均需提升，且 λ 变化的敏感性随 i_2 的提升也在不断升高。同时，在满足契约协调的 λ 区间内，λ 的提升会导致回收中心利润的升高和TPP利润的降低。

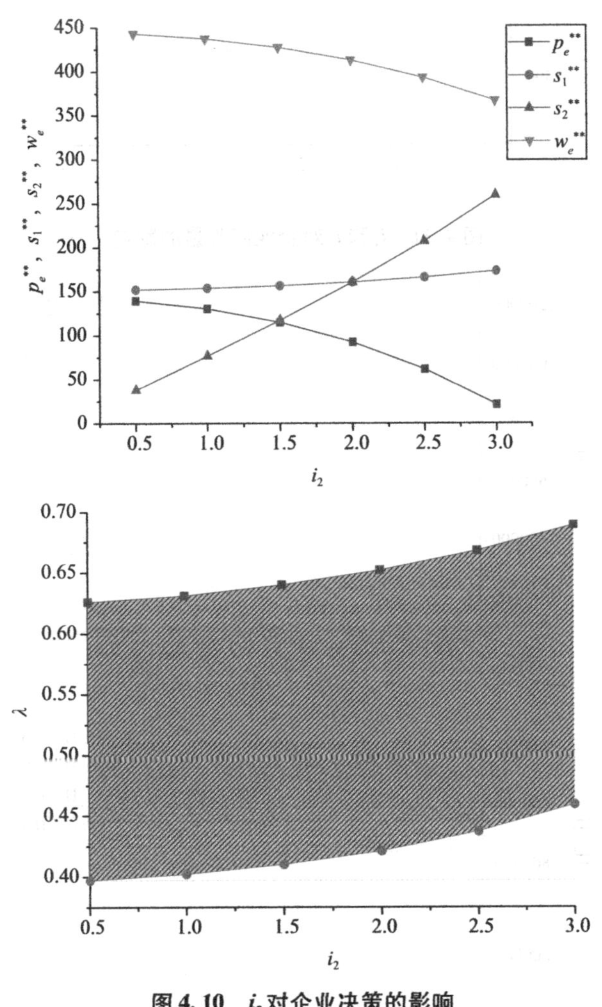

图4.10 i_2 对企业决策的影响

由图4.11和图4.12可得，在集中和分散决策下，不同类型服务水平敏感系数的改变对回收量以及企业和供应链系统利润的影响机理。由图4.11和图4.12可知，随着 i_1 和 i_2 分别提升，集中和分散决策下回收企业和

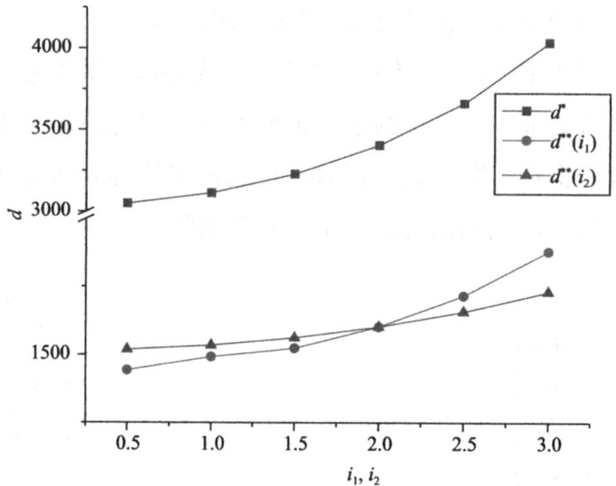

图 4.11 i_1和 i_2对企业回收量的影响

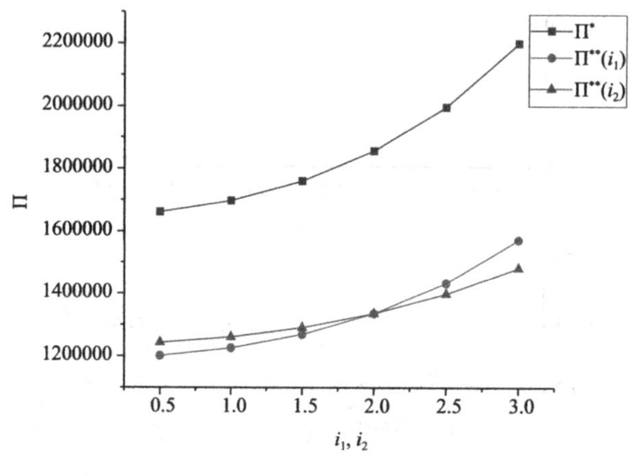

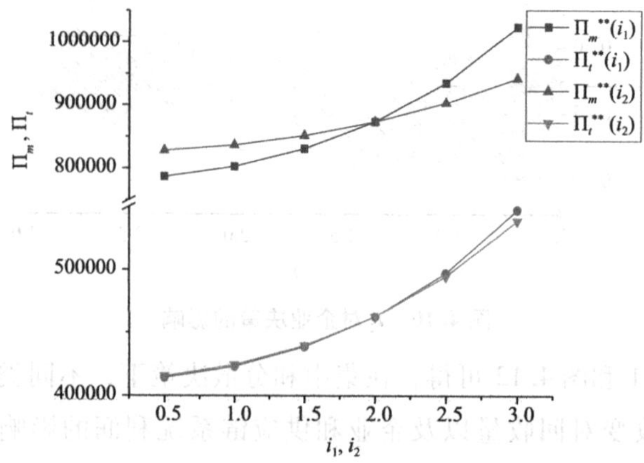

图 4.12 i_1和 i_2对企业利润的影响

供应链系统的利润和回收量都保持单调递增，且其敏感度均随服务水平敏感系数的增大而不断递增。

此外，综上可知，当消费者便利性服务敏感性高于安全性服务敏感性时，则便利性服务敏感性对回收企业和供应链总回收量和利润的正相关影响更为显著；反之，则安全性服务敏感性对以上目标函数正相关影响更为显著。

4.6.3 契约系数

本节针对契约协调因子 λ 对回收企业决策和利润的影响进行分析。基于4.5节中的研究可知，一方面，λ 的变化不会改变整个供应链系统的利润；另一方面，尽管在收益成本共享契约协调下不论 λ 怎样变化，回收中心和TPP的利润都不会低于分散决策下的利润，但其仍将为最大化自身利润而根据 λ 的变化不断进行博弈。基于此，本部分先假设服务水平敏感系数 $i_1=i_2=2$，服务成本系数 $\eta_1=\eta_2=4$，代入4.5节中的结论后可得 λ 的取值范围为 $0.421\leqslant\lambda\leqslant0.652$，取近似值 $0.43\leqslant\lambda\leqslant0.64$。因此，本书以0.03为变化单位，求得 λ 取不同值时回收中心和TPP的最优决策和利润（见表4.11）。同时，作者绘制了图4.13以进一步对表中的数据进行分析。

表4.11　　λ 对企业决策和利润的影响

λ	contract policy					
	p_e^{c*}	s_1^{c*}	s_2^{c*}	w_e^{c*}	Π_m^{c*}	Π_t^{c*}
0.43	308.75	340.63	340.63	526.61	894155	962251
0.46	308.75	340.63	340.63	496.66	964624	891783
0.49	308.75	340.63	340.63	466.98	1034150	822256
0.52	308.75	340.63	340.63	437.58	1102750	753652
0.55	308.75	340.63	340.63	408.44	1170450	685952
0.58	308.75	340.63	340.63	379.57	1237270	619140
0.61	308.75	340.63	340.63	350.94	1303210	553197
0.64	308.75	340.63	340.63	322.57	1368300	488107

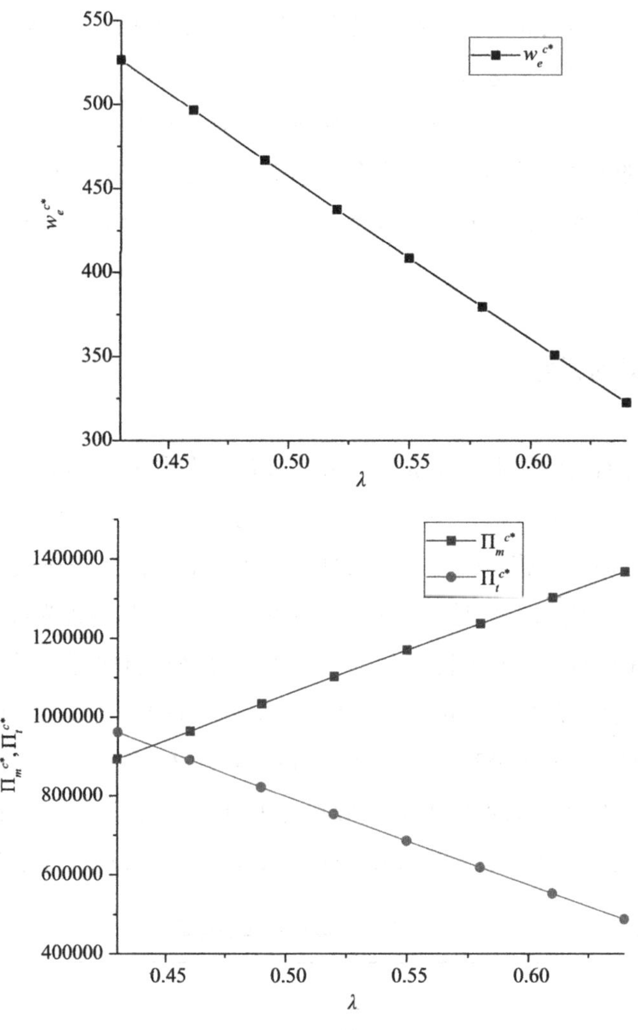

图 4.13　λ 对企业决策和利润的影响

一方面，根据表 4.11 和图 4.13 可知，在该契约下，随着 λ 的提升，线上回收渠道中回收中心对于 TPP 的转移价格不断降低。这是由于尽管在该模式下供应链系统的总利润不发生改变，但 λ 的提升会导致回收中心分担更多的 TPP 的成本，因此需对应降低转移价格以弥补其增加的成本。此外，类似于 3.6.3 小节中的研究，尽管回收中心和 TPP 仍进行分散决策，但契约的本质是引导它们合作。即在极端的情况下，当 $\lambda=1$，$w_e^c=0$ 时，可以理解为 TPP 做的经营工作已经全部交由回收中心。

另一方面，由图 4.13，发现当 $0.43 \leqslant \lambda \leqslant 0.64$ 时，随着 λ 的增长，回收中心和 TPP 利润的变化趋势相反。对于回收中心，其利润随着 λ 的增长单调递增，TPP 的利润则单调递减。这是由于在其他回收价格和服务水平不变的情况下，尽管回收中心分担了 TPP 成本的比例不断提升，但 w_e^c 的大幅降低仍使得 TPP 的利润降低。

综上，在收益成本共享契约模式下，随着 λ 提升，回收中心需及时调整降低其转移价格，以保证供应链的协调。此外，尽管随着 λ 提升，回收中心的利润将提高，TPP 的利润将降低，但它们的利润始终高于分散决策。本书的收益成本共享契约可以有效弥补分散决策下供应链系统的失效，使回收中心和 TPP 实现帕累托最优，促进整个供应链的协调。

4.7　本章小结

本章研究了由回收中心和 TPP 构成的 OM 逆向供应链中，在回收企业提供或不提供回收服务两种情形下，其集中和分散决策下的定价、服务水平及契约协调问题。研究的主要发现有：

（1）回收企业向消费者提供线上回收服务时整个供应链的总利润，总不低于不提供服务时的利润；回收企业提供回收服务时供应链的总回收量，对比不提供服务时的回收量，其高低取决于基本市场容量、单位固定回收成本和单位固定收入等因素。回收企业需根据“提升回收量”或“提高企业利润”等不同决策目标，灵活决策线上回收服务。

（2）便利性服务成本系数负相关影响 TPP 便利性服务水平和利润、回收中心安全性服务水平和利润、供应链总利润，同时正相关影响 TPP 回收价格和回收中心转移价格；安全性服务成本系数负相关影响 TPP 便利性服务水平和利润、回收中心安全性服务水平和利润、供应链总利润，同时正相关影响 TPP 回收价格和回收中心转移价格。当单位安全性服务成本高于便利性服务成本时，则安全性服务成本对回收企业和供应链总回收量和利润的负相关影响更为显著；反之，则便利性服务成本对以上目标函数负相关影响更为显著。

（3）消费者便利性服务敏感性正相关影响 TPP 便利性服务水平和利润、回收中心安全性服务水平和利润、供应链总利润，同时负相关影响 TPP 回收价格和回收中心转移价格；消费者安全性服务敏感性正相关影响 TPP 便利性服务水平和利润、回收中心安全性服务水平和利润、供应链总利润，同时负相关影响 TPP 回收价格和回收中心转移价格。当消费者便利性服务敏感性高于安全性服务敏感性时，则便利性服务敏感性对回收企业和供应链总回收量和利润的正相关影响更为显著；反之，则安全性服务敏感性对以上目标函数正相关影响更为显著。

（4）在收益成本共享契约协调下，共享因子正相关影响回收中心利润，负相关影响 TPP 利润和回收中心线下转移价格。该契约可有效协调供应链企业利润，使回收中心和 TPP 利润均不低于分散决策下各自利润，并提升供应链系统总利润，促进供应链整体协调。

第 5 章

TPM 逆向供应链中定价及服务水平协调策略

回收中心保留传统线下渠道，同时委托第三方回收平台（TPP）搭建线上回收渠道，构建 TPM 逆向供应链模式是“互联网 + 回收”背景下的必然选择。传统大型回收中心经过国家严格审批，具有拆卸、分解和提炼废旧电器电子产品的专业资质。以陕西省为例，截至 2017 年只有三家再生资源企业具有该资质，其中包括陕西九洲再生资源有限公司，也正是该企业于 2015 年搭建了陕西省第一个回收平台——“乐收网”。然而，回收中心的专业性局限于收集废旧产品后的进一步处理，而非直接与消费者沟通和交易。因此，回收中心委托专业的 TPP 利用线上渠道与消费者接触、沟通和交易，不仅能够提升回收量，也有利于将自身资源集中于产品分解、拆卸活动，这种委托模式已成为其必然选择。

在 TPM 逆向供应链中，回收企业不仅需决策多类型回收服务水平，还需解决线上、线下渠道间的冲突问题。相比线上回收渠道，线下渠道在回收服务、回收价格、政策引导和补贴等方面均占据劣势。同时，其却具有广大的“群众基础”。这一方面是由于全国范围内大量消费者对线上回收渠道缺乏了解；另一方面是由于消费者已经习惯利用传统渠道回收废旧产品。线上和线下回收渠道各具优势，为争夺回收市场所引发的竞争和冲突问题已不容忽视。那么，如何综合考虑回收中心、第三方回收商（TPR）和 TPP 的定价和服务水平决策问题，并协调 TPM 逆向供应链，优化各回收企业利润，就成为重要的现实问题。

目前针对 TPM 逆向供应链服务水平及协调策略的研究较少，且未见考虑多类型回收服务水平决策的报道，而进一步考虑基于定价和服务水平的契约设计问题有利于提高企业利润，降低渠道间冲突。基于此，研究 TPM 逆向供应链定价及服务水平协调决策问题具有重要理论意义。

5.1 研究过程设计

本章首先描述由回收中心、TPR 和 TPP 构成的 TPM 逆向供应链模式，刻画各回收企业之间的物流、服务流和资金流，并描述供应链上下游渠道权力结构和决策顺序；其次，在回收企业不提供服务情形下，构建 TPM 逆向供应链的利润—定价模型，求解模型得出各回收企业最优定价决策和最大利润；然后，在回收企业提供便利性和安全性服务情形下，分别在集中和分散决策下构建回收企业利润—定价—服务水平模型，求解模型得出各回收企业最优定价、服务水平决策和最大利润；接着，为优化分散决策下回收企业利润，引入收益成本共享契约对其协调；最后，通过数值算例验证以上模型结果，进一步得出消费者偏好、服务成本系数、服务水平敏感系数等参数对企业决策和利润影响的规律和管理意义。本章研究过程设计如图 5.1 所示。

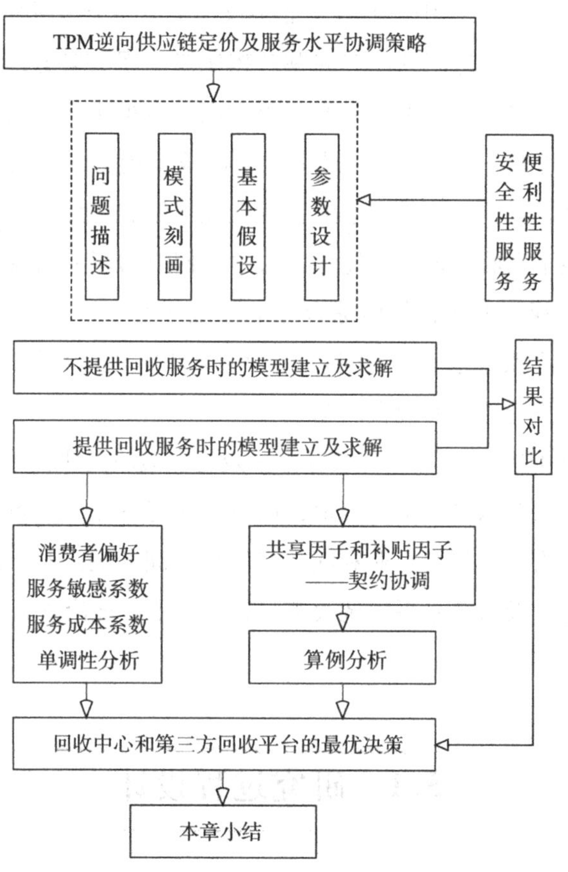

图 5.1　本章研究过程设计

5.2　问题描述及模型框架

5.2.1　问题描述

TPM 逆向供应链主要包含回收中心、第三方回收商（TPR）和第三方平台（TPP）。如图 5.2 所示，在该模式下，回收中心将其线上回收渠道外包给专业的 TPP。在线上回收渠道中，消费者首先将废旧电器电子产品以线上回收价格回收给 TPP，再由 TPP 以一定的线上转移价格回收给回收中心。在传统线下回收渠道中，消费者首先将废旧电器电子产品以线下回收价格回收给 TPR，再由 TPR 将废旧电器电子产品转移给回收中心。回收中心最终将线上和线下回收渠道回收的废旧电器电子产品交付给化工厂和再制造企业以获得收入。不同于线下渠道不存在回收服务，在线上回收渠道中，回收中心可以为消费者提供安全的、保护隐私的数据擦除服务，TPP 可以为消费者提供上门取件、物品快递和线上咨询等便利性回收服务。不论是安全性还是便利性服务的提升都将有效提升线上回收渠道回收量，同时也将增加回收中心和 TPP 的回收成本。

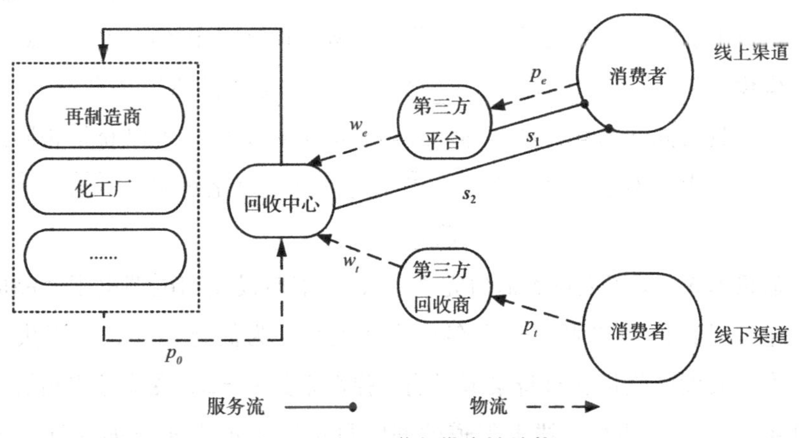

图 5.2　TPM 逆向供应链结构

为准确描述TPM逆向供应链的交易模式，本章提出如下假设：

假设5.1 类似Feng等（2017）[15]和Giri等（2017）[16]的研究，本书假设各参与企业均为完全理性参与者，在进行决策时不考虑公平关切等非理性行为因素。在本假设约束下，各回收企业都将以最大化自身经济利润为目标进行决策。

假设5.2 基于相关研究[15,18-19]，本书假设在回收中心与TPR和TPP的博弈中，回收中心的渠道权力远远大于TPR和TPP，占据主导地位。相比规模小、缺乏强大资金支持以及科学完备拆卸技术的TPR，以及专营于面向客户咨询和废品拆卸的TPP，回收中心在企业规模、政策支持等方面占据显著优势，甚至不少TPP在发展初期会接受回收中心大额资金支持。因此，本书假设回收中心分别在线上和线下回收渠道占据博弈模型的主导地位。作为跟从者，TPP和TPR需等回收中心做出决策后，才能进行决策。

假设5.3 本书同时考虑回收中心和TPP为消费者提供的不同类型回收服务水平。在消费者与TPP交易时，TPP能够通过提供咨询、上门取货和在线交易等服务提高消费者在回收过程中的便利性。同时，回收中心可以通过提高其运输、拆卸和分解中的服务安全性以保护消费者隐私。不论是便利性还是安全性服务都将对消费者回收量具有促进作用。此外，本书不考虑回收中心的便利性服务和TPP的安全性服务。尽管回收中心运输和拆卸速度将影响消费者便利性，TPP存储的消费者信息也涉及消费者隐私，但由于以上服务水平相对较低，因此本书构建模型时未考虑以上参数。

假设5.4 基于类似研究[2,6]，对于本书中考虑的废旧电器电子产品，假设它们具有同样损耗程度，即回收中心向上游交付后可以获得相同的收入。此外，由于不是本书研究的重点，同时也为简化研究，本书不考虑废旧电器电子产品回收过程中的回收转化率。

假设5.5 基于大量类似研究[15-16]，本书假设废旧电器电子产品的回收数量与回收价格和服务水平存在线性关系。为简化模型，且不失一般性，本书假设回收量受自身渠道影响的弹性系数$m=2$，受竞争渠道影响的弹性系数$n=1$。那么，线上渠道的回收量可以表示为$d_e=\theta\alpha+2p_e-p_t+$

$i_1s_1+i_2s_2$，线下渠道的回收量可以表示为 $d_r=(1-\theta)\alpha+2p_t-p_e-j_1s_1-j_2s_2$。同时，基于针对服务水平的相关研究[120-121]，本书假设服务成本服从 $c_{s1}=\eta_1{s_1}^2/2$，$c_{s2}=\eta_2{s_2}^2/2$。

5.2.2　参数设计

本章中所应用到的参数如下所示：

d_r——线下回收渠道中废旧电器电子产品的回收量。

d_e——线上回收渠道中废旧电器电子产品的回收量。

θ——消费者对线上回收渠道的偏好程度（$0<\theta<1$）。

p_0——回收中心向上游企业销售废旧电器电子产品的单位价格。

p_t——线下回收渠道中 TPR 向消费者回收废旧电器电子产品的单位回收价格。

p_e——线上回收渠道中 TPP 向消费者回收废旧电器电子产品的单位回收价格。

w_e——线上回收渠道中回收中心向 TPP 回收废旧电器电子产品的单位转移价格。

w——线下回收渠道中回收中心向 TPR 回收废旧电器电子产品的单位转移价格。

λ——利润共享因子，指契约协调下回收中心分担 TPR 在线下回收渠道 λ 倍的回收价格。

s_1——线上回收渠道的便利性回收服务水平，由 TPP 向消费者提供，包括搭建网站、在线客服快速响应、支持多个支付平台、上门取件搬运、平台反馈等。

s_2——线上回收渠道的安全性回收服务水平，由回收中心向消费者提供，包括在产品运输、分解和拆卸等过程中对客户隐私信息的保护和清理。

c——线上回收渠道中回收中心回收废旧电器电子产品的固定成本。

c_{s1}——线上回收渠道中 TPP 的便利性服务成本。

c_{s2}——线上回收渠道中回收中心的安全性服务成本。

η——服务成本系数（$\eta>0$）。

a——回收市场的基础值（$a>0$）。

i——回收量受自身渠道回收服务水平影响的弹性系数（$i>0$）。

j——回收量受竞争渠道回收服务水平影响的弹性系数（$i>j>0$）。

Π_m——回收中心的利润。

Π_e——TPP 的利润。

Π_t——TPR 的利润。

Π——整个供应链系统的利润。

此外，在符号的下标处，1 代表 TPP 提供给消费者的便利性服务水平；2 代表回收中心提供给消费者的安全性服务水平。在符号的上标处，* 代表集中决策下的最优决策和利润；** 代表分散决策下的最优决策和利润；c 代表契约下的决策和利润；c* 代表契约下的最优决策和利润。

5.3 提供回收服务下 TPM 逆向供应链定价及服务水平决策

对于同时运营线上和线下回收渠道的回收中心，科学决策其定价和服务水平始终是提升核心竞争力，实现利润增长的重要手段。一方面，对比 DCM 逆向供应链，可以发现 TPM 逆向供应链中 TPP 的引入使得回收企业不必考虑便利性回收服务水平决策问题，只需承担废旧电器电子产品回收后拆卸和分解一类的安全性回收服务。此外，在 TPM 逆向供应链的线上回收渠道，回收中心也不再直接接触消费者，而是以线上转移价格与 TPP 交易。另一方面，对比 OM 逆向供应链，TPM 逆向供应链下回收中心保留了传统线下回收渠道，通过一定的转移价格从 TPR 处回收废旧电器电子产品，回收中心能够继续获取线下市场的收入。最后，综合对比三类模式，可以发现 DCM 和 OM 逆向供应链均未对两类企业的决策问题进行求解，而

TPM 逆向供应链是综合求解三类回收企业的定价和服务水平决策及协调问题。

本节将在集中模式下求解 TPM 逆向供应链决策问题，即将回收中心、TPR 和 TPP 看作整体进行研究，即三类回收企业不再以自身利润，而是以优化整个供应链整体的利润为目标进行决策。在该模式下，供应链系统在线上回收渠道以 p_e的价格从消费者处回收废旧电器电子产品，在线下回收渠道中以 p_t的回收价格从消费者处回收废旧电器电子产品，最后再以 p_0的单位价格将废旧电器电子产品销售给化工厂以获得利润。供应链系统的利润可以表示为：

$$\begin{aligned}\prod &= (p_0 - p_t)d_r + (p_0 - p_e - c)d_e - c_{s1} - c_{s2} \\ &= (p_0 - p_t)[(1-\theta)\alpha + 2p_t - p_e - j_1 s_1 - j_2 s_2] + (p_0 - p_e - c) \\ &\quad (\theta\alpha + 2p_e - p_t + i_1 s_1 + i_2 s_2) - \eta_1 {s_1}^2/2 - \eta_2 {s_2}^2/2 \qquad (5.1)\end{aligned}$$

为求解供应链系统对线上回收价格 p_e、线下回收价格 p_t以及服务水平 s_1和 s_2的最优决策，需先证明存在最优 p_e，p_t，s_1，s_2，使得供应链系统的利润Π（p_e，p_t，s_1，s_2）存在极大值。

命题 5.1 当 $A>0$ 且 ${i_2}^2\eta_1 + {i_1}^2\eta_2 - 4\eta_1\eta_2 < 0$ 时，Π（p_e，p_t，s_1，s_2）是关于 p_e，p_t，s_1，s_2 的上凸函数。其中，$A=(i_2 j_1 - i_1 j_2)^2 + 12\eta_1\eta_2 - 4[\eta_1({i_2}^2 + {j_2}^2) + \eta_2({i_1}^2 + {j_1}^2)] + 4(i_2 j_2 \eta_1 + i_1 j_1 \eta_2)$

证明：分别求解$\prod$对于 p_e，p_t，s_1，s_2的一阶偏导数，可得：

$$\frac{\partial \prod}{\partial s_1} = i_1(p_0 - p_e - c) - j_1(p_0 - p_t) - \eta_1 s_1$$

$$\frac{\partial \prod}{\partial s_2} = i_2(p_0 - p_e - c) - j_2(p_0 - p_t) - \eta_2 s_2$$

$$\frac{\partial \prod}{\partial p_e} = -a\theta - 2p_e - p_0 - i_1 s_1 - i_2 s_2 + 2(p_0 - p_e - c) + 2p_t$$

$$\frac{\partial \prod}{\partial p_t} = -a(1-\theta) + 2p_e + 2c - 4p_t + j_1 s_1 + j_2 s_2 + 2p_0$$

分别求解$\prod$对于 p_e，p_t，s_1，s_2的二阶偏导数，可得：

$$\frac{\partial^2 \prod_e}{\partial {s_1}^2} = -\eta_1$$

$$\frac{\partial^2 \prod_e}{\partial {s_2}^2} = -\eta_2$$

$$\frac{\partial^2 \prod_e}{\partial {p_e}^2} = -4$$

$$\frac{\partial^2 \prod_e}{\partial {p_t}^2} = -4$$

基于以上结果，绘制Π（p_e，p_t，s_1，s_2）的 Hessian matrix 为：

$$\begin{bmatrix} \frac{\partial^2 \Pi}{\partial {s_1}^2} & \frac{\partial^2 \Pi}{\partial s_1 \partial s_2} & \frac{\partial^2 \Pi}{\partial s_1 \partial p_e} & \frac{\partial^2 \Pi}{\partial s_1 \partial p_t} \\ \frac{\partial^2 \Pi}{\partial s_2 \partial s_1} & \frac{\partial^2 \Pi}{\partial {s_2}^2} & \frac{\partial^2 \Pi}{\partial s_2 \partial p_e} & \frac{\partial^2 \Pi}{\partial s_2 \partial p_t} \\ \frac{\partial^2 \Pi}{\partial p_e \partial s_1} & \frac{\partial^2 \Pi}{\partial p_e \partial s_2} & \frac{\partial^2 \Pi}{\partial {p_e}^2} & \frac{\partial^2 \Pi}{\partial p_e \partial p_t} \\ \frac{\partial^2 \Pi}{\partial p_t \partial s_1} & \frac{\partial^2 \Pi}{\partial p_t \partial s_2} & \frac{\partial^2 \Pi}{\partial p_t \partial p_e} & \frac{\partial^2 \Pi}{\partial {p_t}^2} \end{bmatrix} = \begin{bmatrix} -\eta_1 & 0 & -i_1 & j_1 \\ 0 & -\eta_2 & -i_2 & j_2 \\ -i_1 & -i_2 & -4 & 2 \\ j_1 & j_2 & 2 & -4 \end{bmatrix}$$

由于该 Hessian matrix 的一阶顺序主子式为 $-\eta_1 < 0$，二阶顺序主子式为 $\eta_1\eta_2 > 0$，三阶顺序主子式为 ${i_2}^2\eta_1 + {i_1}^2\eta_2 - 4\eta_1\eta_2$，四阶顺序主子式为 $A = (i_2 j_1 - i_1 j_2)^2 + 12\eta_1\eta_2 - 4[\eta_1({i_2}^2 + {j_2}^2) + \eta_2({i_1}^2 + {j_1}^2)] + 4(i_2 j_2 \eta_1 + i_1 j_1 \eta_2)$，因此只要令 $A > 0$ 且 ${i_2}^2\eta_1 + {i_1}^2\eta_2 - 4\eta_1\eta_2 < 0$，就可以使得H（$p_e$，$p_t$，$s_1$，$s_2$）的全部奇数阶顺序主子式为负，偶数阶顺序主子式为正，则H（p_e，p_t，s_1，s_2）为一个负定矩阵，Π（p_e，p_t，s_1，s_2）是关于 p_e，p_t，s_1，s_2的上凸函数。

证毕。

基于命题5.1，令∏对于 p_e，p_t，s_1，s_2的一阶偏导数分别为0并联立，可以解得Π（p_e，p_t，s_1，s_2）的最优定价即服务水平决策分别为：

$$s_1{}^* = \frac{\begin{bmatrix} i_2^2 j_1(c + a - a\theta + p_0) \\ + 2j_1\eta_2(a\theta - 2a - 3p_0) \end{bmatrix} + i_2 j_2 \begin{bmatrix} -i_1(c + a - a\theta + p_0) \\ + j_1(-2c + a\theta + p_0) \end{bmatrix} + i_1 \begin{bmatrix} j_2^2(2c - a\theta - p_0) \\ + 2\eta_2(-3c + a + a\theta + 3p_0) \end{bmatrix}}{A} \tag{5.2}$$

$$s_2^{\ *}=\frac{\begin{bmatrix}i_1^2j_2(c+a-a\theta+p_0)\\+2j_2\eta_1(a\theta-2a-3p_0)\end{bmatrix}+i_1j_1\begin{bmatrix}-i_2(c+a-a\theta+p_0)\\+j_2(-2c+a\theta+p_0)\end{bmatrix}+i_2\begin{bmatrix}j_1^2(2c-a\theta-p_0)\\+2\eta_1(-3c+a+a\theta+3p_0)\end{bmatrix}}{A} \tag{5.3}$$

$$p_e^{\ *}=\frac{\begin{bmatrix}-i_2^2(c-p_0)(j_1^2-4\eta_1)+2cj_2^2\eta_1\\+a\theta j_2^2\eta_1-3j_2^2p_0\eta_1\end{bmatrix}+i_2j_2\begin{bmatrix}\eta_1(5p_0+a-a\theta-3c)\\+2i_1j_1(c-p_0)\end{bmatrix}}{A}-\frac{\begin{bmatrix}i_1^2(c-p_0)(j_2^2-4\eta_2)+2cj_1^2\eta_2+a\theta j_1^2\eta_2-3j_1^2p_0\eta_2+6p_0\eta_1\eta_2\\+i_1j_1\eta_2(5p_0+a-a\theta-3c)-6c\eta_1\eta_2-2a\eta_1\eta_2-2a\theta\eta_1\eta_2\end{bmatrix}}{A} \tag{5.4}$$

$$p_t^{\ *}=\frac{\begin{bmatrix}-4j_2^2p_0\eta_1+i_2^2j_1^2p_0\\+i_2^2\eta_1(c+a-a\theta-3p_0)\end{bmatrix}+i_2j_2\begin{bmatrix}-2i_1j_1p_0+\eta_1\\(5p_0+a\theta-2c)\end{bmatrix}}{A}-\frac{\begin{bmatrix}4j_1^2p_0\eta_2+i_1j_1\eta_2(5p_0+a\theta-2c)\\-4a\eta_1\eta_2+2a\theta\eta_1\eta_2+6p_0\eta_1\eta_2\end{bmatrix}+i_1^2\begin{bmatrix}j_2^2p_0+\eta_2\\(c+a-a\theta-3p_0)\end{bmatrix}}{A} \tag{5.5}$$

其中：$A=(i_2j_1-i_1j_2)^2+12\eta_1\eta_2-4\left[\eta_1(i_2^{\ 2}+j_2^{\ 2})+\eta_2(i_1^{\ 2}+j_1^{\ 2})\right]+4(i_2j_2\eta_1+i_1j_1\eta_2)$

由此，本书可以获得在集中决策下，供应链系统的最优定价和服务水平决策 $p_e^{\ *}$，$p_t^{\ *}$，$s_1^{\ *}$，$s_2^{\ *}$。通过观察，发现它们均受消费者偏好、不同类型服务成本和服务水平敏感系数的影响。这意味着不论是消费者偏好还是便利性或安全性服务水平的相关参数发生改变，都会影响所有定价和服务水平决策。此外，通过将 $p_t^{\ *}$，$p_e^{\ *}$，$s_1^{\ *}$，$s_2^{\ *}$ 代入供应链系统的利润函数，可以获得TPM逆向供应链系统所能获得的最大利润为：

$$\begin{aligned}\prod{}^{*}=&(p_0-p_t^{\ *})\left[(1-\theta)\alpha+2p_t^{\ *}-p_e^{\ *}-j_1s_1^{\ *}-j_2s_2^{\ *}\right]+\\&(p_0-p_e^{\ *}-c)(\theta\alpha+2p_e^{\ *}-p_t^{\ *}+i_1s_1^{\ *}+i_2s_2^{\ *})-\\&\eta_1s_1^{\ *2}/2-\eta_2s_2^{\ *2}/2\end{aligned} \tag{5.6}$$

此时，整个供应链系统的回收量为：

$$d^* = d_e^* + d_r^* \tag{5.7}$$

其中，线上回收渠道的回收量为：

$$d_e^* = \theta\alpha + 2p_e^* - p_t^* + i_1 s_1^* + i_2 s_2^* \tag{5.8}$$

线下回收渠道的回收量为：

$$d_r^* = (1-\theta)\alpha + 2p_t^* - p_e^* - j_1 s_1^* - j_2 s_2^* \tag{5.9}$$

以上最优函数中，都包含服务成本系数、服务水平敏感度以及消费者偏好等参数。为研究当以上参数变化时，供应链系统决策和目标的变化规律，本章将在算例分析中对其进一步求解。此外，本章也将对分散决策下各回收企业的最优决策进行研究。

在分散决策下，回收中心、TPR 和 TPP 为最大化自身利润进行决策。由假设可知，在线上和线下回收渠道中，相比于 TPP 和 TPR，回收中心始终占据主导地位。因此，根据 Stackelberg 博弈，由回收中心先进行决策，TPR 和 TPP 分别在观察到回收中心的决策后再进行决策。根据逆向归纳法，需先求解 TPP 和 TPR 的利润函数及最优决策。TPR 的利润函数为：

$$\prod_t = (w_t - p_t)d_r = (w_t - p_t)[(1-\theta)\alpha + 2p_t - p_e - j_1 s_1 - j_2 s_2] \tag{5.10}$$

求解$\prod_t$对于p_t的一阶偏导数，可得：

$$\frac{\partial \prod_t}{\partial p_t} = -a(1-\theta) + p_e - 4p_t + j_1 s_1 + j_2 s_2 + 2w_t$$

求解$\prod_t$对于p_t的二阶偏导数，可得：

$$\frac{\partial^2 \prod_t}{\partial {p_t}^2} = -4$$

由于$\prod_t$对于p_t的二阶偏导数小于0，因此存在最优的p_t^{**}，可以使得$\prod_t$取得极大值。因此，令$\prod_t$对于p_t的一阶偏导数为0并反解，可得最优的p_t^{**}为：

$$p_t^{**} = \frac{2w_t - a + a\theta + p_e + j_1 s_1 + j_2 s_2}{4} \tag{5.11}$$

接下来，本书将对 TPP 的最优回收价格和便利性服务水平决策问题进行求解。TPP 的利润函数为：

$$\prod_e = (w_e - p_e)d_e = (w_e - p_e)(\theta\alpha + 2p_e - p_t + i_1s_1 + i_2s_2) - \eta_1 s_1^2/2 \tag{5.12}$$

命题 5.2　当 $4\eta_1 - i_1^2 > 0$，可以使得 Π_e（s_1，p_e）成为关于 p_e，s_1 的上凸函数。

证明：求解 $\prod_e$ 对于 p_e 的一阶偏导数，可得：

$$\frac{\partial \prod_e}{\partial p_e} = -a\theta + p_t - 4p_e - i_1s_1 - i_2s_2 + 2w_e$$

求解 $\prod_e$ 对于 s_1 的一阶偏导数，可得：

$$\frac{\partial \prod_e}{\partial s_1} = i_1(w_e - p_e) - s_1\eta_1$$

求解 $\prod_e$ 对于 p_e 的二阶偏导数，可得：

$$\frac{\partial^2 \prod_e}{\partial p_e^2} = -4$$

求解 $\prod_e$ 对于 s_1 的二阶偏导数，可得：

$$\frac{\partial^2 \prod_e}{\partial s_1^2} = -\eta_1$$

基于以上结果，绘制 Π_e（s_1，p_e）的 Hessian matrix 为：

$$\begin{bmatrix} \frac{\partial^2 \Pi_e}{\partial s_1^2} & \frac{\partial^2 \Pi_e}{\partial s_1 \partial p_e} \\ \frac{\partial^2 \Pi_e}{\partial p_e \partial s_1} & \frac{\partial^2 \Pi_e}{\partial p_e^2} \end{bmatrix} = \begin{bmatrix} -\eta_1 & -i_1 \\ -i_1 & -4 \end{bmatrix}$$

由于该 Hessian matrix 的一阶顺序主子式为 $-\eta_1 < 0$，二阶顺序主子式为 $4\eta_1 - i_1^2$，因此只需 $4\eta_1 - i_1^2 > 0$，就可以证明 Π_e（s_1，p_e）为一个负定矩阵，即 Π_e（s_1，p_e）为关于 p_e，s_1 的上凸函数。

证毕。

由于 Π_e（s_1，p_e）是关于 p_e，s_1 的上凸函数，因此存在最优的 p_e^{**}，s_1^{**} 能使得 $\prod_e$ 达到极大值。为进一步求解 TPP 的最优定价及服务水平决策，我们令$\prod_e$对于p_e，s_1的一阶偏导为0并反解，可解得：

$$s_1^{**} = \frac{i_1(a\theta - p_t + i_2 s_2 + 2w_e)}{i_1^2 - 4\eta_1} \tag{5.13}$$

$$p_e^{**} = \frac{i_1^2 w_e + \eta_1(a\theta - p_t + i_2 s_2 - 2w_e)}{i_1^2 - 4\eta_1} \tag{5.14}$$

在观察到TPR和TPP的决策后，作为供应链系统的主导者，回收中心将根据它们的决策对线上转移价格、线下转移价格和安全性服务水平进行最优决策。回收中心的利润函数为：

$$\begin{aligned}\prod_m &= (p_0 - w_t)d_r + (p_0 - w_e - c)d_e - c_{s2} \\ &= (p_0 - w_t)[(1-\theta)\alpha + 2p_t - p_e - j_1 s_1 - j_2 s_2] + (p_0 - w_e - c) \\ &\quad (\theta\alpha + 2p_e - p_t + i_1 s_1 + i_2 s_2) - \eta_2 s_2^2/2 \end{aligned} \tag{5.15}$$

命题5.3 当$i_1^4 - 4i_1^3 j_1 - 12 i_1 j_1 \eta_1 - 180\eta_1^2 + 4i_1^2 j_1^2 + 48 i_1^2 \eta_1 < 0$，$4B_1/(4i_1^2 - i_1 j_1 - 15\eta_1)^2 < 0$，$4i_1^2 - i_1 j_1 - 15\eta_1 < 0$，存在最优的$w_e^{**}$，$s_2^{**}$，$w_t^{**}$，使得$\prod_m$取得极大值。

证明：求解$\prod_m$对于w_e的一阶偏导数，可得：

$$\frac{\partial \prod_m}{\partial w_e} = \frac{2[2i_1 j_1(p_0 - w_t) + i_1^2(w_t - p_0) + \eta_1(7c + a + 3a\theta - 5p_0 + 4i_2 s_2 - j_2 s_2 + 14w_e - 4w_t)]}{4i_1^2 - i_1 j_1 - 15\eta_1}$$

求解$\prod_m$对于w_t的一阶偏导数，可得：

$$\frac{\partial \prod_m}{\partial w_t} = -\frac{2\left[-i_1^2\begin{pmatrix}-a + a\theta + 2p_0 \\ + j_2 s_2 + w_e - 4w_t\end{pmatrix} + i_1 j_1\begin{pmatrix}a\theta + p_0 + i_2 s_2 \\ + 2w_e - 2w_t\end{pmatrix} + \eta_1\begin{pmatrix}2c - 4a + 3a\theta + 5p_0 \\ - i_2 s_2 + 4j_2 s_2 + 4w_e - 14w_t\end{pmatrix}\right]}{4i_1^2 - i_1 j_1 - 15\eta_1}$$

求解$\prod_m$对于s_2的一阶偏导数，可得：

$$\frac{\partial \prod_m}{\partial s_2} = \frac{\begin{aligned}&i_1 j_1(2p_0 i_2 - 2i_2 w_t + s_2\eta_2) - 2i_1^2(p_0 j_2 - j_2 w_t + 2s_2\eta_2) \\ &+ \eta_1[2i_2(4c - 5p_0 + 4w_e + w_t) - 2j_2(c - 5p_0 + w_e + 4w_t) + 15 s_2 \eta_2]\end{aligned}}{4i_1^2 - i_1 j_1 - 15\eta_1}$$

求解$\prod_m$对于w_e的二阶偏导数，可得：

$$\frac{\partial^2 \prod_m}{\partial w_e^2} = \frac{28\eta_1}{4i_1^2 - i_1 j_1 - 15\eta_1}$$

求解$\prod_m$对于w_t的二阶偏导数，可得：

$$\frac{\partial^2 \prod_m}{\partial w_t^{\ 2}} = \frac{-8i_1^2 + 4i_1 j_1 + 28\eta_1}{4i_1^2 - i_1 j_1 - 15\eta_1}$$

求解$\prod_m$对于s_2的二阶偏导数，可得：

$$\frac{\partial^2 \prod_m}{\partial s_2^{\ 2}} = -\eta_2$$

基于以上结果，绘制Π_m（w_e，w_t，s_2）的 Hessian matrix 为：

$$\begin{bmatrix} \frac{\partial^2 \Pi_m}{\partial w_e^{\ 2}} & \frac{\partial^2 \Pi_m}{\partial w_e \partial w_t} & \frac{\partial^2 \Pi_m}{\partial w_e \partial s_2} \\ \frac{\partial^2 \Pi_m}{\partial w_t \partial w_e} & \frac{\partial^2 \Pi_m}{\partial w_t^{\ 2}} & \frac{\partial^2 \Pi_m}{\partial w_t \partial s_2} \\ \frac{\partial^2 \Pi_m}{\partial s_2 \partial w_e} & \frac{\partial^2 \Pi_m}{\partial s_2 \partial w_t} & \frac{\partial^2 \Pi_m}{\partial s_2^{\ 2}} \end{bmatrix} =$$

$$\begin{bmatrix} \frac{28\eta_1}{4i_1^2 - i_1 j_1 - 15\eta_1} & \frac{2(i_1^2 - 2i_1 j_1 - 4\eta_1)}{4i_1^2 - i_1 j_1 - 15\eta_1} & \frac{2\eta_1(4i_1 - j_2)}{4i_1^2 - i_1 j_1 - 15\eta_1} \\ \frac{2(i_1^2 - 2i_1 j_1 - 4\eta_1)}{4i_1^2 - i_1 j_1 - 15\eta_1} & \frac{2(-4i_1^2 + 2i_1 j_1 + 14\eta_1)}{4i_1^2 - i_1 j_1 - 15\eta_1} & \frac{2(-i_1 i_2 j_1 + i_1^{\ 2} j_2 + \eta_1 i_2 - 4\eta_1 j_2)}{4i_1^2 - i_1 j_1 - 15\eta_1} \\ \frac{2\eta_1(4i_1 - j_2)}{4i_1^2 - i_1 j_1 - 15\eta_1} & \frac{2(-i_1 i_2 j_1 + i_1^{\ 2} j_2 + \eta_1 i_2 - 4\eta_1 j_2)}{4i_1^2 - i_1 j_1 - 15\eta_1} & -\eta_2 \end{bmatrix}$$

由于Π_m（w_e，w_t，s_2）的 Hessian matrix 的一阶顺序主子式为$28\eta_1/(4i_1^{\ 2} - i_1 j_1 - 15\eta_1)$，二阶顺序主子式为$-4$（$i_1^{\ 4} - 4i_1^{\ 3} j_1 - 12 i_1 j_1 \eta_1 - 180\eta_1^{\ 2} + 4i_1^{\ 2} j_1^{\ 2} + 48 i_1^{\ 2} \eta_1$）/（$4i_1^{\ 2} - i_1 j_1 - 15\eta_1$）^{2}，三阶顺序主子式为$4B_1/(4i_1^{\ 2} - i_1 j_1 - 15\eta_1)^2$。

同时，由于$\eta_1 > 0$，$(4i_1^{\ 2} - i_1 j_1 - 15\eta_1)^2 > 0$，因此令$i_1^{\ 4} - 4i_1^{\ 3} j_1 - 12 i_1 j_1 \eta_1 - 180\eta_1^{\ 2} + 4i_1^{\ 2} j_1^{\ 2} + 48 i_1^{\ 2} \eta_1 < 0$，$4B_1/(4i_1^{\ 2} - i_1 j_1 - 15\eta_1)^2 < 0$，$4i_1^{\ 2} - i_1 j_1 - 15\eta_1 < 0$，就可以使得该 Hessian matrix 的所有奇数阶顺序主子式为负，偶数阶顺序主子式为正。

证毕。

分别令$\prod_m$对于w_e，w_t和s_2的一阶偏导为0并联立，可以求得回收中心的最优定价及服务水平决策$w_e^{\ **}$，$w_t^{\ **}$，$s_2^{\ **}$为：

$$w_e^{**} = \frac{i_1^3 j_1 \eta_2[a(3\theta - 2) - 5p_0] + i_1^4 \eta_2(a - a\theta + 2p_0) + B_2 + B_3 + B_4}{B_1} \tag{5.16}$$

$$w_t^{**} = \frac{i_1^4 p_0 \eta_2 - 4i_1^3 j_1 p_0 \eta_2 - 2i_1 j_1 \eta_1[2i_2^2 p_0 - 4i_2 j_2 p_0 - \eta_2(7c + a - 4a\theta - 8p_0)] + B_5 + B_6}{B_1} \tag{5.17}$$

$$s_2^{**} = \frac{2\eta_1\left\{-2i_1 j_1\begin{bmatrix} i_2(c - a - 2p_0) \\ + j_2(-2c + a\theta + p_0)\end{bmatrix} + i_1^2\begin{bmatrix} i_2(c + a - a\theta + p_0) \\ - j_2(2c + 4a - 3a\theta + 5p_0)\end{bmatrix}\right\}}{B_1} + \frac{\left\{6\eta_1\begin{bmatrix} - j_2(c - 3a + a\theta - 5p_0) \\ + i_2(4c - 2a - a\theta - 5p_0)\end{bmatrix}\right\}}{B_1} \tag{5.18}$$

其中，

$B_1 = 12\eta_1^2\ [3i_2^2 - 4i_2 j_2 + 3\ (j_2^2 - 5\eta_2)]\ +\ [i_1^4\eta_2 - 4i_1^3 j_1\eta_2 - 4i_1 j_1\eta_1\ (i_2^2 - 2i_2 j_2 + 3\eta_2)]\ + 4i_1^2\ [i_2 j_2\eta_1 - 2j_2^2\eta_1 + \eta_2\ (j_1^2 + 12\eta_1)]$

$B_2 = 2\eta_1^2\ [i_2 j_2\ (18c - 4a + 5a\theta - 27p_0)\ - 2j_2^2\ (5c + 2a\theta - 7p_0)\ + i_2^2\ (-17c + a - a\theta + 19p_0)\ + 15\eta_2\ (3c + a + a\theta - 3p_0)]$

$B_3 = 2i_1 j_1\eta_1\ [i_2^2\ (c - a + a\theta - 3p_0)\ - i_2 j_2\ (2c + a\theta - 3p_0)\ + \eta_2\ (5c + 5a - 2a\theta + 2p_0)]$

$B_4 = i_1^2\ \{-2i_2 j_2\eta_1\ (c - a + a\theta - 3p_0)\ + 2j_2^2\eta_1\ (2c + a\theta - 3p_0)\ - \eta_2\ [2j_1^2\ (a\theta - p_0) + \eta_1\ (26c + 12a + 5a\theta - 19p_0)]\}$

$B_5 = 2\eta_1^2\ \{i_2 j_2\ (9c + a - 5a\theta - 27p_0)\ + i_2^2\ [-4\ (c + a - a\theta)\ + 14p_0]\ + j_2^2\ (-2c + a\theta + 19p_0)\ - 15\eta_2\ (-2a + a\theta + 3p_0)\}$

$B_6 = i_2^2\ \{4i_2 j_2 p_0\eta_1\ - 8j_2^2 p_0\eta_1\ + \eta_2\ [4j_1^2 p_0\ + \eta_1\ (29p_0 - 7c - 15a + 11a\theta)]\}$

通过分别将式（5.17）和式（5.18）代入式（5.11）、式（5.16）和式（5.18）代入式（5.13），以及式（5.16）和式（5.18）代入式（5.14），可以得到TPR和TPP最终的最优解。同时，分别将以上定价和服务的最优解代入式（5.10）、式（5.12）和式（5.15），可以得到回收中心、TPR 和 TPP 的最优利润为：

$$\prod_m{}^{**} = (p_0 - w_t{}^{**})[(1-\theta)\alpha + 2p_t{}^{**} - p_e{}^{**} - j_1 s_1{}^{**} - j_2 s_2{}^{**}] + (p_0 - w_e{}^{**} - c)(\theta\alpha + 2p_e{}^{**} - p_t{}^{**} + i_1 s_1{}^{**} + i_2 s_2{}^{**}) - \eta_2 s_2{}^{**2}/2$$

$$\prod_e{}^{**} = (w_e{}^{**} - p_e{}^{**})(\theta\alpha + 2p_e{}^{**} - p_t{}^{**} + i_1 s_1{}^{**} + i_2 s_2{}^{**}) - \eta_1 s_1{}^{**2}/2$$

$$\prod_t{}^{**} = (w_t{}^{**} - p_t{}^{**})[(1-\theta)\alpha + 2p_t{}^{**} - p_e{}^{**} - j_1 s_1{}^{**} - j_2 s_2{}^{**}]$$

基于以上研究，可得分散决策下，回收中心、TPR 和 TPP 各自的最优定价和服务水平决策，以及最大利润。由于最终函数表达式较为复杂，无法直接根据函数单调性判断消费者偏好以及服务水平相关参数对定价和服务水平决策的影响规律，因此下文将在算例分析中对其进一步验证。

5.4　不提供回收服务下 TPM 逆向供应链定价决策

类似 4.4 节，本节将对不提供服务情形下 TPM 逆向供应链的决策问题进行研究。在求得供应链系统最优决策和利润后，将对比该研究结果与 5.3 节中供应链系统最优利润，以为回收企业是否应向消费者提供回收服务，以及在何种情况下提供回收服务将优化回收量和利润等问题，提出对策建议。

具体来讲，本节将以 TPM 逆向供应链整体利润最大化为目标进行决策。不考虑服务水平、回收中心线下转移价格 w_t 以及线上转移价格 w_e 等决策，同时研究线上回收价格 p_e 和线下回收价格 p_t 的最优决策。供应链系统利润可以表示为：

$$\prod = (p_0 - p_t)d_r + (p_0 - p_e - c)d_e = (p_0 - p_t)[(1-\theta)\alpha + 2p_t - p_e] + (p_0 - p_e - c)(\theta\alpha + 2p_e - p_t)$$

命题 5.4　Π（p_e，p_t）是关于 p_e，p_t 的严格上凸函数。

证明：通过求解 Π（p_e，p_t）对 p_e，p_t 的一阶和二阶偏导数，可得：

$$\frac{\partial\prod}{\partial p_e}=-a\theta-2p_e-p_0+2(p_0-p_e-c)+2p_t$$

$$\frac{\partial\prod}{\partial p_t}=-a(1-\theta)+2p_e+c-4p_t+p_0$$

$$\frac{\partial^2\prod_e}{\partial {p_e}^2}=-4$$

$$\frac{\partial^2\prod_e}{\partial {p_t}^2}=-4$$

通过绘制Π（p_t，p_e）的 Hessian matrix 为：

$$\begin{bmatrix}\frac{\partial^2\Pi}{\partial {p_t}^2} & \frac{\partial^2\Pi}{\partial p_t\partial p_e}\\ \frac{\partial^2\Pi}{\partial p_e\partial p_t} & \frac{\partial^2\Pi}{\partial {p_e}^2}\end{bmatrix}=\begin{bmatrix}-4 & 2\\ 2 & -4\end{bmatrix}$$

由于该 Hessian matrix 的一阶顺序主子式为 $-4<0$，二阶顺序主子式为 $12>0$，因此Π（p_t，p_e）全部的奇数阶顺序主子式为负，偶数阶顺序主子式为正，H（Π）是一个负定矩阵，Π（p_t，p_e）是关于 p_t，p_e的严格上凸函数。即，存在 ${p_t}^*$，${p_e}^*$使得供应链系统的总利润可以达到其最大值。

证毕。

命题5.4证明了存在特定的决策变量 p_t，p_e，能够使得供应链系统的总利润$\prod$达到极大值。供应链系统可以通过对 p_t，p_e进行合理优化，以达到优化自身利润的目的。接下来，令$\prod$对于 p_t，p_e的一阶偏导数为0并联立，解得供应链系统最优的决策 ${p_t}^*$，${p_e}^*$：

$$p_t^*=\frac{2a(\theta-1)-a\theta+3p_0}{6} \tag{5.19}$$

$${p_e}^*=\frac{-3c+a(\theta-1)-2a\theta+3p_0}{6} \tag{5.20}$$

基于以上研究，本书得到了供应链系统最优的定价和服务水平决策 ${p_t}^*$，${p_e}^*$，通过代入 ${p_t}^*$，${p_e}^*$，s^*到$\prod$，可以得到供应链系统在集中决策下不同渠道的最大的回收量和利润如下：

$$d_r^* = (1-\theta)\alpha + mp_t^* - np_e^* \tag{5.21}$$

$$d_e^* = \theta\alpha + mp_e^* - np_t^* \tag{5.22}$$

$$d^* = d_e^* + d_r^* \tag{5.23}$$

$$\prod^* = (p_0 - p_t^*)[(1-\theta)\alpha + mp_t^* - np_e^*] + (p_0 - p_e^* - c)(\theta\alpha + mp_e^* - np_t^*) \tag{5.24}$$

命题 5.5　当供应链参数满足 $H_1 + H_2 > 0$ 时，供应链系统提供回收服务将提升整个供应链系统的利润。

证明：令供应链系统提供回收服务时的总利润减去不提供回收服务时的总利润的差值为 Δ，即 Δ = 式（5.6）－式（5.24），可解得：

$$\Delta = \frac{H_1 + H_2}{6A}$$

其中，$H_1 = 2i_2j_2\{i_1j_1[3c^2 - 3ca\theta + a^2(1-\theta+\theta^2) - 3p_0(c-a) + 3p_0^2] + \eta_1(a\theta - 2a - 3p_0)(a + a\theta - 3c + 3p_0)\} + 2i_1j_1\eta_2(a\theta - 2a - 3p_0)(a + a\theta - 3c + 3p_0) + (a\theta - 2a - 3p_0)^2(j_2^2\eta_1 + j_1^2\eta_2)$，$H_2 = i_2^2\{-j_1^2[3c^2 - 3ca\theta + a^2(1-\theta+\theta^2) - 3p_0(c-a) + 3p_0^2] + (a + a\theta - 3c + 3p_e)^2\eta_1\} + i_1^2\{-j_2^2[3c^2 - 3ca\theta + a^2(1-\theta+\theta^2) - 3p_0(c-a) + 3p_0^2] + (a + a\theta - 3c + 3p_e)^2\eta_2\}$

根据命题 5.1 中的假设可知 $A > 0$，因此当 $H_1 + H_2 > 0$ 时，可以实现 Δ 的整体大于等于 0，则此时供应链系统提供回收服务将提升供应链系统总的利润。

证毕。

命题 5.6　当供应链参数满足 $H_3 > 0$ 时，供应链系统提供回收服务将提升整个供应链系统的回收量。

证明：令供应链系统提供回收服务时线下渠道的回收量减去不提供回收服务时的回收量为 Δ_d，即 Δ_d = 式（5.7）－式（5.23），可解得：

$$\Delta_d = \frac{H_3}{2A}$$

其中，$H_3 = -2i_2j_2(c - a - 2p_0)(i_1j_1 - 3\eta_1) + i_2^2[j_1^2(c - a - 2p_0) + 2\eta_1(a + a\theta - 3c + 3p_0)] + 6i_1j_1\eta_2(c - a - 2p_0) - 2(a\theta - 2a - 3p_0)$

$(j_2^2\eta_1 + j_1^2\eta_2) + i_1^2 [j_2^2 (c - a - 2p_0) + 2\eta_2 (a + a\theta - 3c + 3p_0)]$

根据命题5.1中的假设可知 $A > 0$，因此当 $H_3 > 0$ 时，可以实现 Δ_d 的整体大于等于0。则此时供应链系统提供回收服务将提升供应链系统总的回收量。

证毕。

由命题5.5和命题5.6可得，当TPM逆向供应链的相关参数满足以上条件时，提供回收服务可以为供应链系统带来更高的财务绩效即利润，也能够带来一定的环境绩效即回收量。TPM供应链中的回收企业应根据供应链具体情况，判断是否应向消费者提供回收服务。

5.5 考虑回收服务的TPM逆向供应链契约协调模型

在以上研究基础上，由于分散决策下不论是回收中心、TPP、TPR，还是整个供应链系统的利润均低于集中决策，因此本书需采用契约对各类决策和利润进行优化。本节选择收益成本共享契约，通过引入共享因子 λ，使得在线下回收渠道中，回收中心可以分担TPR的 λ 倍的线下回收价格的支出。同时，TPR可以给回收中心一个较为优惠的线下转移价格 w_t^c。此外，为协调回收中心与TPP的利润，引入了补贴因子 F，即TPP在确保自身利润大于等于分散决策的情况下，需向回收中心支付 F 的利润额。通过令引入契约后分散决策下供应链系统的总利润达到集中决策，同时使得各回收企业利润均不低于分散决策，以求解 λ 和 F 的取值范围。

基于此，由于在引入收益成本共享契约后回收中心、TPR和TPP依然遵循Stackelberg博弈模型，因此需先构建TPR和TPP的利润函数。

TPR的利润函数为：

$$
\begin{aligned}
\prod_t^c &= [w_t^c - (1 - \lambda)p_t]d_r \\
&= [w_t^c - (1 - \lambda)p_t][(1 - \theta)\alpha + 2p_t - p_e - j_1 s_1 - j_2 s_2]
\end{aligned}
$$

TPP的利润函数为：

$$\prod_e^c = (w_e^c - p_e)d_e - c_{s1} = (w_e^c - p_e)(\theta\alpha + 2p_e - p_t + i_1s_1 + i_2s_2) - \eta_1 s_1^2/2 - F \tag{5.25}$$

分别求解 Π_t^c 对于 p_t 的一阶偏导，以及 Π_e^c 对于 p_e 和 s_1 的一阶偏导，并令其为 0，可反解得：

$$p_t = \frac{a - a\theta - j_2s_2 - 2w_t + p_e(\lambda - 1) + j_1s_1(\lambda - 1) - a\lambda + a\theta\lambda + j_2s_2\lambda}{4(\lambda - 1)}$$

$$p_e = \frac{i_1^2 w_e + \eta_1(a\theta - p_t + i_2s_2 - 2w_e)}{i_1^2 - 4\eta_1}$$

$$s_1 = \frac{i_1^2(a\theta - p_t + i_2s_2 + 2w_e)}{i_1^2 - 4\eta_1}$$

对以上方程组联立并进一步化简，可得契约下 TPR 和 TPP 的最优决策为：

$$p_t^{c*} = \frac{-i_1j_1(a\theta + i_2s_2 + 2w_e)(\lambda - 1) + i_1^2\begin{bmatrix} a - a\theta - 2w_t + j_2s_2(\lambda - 1) \\ + w_e(\lambda - 1) - a\lambda - a\theta\lambda \end{bmatrix}}{(4i_1^2 - i_1j_1 - 15\eta_1)(\lambda - 1)} + \frac{\eta_1\begin{bmatrix} -4a + 3a\theta + 2w_e + 8w_t + i_2s_2(\lambda - 1) \\ -4j_2s_2(\lambda - 1) + 4a\lambda - 3a\theta\lambda - 2w_e\lambda \end{bmatrix}}{(4i_1^2 - i_1j_1 - 15\eta_1)(\lambda - 1)} \tag{5.26}$$

$$p_e^{c*} = \frac{4i_1^2w_e(\lambda - 1) - i_1j_1w_e(\lambda - 1) + \eta_1[-a - 3a\theta + 8w_e + 2w_t + 4i_1s_2(\lambda - 1) - j_2s_2(\lambda - 1) + a\lambda + 3a\theta\lambda - 8w_e\lambda]}{(4i_1^2 - i_1j_1 - 15\eta_1)(\lambda - 1)} \tag{5.27}$$

$$s_1^{c*} = \frac{i_1[a + 3a\theta + 7w_e - 2w_t - 4i_2s_2(\lambda - 1) + j_2s_2(\lambda - 1) - a\lambda - 3a\theta\lambda - 7w_e\lambda]}{(4i_1^2 - i_1j_1 - 15\eta_1)(\lambda - 1)} \tag{5.28}$$

回收中心的利润函数为：

$$\begin{aligned}\prod_m^c &= (p_0 - w_t^c)d_r + (p_0 - w_e^c - c)d_e - c_{s2} - \lambda_t p_t d_r + F \\ &= (p_0 - w_t^c)[(1 - \theta)\alpha + 2p_t - p_e - j_1s_1 - j_2s_2] \\ &\quad + (p_0 - w_e^c - c)(\theta\alpha + 2p_e - p_t + i_1s_1 + i_2s_2) - \eta_2 s_2^2/2 - \lambda_t p_t d_r + F\end{aligned}$$

为确定收益成本共享契约下各个决策变量的最优取值，先需使得引入契约后各定价和服务水平决策与集中决策下的决策相等。这是由于只有当回收价格和服务水平相等时，引入契约前后供应链总的回收量才可达成一致。此外，由于契约只是改变了回收中心和TPR之间的利润分配，因此供应链系统的总利润仍不变。综上，当定价和服务水平决策满足以下条件，引入契约后供应链系统的总利润能够达到集中决策下的总利润：

${s_1}^{c*}={s_1}^{*}$，即式（5.2）=式（5.28）

${s_2}^{c*}={s_2}^{*}$，即式（5.3）

${p_e}^{c*}={p_e}^{*}$，即式（5.4）=式（5.27）

${p_t}^{c*}={p_t}^{*}$，即式（5.5）=式（5.26）

当以上决策同时成立，本书就实现了加入契约后分散决策下供应链系统总利润与集中决策下的相等。在确定供应链系统总利润的基础上，本书接下来将对回收企业间利润进行分配。为使得引入λ^*和F^*的收益成本共享契约有效，需保证在契约分配下回收中心、TPP和TPR的利润都不得低于引入契约前的，只有这样，回收企业决策者才能够接受并遵循该契约。因此，引入契约后回收中心的利润${\Pi_m}^{c*}$、TPP的利润${\Pi_e}^{c*}$和TPR的利润${\Pi_t}^{c*}$需同时满足以下条件：

${\Pi_m}^{c*}\geqslant{\Pi_m}^{**}$

${\Pi_e}^{c*}\geqslant{\Pi_e}^{**}$

${\Pi_t}^{c*}\geqslant{\Pi_t}^{**}$

通过综合考虑以上条件，本书可得不同参数下，该收益成本共享契约中λ和F的取值区间。在契约协调下，供应链系统比分散决策时更有秩序，效率显著提高，收入也得到改善。此外，为验证λ和F影响供应链系统中定价、服务水平决策和最优利润的机理，以及其如何受消费者偏好、不同服务水平敏感系数及成本系数的影响，本章将在算例分析中对其进一步分析。

5.6 算例分析

TPM 逆向供应链中既存在线上和线下回收渠道间的竞争问题，也存在回收中心将线上渠道外包给 TPP 后双渠道供应链上下游决策问题，因此，TPM 逆向供应链中回收企业决策问题需考虑更多因素。例如，当企业采取广告宣传或政策扶持时，消费者对线上回收渠道的偏好提升，企业的决策和利润将如何改变？此外，由于回收中心负责安全性回收服务，TPP 负责便利性回收服务，那么当服务成本系数或服务水平敏感度因技术革新、地区因素或产品因素发生改变时，回收中心和 TPP 该如何调整其定价和服务水平策略？TPR 是否也应调整其定价决策？以上都成为企业决策者亟待解决的现实问题。

基于以上研究，本书发现不论在集中决策还是在分散决策下，消费者对线上回收渠道的偏好、消费者对不同类型服务的敏感性以及服务成本系数均会影响回收企业定价和服务水平决策。因此在本节中，基于 5.3 节的研究结果，分别对 θ，i，η 以及 λ 进行算例分析，以进一步为回收企业决策优化提供理论支持。

部分数据由于涉及企业商业机密（例如单位回收收入）而难以获取，因此本书选择根据已发表的文献对参数进行假设。类似 Wu（2012）和 Xie（2018）的研究，本书基于 5.2 节对以下参数进行了假设：$p_0=1000$，$c=10$，$\alpha=500$，$m=2$，$n=1$，$j=1$。以上参数是指供应链系统基础回收量 $\alpha=500$，对于回收中心，每回收 1 件废旧电器电子产品的收入 $p_0=1000$，线上回收运维成本 $c=10$。此外，$m=2$ 和 $n=1$ 是指当回收价格改变 1 个单位，对该渠道回收量的影响是 2 倍于该单位的，对另一渠道回收量的影响是 -1 倍该单位。

5.6.1 消费者渠道偏好

本节将对消费者偏好影响回收企业决策和利润的机理进行研究。尽管目前“互联网+回收”在中国得到政府现金补贴、减税等政策支持，然而截至目前线下回收渠道仍占据回收行业的主要市场。因此，回收中心和TPP采取如广告宣传、政策指导等多种方式提升消费者对线上渠道偏好。消费者对线上回收渠道偏好的提升显然将提升回收中心和TPP的利润，然而当该偏好改变时，回收中心和TPP应该如何调整其线上回收价格和转移价格？应如何调整不同类型回收服务水平？TPR该如何调整线下回收价格？这些都是回收企业决策者共同面临的问题。基于此，本书假设服务成本系数 $\eta_1=\eta_2=8$，服务敏感系数 $i_1=i_2=2$，同时 θ 逐渐从0.1提升至0.9。本书利用Mathematica将以上数值假设代入5.3节的模型结果中，可得集中和分散决策下回收企业的定价、服务水平决策及利润，具体如表5.1、表5.2、表5.3和表5.4所示。此外，本书针对表中的决策结果绘制图5.3、图5.4、图5.5和图5.6，以进一步寻找以及验证其管理规律和现实意义。

表5.1　集中决策下 θ 对决策和利润的影响

θ	centralized policy							
	p_e^*	p_t^*	s_1^*	s_2^*	d_r^*	d_e^*	d^*	Π^*
0.1	317.50	341.67	85.83	85.83	644.17	686.67	1330.83	826921
0.2	305.00	350.00	90.00	90.00	615.00	720.00	1335.00	828150
0.3	292.50	358.33	94.17	94.17	585.83	753.33	1339.17	830421
0.4	280.00	366.67	98.33	98.33	556.67	786.67	1343.33	833733
0.5	267.50	375.00	102.50	102.50	527.50	820.00	1347.50	838088
0.6	255.00	383.33	106.67	106.67	498.33	853.33	1351.67	843483
0.7	242.50	391.67	110.83	110.83	469.17	886.67	1355.83	849921
0.8	230.00	400.00	115.00	115.00	440.00	920.00	1360.00	857400
0.9	217.50	408.33	119.17	119.17	410.83	953.33	1364.17	865921

表5.2 分散决策下θ对决策和利润的影响

θ	decentralized policy					
	p_e^{**}	p_t^{**}	s_1^{**}	s_2^{**}	w_e^{**}	w_t^{**}
0.1	149.70	123.94	56.36	56.36	375.15	341.67
0.2	134.55	137.58	57.88	57.88	366.06	350
0.3	119.39	151.21	59.39	59.39	356.97	358.33
0.4	104.24	164.85	60.91	60.91	347.88	366.67
0.5	89.09	178.49	62.42	62.42	338.79	375
0.6	73.94	192.12	63.94	63.94	329.70	383.33
0.7	58.79	205.76	65.45	65.45	320.61	391.67
0.8	43.64	219.39	66.97	66.97	311.52	400
0.9	28.48	233.03	68.48	68.48	302.42	408.33

表5.3 分散决策下θ对回收量和利润的影响

θ	decentralized policy						
	d_r^{**}	d_e^{**}	d^{**}	Π_m^{**}	Π_t^{**}	Π_e^{**}	Π^{**}
0.1	435.46	450.91	886.36	551208	94810.3	88952.1	734970
0.2	424.85	463.03	887.88	551655	90248.1	93798.7	735701
0.3	414.24	475.15	889.39	552480	85798.4	98773.9	737053
0.4	403.64	487.27	890.91	553685	81461.2	103878	739024
0.5	393.03	499.34	892.42	555268	77236.4	109110	741615
0.6	382.42	511.52	893.94	557230	73124.2	114471	744825
0.7	371.82	523.64	895.46	559571	69124.4	119960	748656
0.8	361.21	535.76	896.97	562291	65237.1	125578	753106
0.9	350.61	547.88	898.49	565389	61462.3	131325	758177

表5.4 θ对契约因子的影响

Revenue Sharing Contract	θ	0.1	0.2	0.3
	λ	$0 \leqslant \lambda \leqslant 0.543$	$0 \leqslant \lambda \leqslant 0.523$	$0 \leqslant \lambda \leqslant 0.500$
	F	$25389 \leqslant F \leqslant 117334$	$40511 \leqslant F \leqslant 133001$	$56146 \leqslant F \leqslant 149512$
	θ	0.4	0.5	0.6
	λ	$0 \leqslant \lambda \leqslant 0.474$	$0 \leqslant \lambda \leqslant 0.445$	$0 \leqslant \lambda \leqslant 0.411$
	F	$72194 \leqslant F \leqslant 166867$	$88572 \leqslant F \leqslant 185065$	$105460 \leqslant F \leqslant 204107$
	θ	0.7	0.8	0.9
	λ	$0 \leqslant \lambda \leqslant 0.372$	$0 \leqslant \lambda \leqslant 0.326$	$0 \leqslant \lambda \leqslant 0.272$
	F	$122720 \leqslant F \leqslant 223992$	$140434 \leqslant F \leqslant 244722$	$158525 \leqslant F \leqslant 266295$

首先，由图 5. 3 可知，随着消费者线上回收渠道偏好的提升，TPP 需降低其线上回收价格，TPR 需提升线下回收价格，回收中心需降低线上转移价格，同时提升线下转移价格。另外，回收中心和 TPP 还需分别提升其服务水平。消费者对线上回收渠道偏好的提升使更多消费者选择线上渠道回收废旧电器电子产品，这使得 TPP 能够通过降低其线上回收价格降低自身成本，同时回收中心也可以降低其线上转移价格。对应的，由于选择线下回收渠道消费者减少，TPR 需提升线下回收价格以吸引更多消费者，与此同时，回收中心为保证线下回收渠道利润，也需提升其线下转移价格。此外，回收中心和 TPP 分别提升其服务水平也能够再次促进线上回收渠道回收量的提升，这将不仅提升 TPP 的利润，对于同时运营线上和线下渠道的回收中心的利润也具有促进作用。

其次，由图 5. 4 和图 5. 5 可知，随着消费者对线上回收渠道偏好的提升，不论在集中决策还是在分散决策下，线上渠道的回收量和总回收量都将提升，线下渠道的回收量则降低。与此同时，供应链系统、回收中心和 TPP 的利润均提升，TPR 的利润则不断降低。对比图 5. 3 可知，对于 TPR，尽管其在提升线下回收价格的同时，回收中心也将提升转移价格，但其提升幅度始终低于回收价格的提升，又由于线下回收量降低，以上因素综合导致 TPR 利润降低；对于 TPP，尽管回收中心降低了线上转移价格，但降幅始终低于线上回收价格的降低，又由于线上渠道回收量提升，综合导致 TPP 利润提升；对于回收中心，尽管其在线上或线下渠道的单位利润均变化不大，但由于总回收量提升，因此回收中心的利润也实现了增长。

最后，由图 5. 6 可知，在为优化分散决策下各回收企业的利润而构建的收益成本共享契约中，随着消费者对线上渠道偏好的提升，企业需降低共享因子 λ，同时提升补贴参数 F 的上下界，且共享因子 λ 的降低对回收中心利润具有促进作用。

由图 5. 3 可知，随着消费者对线上回收渠道偏好的提升，集中决策下线上回收价格显著降低，线下回收价格提升，不同类型服务水平也均提升；在分散决策下，线上回收价格、线上转移价格均显著降低，线下回收价格、线下转移价格均提升，不同类型服务水平也均提升。

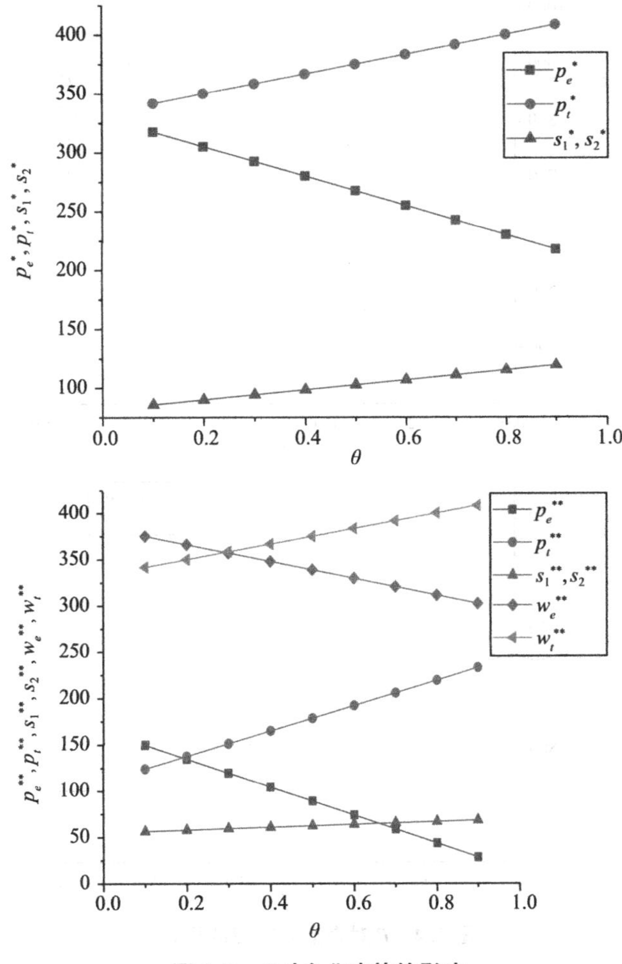

图5.3 θ对企业决策的影响

由图5.4可知，随着消费者对线上回收渠道偏好的提升，集中和分散决策下线上回收量和总回收量均显著提升，线下回收量则降低。此外，集中决策下各渠道，以及供应链系统的总回收量均高于分散决策下。

由图5.5可知，随着消费者对线上回收渠道偏好的提升，供应链系统、回收中心和TPP的利润均提升，TPR的利润则显著下降。

由图5.6可知，随着消费者对线上回收渠道偏好的提升，利润共享因子λ显著降低，补贴因子F显著提升。

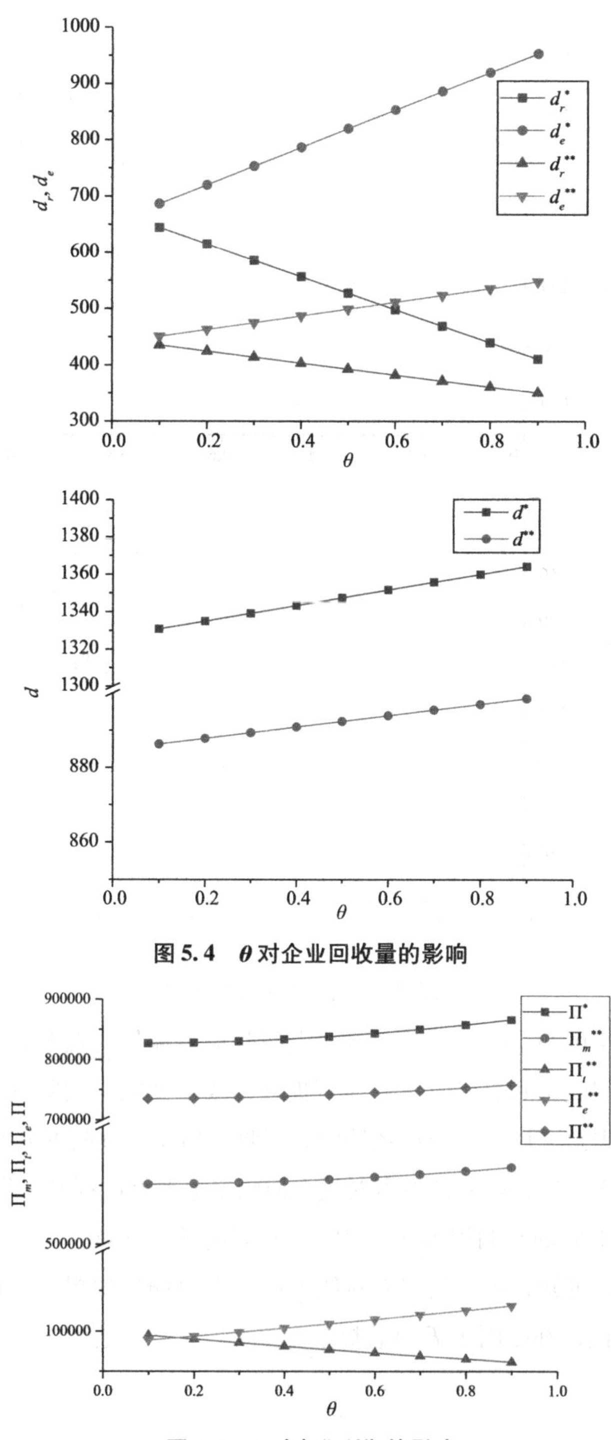

图 5.4 θ 对企业回收量的影响

图 5.5 θ 对企业利润的影响

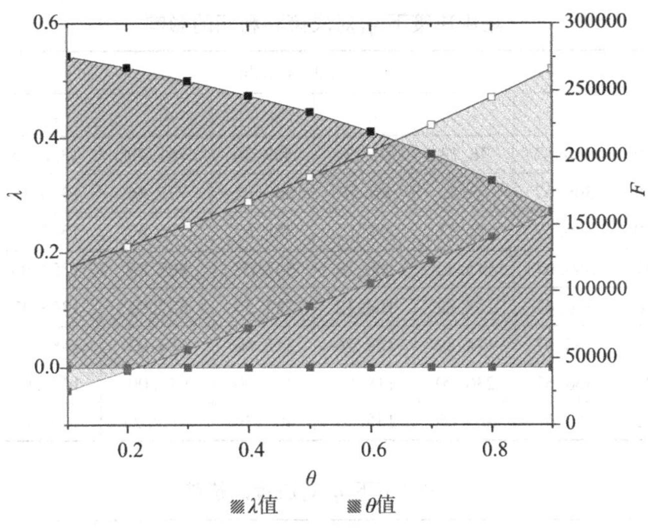

图 5.6　θ 对契约因子的影响

5.6.2　服务成本系数

本小节将对不同类型服务成本系数影响回收企业决策和利润的机理进行分析。一方面，回收中心可以通过改进回收流程、升级拆卸设备降低安全性回收服务的成本；另一方面，TPP 可以通过优化配送服务网络等方式降低便利性回收服务成本。以上系数的优化势必为企业带来更多利润，那么以上企业应如何调整其定价和服务水平决策？其他企业又应如何调整自身决策？它们的利润会发生怎样变化？为解决以上问题，本小节先假设 $\theta=0.4$，$i_1=i_2=2$，$\eta_2=8$ 不变，同时 η_1 逐渐从 10 降至 3。通过利用 Mathematica 将以上数值假设代入 5.3 节的模型结果中，可得集中和分散决策下回收企业定价、服务水平决策以及利润，具体如表 5.5、表 5.6、表 5.7 和表 5.8 所示。此外，本书也针对表中的决策结果绘制了图 5.7 和图 5.8，以进一步寻找及验证其中的管理规律和现实意义。

表 5.5 集中决策下 η_1 对决策和利润的影响

η_1	centralized policy							
	p_e^*	p_t^*	s_1^*	s_2^*	d_r^*	d_e^*	d^*	Π^*
10	292.69	366.67	76.13	95.16	569.36	761.29	1330.65	826247
9	287.15	366.67	85.82	96.55	563.82	772.36	1336.18	829514
8	280.00	366.67	98.33	98.33	556.67	786.67	1343.33	833733
7	270.41	366.67	115.12	100.73	547.07	805.85	1352.93	839393
6	256.86	366.67	138.82	104.12	533.53	832.94	1366.47	847384
5	236.30	366.67	174.82	109.26	512.96	874.07	1387.04	859519
4	201.33	366.67	236.00	118.00	478.00	944.00	1422.00	880147
3	128.72	366.67	363.08	136.15	405.39	1089.23	1494.62	922990

表 5.6 分散决策下 η_1 对决策的影响

η_1	decentralized policy					
	p_e^{**}	p_t^{**}	s_1^{**}	s_2^{**}	w_e^{**}	w_t^{**}
10	111.78	162.93	47.39	59.23	348.72	366.67
9	108.48	163.77	53.30	59.97	348.35	366.67
8	104.24	164.85	60.91	60.91	347.88	366.67
7	98.59	166.28	71.05	62.16	347.25	366.67
6	90.68	168.29	85.23	63.92	346.37	366.67
5	78.83	171.30	106.49	66.56	345.06	366.67
4	59.10	176.31	141.88	70.94	342.86	366.67
3	19.72	186.31	212.51	79.69	338.49	366.67

表 5.7 分散决策下 η_1 对回收量和利润的影响

η_1	decentralized policy						
	d_r^{**}	d_e^{**}	d^{**}	Π_m^{**}	Π_t^{**}	Π_e^{**}	Π^{**}
10	407.47	473.87	881.34	547912	83014.1	101049	731975
9	405.79	479.74	885.53	550438	82332.8	102287	735058
8	403.64	487.27	890.91	553685	81461.2	103878	739024
7	400.77	497.32	898.09	558012	80306.6	105997	744316
6	396.75	511.38	908.13	564067	78704.9	108961	751734
5	390.73	532.45	923.18	573143	76334.4	113401	762879
4	380.71	567.53	948.24	588253	72468.5	120784	781505
3	360.71	637.53	998.24	618404	65054.0	135483	818941

表 5.8 η_1 对契约因子的影响

	η_1	10	9	8	7
Revenue Sharing Contract	λ	$0 \leqslant \lambda \leqslant 0.488$	$0 \leqslant \lambda \leqslant 0.482$	$0 \leqslant \lambda \leqslant 0.474$	$0 \leqslant \lambda \leqslant 0.463$
	F	$65455 \leqslant F \leqslant 159754$	$68389 \leqslant F \leqslant 162844$	$72194 \leqslant F \leqslant 166867$	$77292 \leqslant F \leqslant 172317$
	η_1	6	5	4	3
	λ	$0 \leqslant \lambda \leqslant 0.447$	$0 \leqslant \lambda \leqslant 0.420$	$0 \leqslant \lambda \leqslant 0.366$	$0 \leqslant \lambda \leqslant 0.208$
	F	$84469 \leqslant F \leqslant 180118$	$95535 \leqslant F \leqslant 192201$	$114711 \leqslant F \leqslant 213392$	$155966 \leqslant F \leqslant 259992$

首先，由图 5.7 可知，随着便利性服务成本系数的降低，不论在集中决策还是在分散决策下，TPP 都应降低线上回收价格，同时提升便利性服务水平，回收中心则应小幅降低线上转移价格，同时提升安全性服务水平；在线下回收渠道中，在集中决策下最优线下回收价格并未发生改变，在分散决策下回收中心无需调整其线下转移价格，TPR 则需提升其线下回收价格。TPP 可以通过提升服务水平，拉动线上渠道的回收量，同时降低线上回收价格，进一步减少支出。TPP 对线上回收渠道的优化使得回收中心也因此获利，提升安全性服务水平进一步提升回收量，同时小幅降低线上转移价格以减少支出。对于 TPR，由于选择线下回收渠道的消费者减少，因此其只能提升线下回收价格以吸引更多消费者，回收中心控制线下转移价格不变也有利于减小 TPR 利润的降幅。

其次，由表 5.7 可知，随着便利性服务成本系数的降低，供应链系统、TPP 和回收中心的利润和回收量均显著提升，TPR 的利润和回收量则降低。对于 TPP，尽管在其降低线上回收价格的同时，回收中心也降低了线上转移价格，但转移价格的降幅始终低于回收价格，因此 TPP 的单位利润单调增加，又由于线上回收量大幅提升，因此 TPP 的利润显著提升。对于 TPR，由于其线下回收价格提升，以及回收中心对线下转移价格保持不变的决策，因此其单位利润降低，又由于线下渠道回收量降低，综合导致 TPR 利润显著降低。对于回收中心，尽管其在线上回收渠道的单位利润小幅降低，但其在线下渠道的单位利润提升，又由于总回收量大幅提升，因此回收中心的利润也得到提升。

最后，由图 5.8 可知，随着便利性服务成本系数的降低，企业需降低收益成本共享契约的共享因子 λ，并提升补贴参数 F 的上下界，同时共享因子 λ 的降低对回收中心利润具有促进作用。此外，由于线上回收渠道整体利润提升，因此也需提升回收中心和 TPP 之间的补贴参数 F。

由图 5.7 可知，随着便利性服务成本系数的降低，线下回收价格单调递增，线下转移价格保持不变，线上回收价格和转移价格单调递减；便利性服务水平显著提升，安全性服务水平小幅提升。

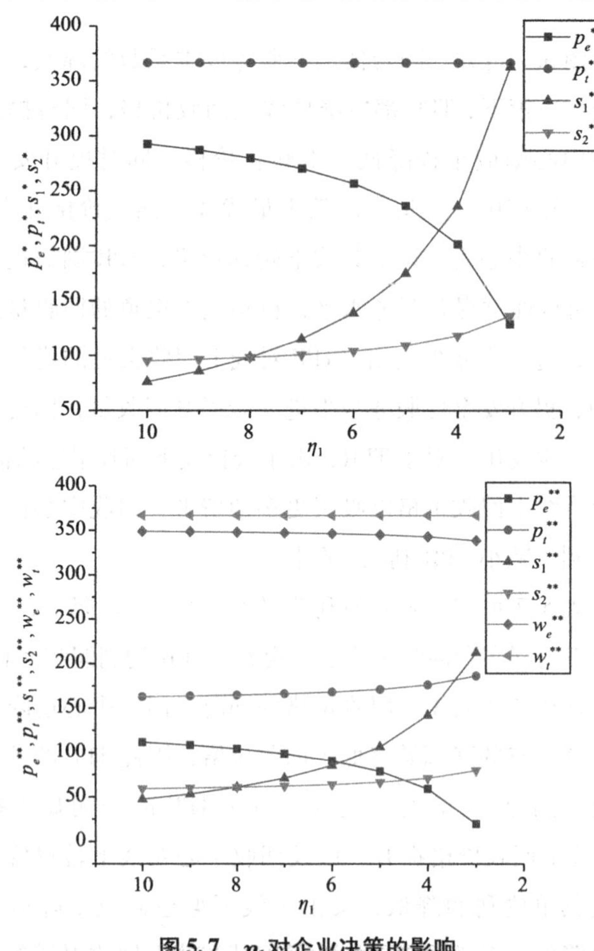

图 5.7 η_1 对企业决策的影响

由图 5.8 可知，随着便利性服务成本系数的降低，利润共享因子 λ 显著降低，补贴因子 F 显著提升。

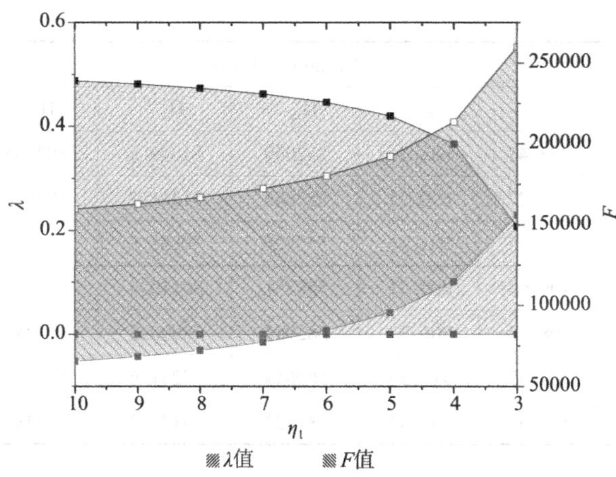

图 5.8　η_1 对契约参数的影响

接下来，本书研究当 $\eta_1=8$，η_2 从 10 逐渐降低到 3 时，不同回收企业定价、服务水平决策以及利润的变化规律。利用 Mathematica 将以上数值假设代入 5.3 节的模型结果，分别得到集中和分散决策下各项数值结果，具体如表 5.9、表 5.10 和表 5.11 所示。同时，本书也根据表中结果绘制了企业决策、回收量和利润的趋势图（见图 5.9）。

表 5.9　　分散决策下 η_2 对决策的影响

η_2	decentralized policy					
	p_e^{**}	p_t^{**}	s_1^{**}	s_2^{**}	w_e^{**}	w_t^{**}
10	114.07	163.88	60.06	48.05	354.31	366.67
9	109.74	164.31	60.43	53.72	351.47	366.67
8	104.24	164.85	60.91	60.91	347.88	366.67
7	97.05	165.56	61.53	70.32	343.17	366.67
6	87.23	166.53	62.38	83.17	336.75	366.67
5	73.02	167.93	63.61	101.77	327.45	366.67
4	50.62	170.15	65.54	131.09	312.79	366.67
3	10.09	174.15	69.05	184.12	286.27	366.67

表 5.10　　分散决策下 η_2 对回收量和利润的影响

η_2	decentralized policy						
	d_r^{**}	d_e^{**}	d^{**}	Π_m^{**}	Π_t^{**}	Π_e^{**}	Π^{**}
10	405.58	480.48	886.06	550758	82246.6	101001	734006

续表

η_2	decentralized policy						
	d_r^{**}	d_e^{**}	d^{**}	Π_m^{**}	Π_t^{**}	Π_e^{**}	Π^{**}
9	404.72	483.47	888.20	552049	81899.8	102265	736213
8	403.64	487.27	890.91	553685	81461.2	103878	739024
7	402.22	492.25	894.46	555826	80888.8	106008	742724
6	400.28	499.03	899.31	558751	80110.4	108953	747814
5	397.47	508.86	906.33	562983	78990.5	113286	755260
4	393.04	524.35	917.39	569654	77241.6	120287	767182
3	385.04	552.37	937.41	581722	74127.2	133485	789334

表 5.11　　η_2对契约因子的影响

Revenue Sharing Contract	η_2	10	9	8	7
	λ	$0 \leqslant \lambda \leqslant 0.493$	$0 \leqslant \lambda \leqslant 0.485$	$0 \leqslant \lambda \leqslant 0.474$	$0 \leqslant \lambda \leqslant 0.459$
	F	$60246 \leqslant F \leqslant 152558$	$65381 \leqslant F \leqslant 158724$	$72194 \leqslant F \leqslant 166867$	$81503 \leqslant F \leqslant 178104$
	η_2	6	5	4	3
	λ	$0 \leqslant \lambda \leqslant 0.437$	$0 \leqslant \lambda \leqslant 0.400$	$0 \leqslant \lambda \leqslant 0.324$	$0 \leqslant \lambda \leqslant 0.098$
	F	$95030 \leqslant F \leqslant 194581$	$116656 \leqslant F \leqslant 220966$	$156607 \leqslant F \leqslant 269585$	$251908 \leqslant F \leqslant 385575$

首先，由图5.9可知，随着安全性服务成本系数的降低，线上回收渠道的最优回收价格和转移价格均大幅降低，安全性回收服务水平大幅提升，便利性回收服务水平小幅提升；在线下回收渠道中，线下回收价格显著提升，转移价格保持不变。回收中心通过提升服务水平可以提高线上渠道的回收量，同时降低线上转移价格，进一步减少支出。回收中心对线上渠道的优化使得TPP也因此获利，在提升便利性服务水平从而进一步提升回收量的同时，降低了线上回收价格以减少支出。对于TPR，由于选择线下渠道的消费者减少，因此其只能提升线下回收价格以吸引更多消费者，同时由于回收中心控制线下转移价格不变，也有利于减少TPR利润的降幅。

其次，由表5.10可知，随着安全性服务成本系数的降低，供应链系统、TPP和回收中心的利润和回收量均显著提升，TPR的利润和回收量则降低。对于TPP，其单位利润并无明显变化，而由于线上回收量大幅提升，因此 TPP 总利润显著增长。对于 TPR，由于其线下回收价格提升，以及回收中心对线下转移价格保持不变的决策，因此其单位利润降低，又由于线下渠道回收量降低，综合导致 TPR 总利润显著降低。对于回收中心，由于其在线上和线下渠道的单位利润均显著提升，同时总回收量大幅提升，因此回收中心的利润也实现了提升。

最后，由图 5.9 可知，随着安全性服务成本系数的降低，在收益成本共享契约中，需降低共享因子 λ，同时提升补贴参数 F 的上下界，且共享因子 λ 的降低对回收中心的利润具有促进作用。此外，由于线上回收渠道整体利润的提升，因此调节回收中心和 TPP 利润分配的补贴参数 F 也实现了提升。

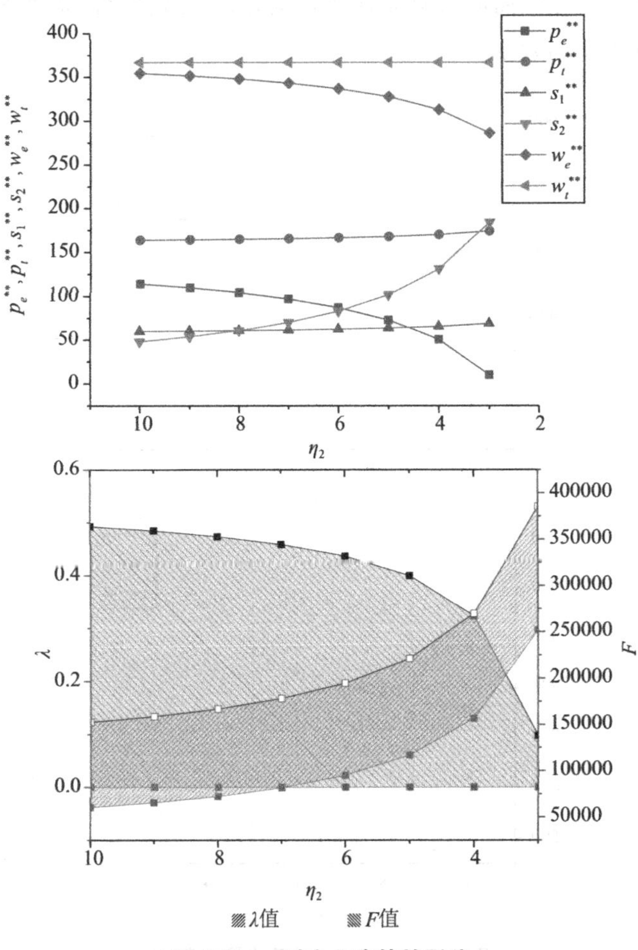

图 5.9　η_2 对企业决策的影响

由图5.9可知，随着安全性服务成本系数的降低，线下回收价格单调递增，线下转移价格保持不变，线上回收价格和转移价格单调递减；安全性服务水平显著提升，便利性服务水平小幅提升。同时，随着安全性服务成本系数的降低，利润共享因子 λ 显著降低，补贴因子 F 显著提升。

此外，为进一步对比当不同类型回收服务的成本系数降低时，回收企业利润以及不同渠道回收量的高低，本书绘制了图5.10、图5.11、图5.12和图5.13。

由图5.10和图5.11可知，优化便利性成本系数对供应链系统回收量的促进作用更为明显。基于此，当回收企业出于环保考虑，或是为了更快占有回收市场等原因而需大幅提升回收量时，通过优化降低便利性服务成本系数将获得更高效率。

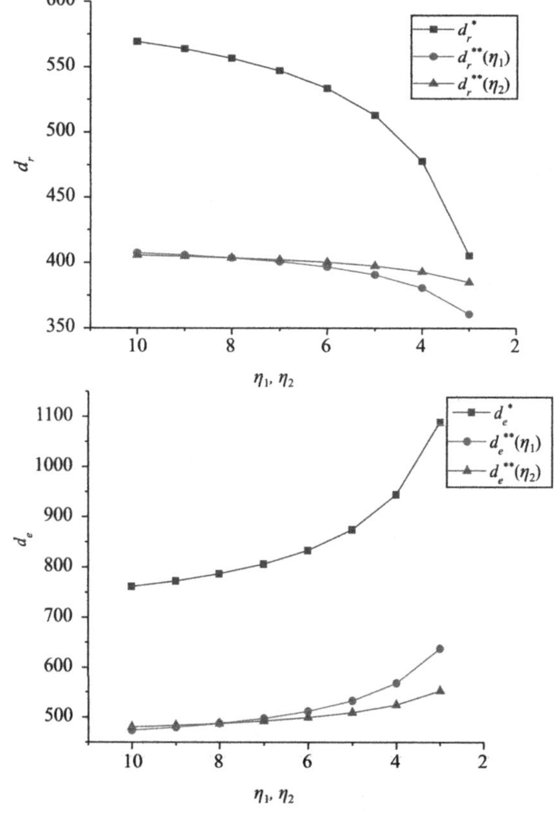

图5.10　η_1和η_2对回收量的影响

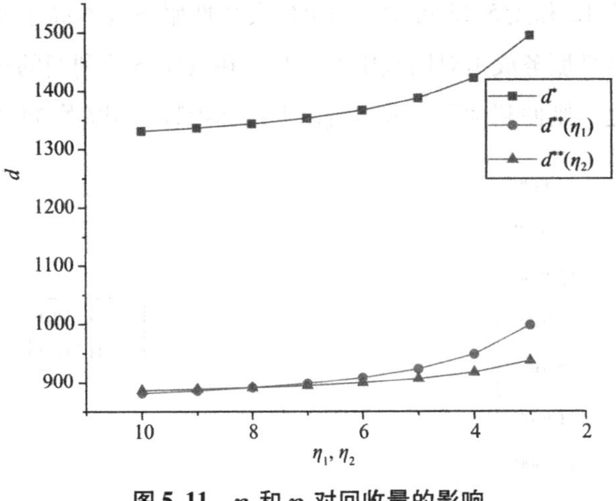

图 5.11　η_1 和 η_2 对回收量的影响

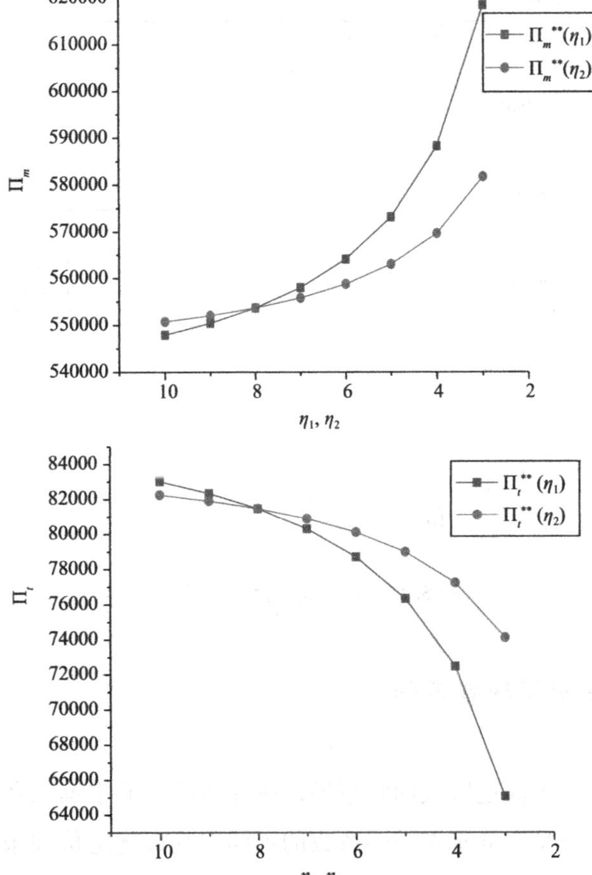

图 5.12　η_1 和 η_2 对利润的影响

对比图 5.12 和图 5.13 可知，当单位安全性服务成本高于便利性服务成本时，则安全性服务成本对回收中心、TPP 和供应链总利润的负相关影响更为显著；反之，则便利性服务成本对以上目标函数负相关影响更为显著。

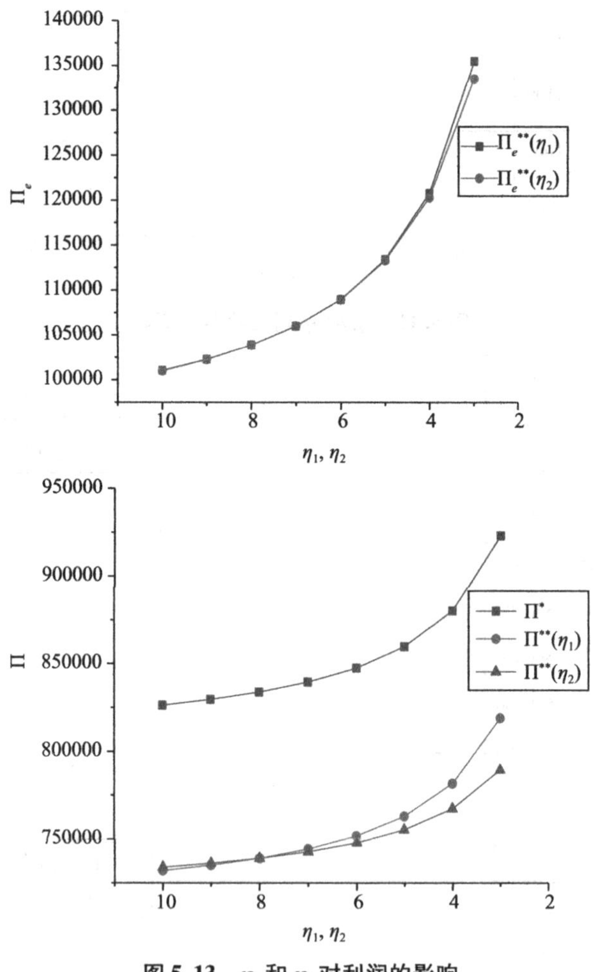

图 5.13 η_1 和 η_2 对利润的影响

5.6.3 服务水平敏感系数

本小节针对不同地区或回收市场，研究回收企业根据消费者对废旧电器电子产品多类型服务水平敏感系数的不同，其最优定价和服务水平决策问题。在线上渠道，回收中心和 TPP 可能面对消费者具有相同的安全性服务敏感性，而便利性服务敏感性不同的废旧电器电子产品，例如电视机、空调、电冰箱等。这些产品的共同点是不会存储任何消费者隐私信息，但体积却存在差异：空调比电视机重，而电冰箱则不论体积或重量都大于空调。因此，消费者对以上废旧电器电子产品便利性服务的敏感度势必存在差异。此时，回收企业针对此类情况应如何调整其定价和服务水平决策？其他企业在观察这一调整后，又应如何调整自身决策？它们的利润将怎样改变？为解决以上问题，本部分先假设 $\theta=0.4$，$i_2=2$，$\eta_1=\eta_2=8$ 不变，同时 i_1 逐渐从 2.0 提升至 2.7。利用 Mathematica 将以上数值假设代入 5.3 节的模型结果中，可以得到集中和分散决策下回收企业的定价、服务水平决策以及利润，具体如表 5.12、表 5.13 和表 5.14 所示。此外，本书也针对表中的决策结果绘制了图 5.14，以进一步寻找及验证其管理规律和现实意义。

表 5.12　　集中决策下 i_1 对利润和决策的影响

i_1	centralized policy							
	p_e^*	p_t^*	s_1^*	s_2^*	d_r^*	d_e^*	d^*	Π^*
2.0	280.00	366.67	98.33	98.33	556.67	786.67	1343.33	833733
2.1	269.42	364.84	109.76	100.75	549.75	805.99	1355.74	841173
2.2	257.65	362.61	121.72	103.41	542.43	827.31	1369.74	849577
2.3	244.58	359.95	134.30	106.35	534.67	850.80	1385.47	859032
2.4	230.07	356.83	147.58	109.59	526.42	876.68	1403.10	869635
2.5	213.99	353.20	161.65	113.15	517.60	905.22	1422.82	881504
2.6	196.15	349.00	176.63	117.09	508.14	936.70	1444.85	894773
2.7	176.35	344.19	192.63	121.44	497.97	971.49	1469.45	909605

表 5.13　　分散决策下 i_1 对决策的影响

i_1	decentralized policy					
	p_e^{**}	p_t^{**}	s_1^{**}	s_2^{**}	w_e^{**}	w_t^{**}
2.0	104.24	164.85	60.91	60.91	347.88	366.67
2.1	100.02	164.59	65.14	62.04	348.19	365.58

续表

i_1	decentralized policy					
	p_e **	p_t **	s_1 **	s_2 **	w_e **	w_t **
2.2	95.40	164.25	69.61	63.28	348.53	364.35
2.3	90.33	163.80	74.33	64.64	348.88	362.95
2.4	84.77	163.25	79.34	66.12	349.24	361.38
2.5	78.65	162.57	84.67	67.74	349.60	359.61
2.6	71.93	161.76	90.36	69.50	349.95	357.63
2.7	64.52	160.81	96.44	71.44	350.28	355.42

表 5.14　分散决策下 i_1 对利润和回收量的影响

i_1	decentralized policy						
	d_r **	d_e **	d **	Π_m **	Π_t **	Π_e **	Π **
2.0	403.64	487.27	890.91	553685	81461	103878	739024
2.1	401.98	496.34	898.32	558179	80793	106201	745173
2.2	400.20	506.26	906.46	563121	80081	108766	751968
2.3	398.30	517.10	915.40	568548	79322	111593	759464
2.4	396.27	528.94	925.21	574504	78513	114710	767726
2.5	394.08	541.88	935.97	581037	77650	118143	776830
2.6	391.74	556.03	947.77	588205	76729	121929	786863
2.7	389.21	571.51	960.72	596074	75744	126106	797924

一方面，由图 5.14 可知，对于消费者具有同样安全性服务水平敏感性系数的废旧电器电子产品，当其便利性服务水平敏感系数提升时，回收企业和供应链系统的定价和服务水平决策将发生改变。具体来说，在线下回收渠道中，TPR 应小幅降低其线下回收价格，回收中心需降低其线下转移价格；在线上回收渠道中，TPP 应在降低其线上回收价格的同时大幅提升便利性服务水平，回收中心则应在提升线上转移价格的同时小幅提升安全性服务水平。这是由于对于便利性服务敏感系数较高的产品，TPP 提高便利性服务水平可以显著提升线上渠道回收量，同时可以通过降低线上回收价格减少支出。与此同时，回收中心也可以通过提升安全性回收服务进一步提升线上回收量。

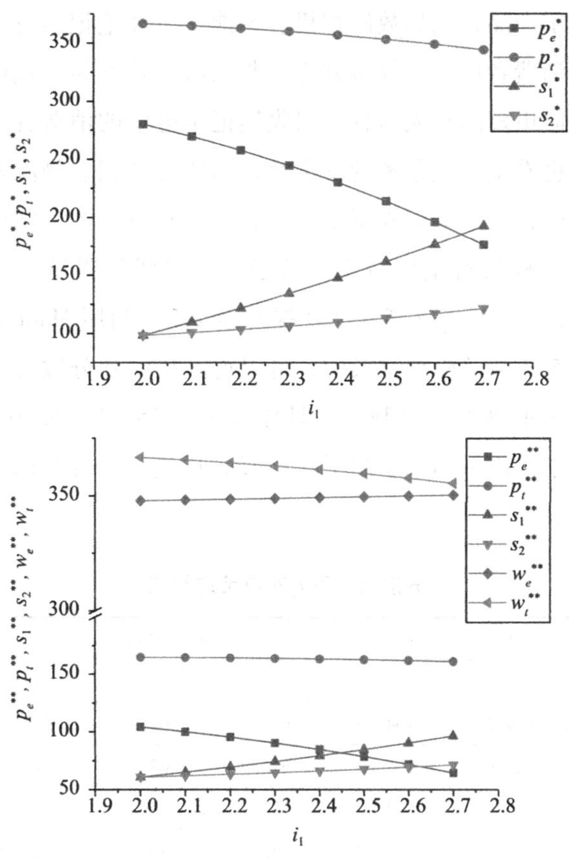

图5.14 i_1对企业决策的影响

另一方面，由表5.12、表5.13和表5.14可知，对于消费者具有便利性服务水平敏感系数较高的电子产品，TPP、回收中心和供应链系统均能获得较高的回收量和利润，同时TPR的回收量和利润则较低。这是由于回收企业不断大幅提升便利性服务水平，因此其线上回收渠道和供应链系统的回收量都实现了提升。另外，由于线上回收价格降低，因此在单位利润和回收量均提升的情况下，TPP利润大幅提升。相反的，线下渠道的TPR由于回收量降低，且线下价格和转移价格都出现小幅降低，因此其利润也显著降低。此外，对比回收中心的单位利润可知，其线下单位利润显著提升，同时线上单位利润小幅降低，但总回收量大幅提升，因此实现了利润的升高。

对于消费者具有相同的便利性服务敏感性，而安全性服务敏感性不同的废旧电器电子产品，例如数码相机、智能手机和笔记本电脑，其共同点是体积不大，消费者可以选择多种途径与回收企业交付。然而，智能手机比数码相机存储更多的私人信息，回收笔记本电脑的消费者也比回收智能手机的消费者更看重回收服务的安全性，即清理数据、物流安全等方面的服务水平。因此，企业如何根据安全性服务敏感系数的不同调整定价和服务水平决策，同样具有重要意义。基于此，本部分假设 $\theta=0.4$，$i_1=2$，$\eta_1=\eta_2=8$ 不变，同时 i_2 逐渐从 2.0 提升至 2.7。利用 Mathematica 将以上数值假设代入 5.3 节的模型结果中，可以得到集中和分散决策下回收企业的定价、服务水平决策以及利润，具体如表 5.15 和表 5.16 所示。此外，本书也针对表中的决策结果绘制了图 5.15，以进一步寻找以及验证其管理规律和现实意义。

表 5.15　　分散决策下 i_2 对决策的影响

i_2	decentralized policy					
	p_e^{**}	p_t^{**}	s_1^{**}	s_2^{**}	w_e^{**}	w_t^{**}
2.0	104.24	164.85	60.91	60.91	347.88	366.67
2.1	96.04	164.02	61.59	67.38	342.40	365.54
2.2	87.07	162.95	62.33	74.00	336.40	364.20
2.3	77.31	161.62	63.14	80.79	329.86	362.63
2.4	66.72	160.03	64.01	87.77	322.75	360.82
2.5	55.23	158.16	64.95	94.96	315.03	358.75
2.6	42.81	156.00	65.97	102.37	306.67	356.43
2.7	29.40	153.54	67.06	110.04	297.64	353.83

表 5.16　　分散决策下 i_2 对利润和回收量的影响

i_2	decentralized policy						
	d_r^{**}	d_e^{**}	d^{**}	Π_m^{**}	Π_t^{**}	Π_e^{**}	Π^{**}
2.0	403.64	487.27	890.91	553685	81461	103878	739024
2.1	403.04	492.72	895.77	556642	81221	106215	744078
2.2	402.50	498.66	901.15	559926	81003	108787	749716
2.3	402.01	505.09	907.10	563553	80805	111614	755972
2.4	401.57	512.06	913.63	567538	80629	114716	762883

续表

i_2	decentralized policy						
	d_r^{**}	d_e^{**}	d^{**}	Π_m^{**}	Π_t^{**}	Π_e^{**}	Π^{**}
2.5	401.19	519.59	920.78	571901	80475	118115	770491
2.6	400.86	527.72	928.58	576664	80342	121839	778845
2.7	400.58	536.48	937.06	581849	80232	125918	787999

一方面，由图 5.15 可知，对于消费者具有同样便利性服务水平敏感性系数的 WEEE，当安全性服务水平敏感系数提升时，回收企业和供应链系统的定价和服务水平决策将发生改变。具体来讲，在线下回收渠道中，TPR 应小幅降低线下回收价格，回收中心需降低其线下转移价格；在线上回收渠道中，TPP 应在降低线上回收价格的同时小幅提升便利性服务水平，回收中心应在降低线上转移价格的同时大幅提升安全性服务水平。回收中心针对性地提高安全性服务水平可以显著提升线上渠道的回收量，同时通过降低线上转移价格以减少支出。与此同时，TPP 也可以通过提升便利性服务水平进一步提升线上回收量。此外，在线下回收量降低的情况下，TPR 应降低线下回收价格以减少损失。

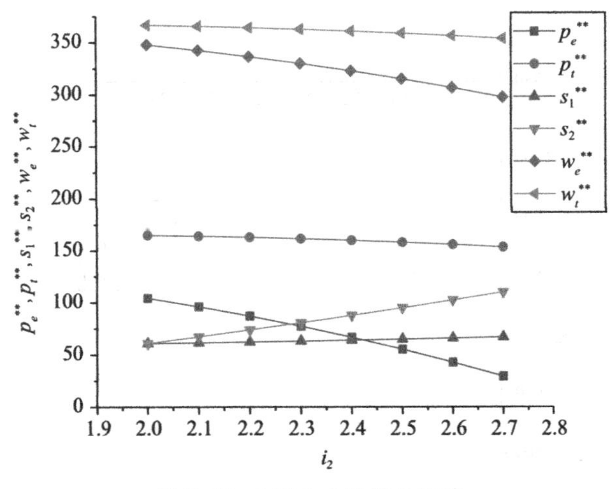

图 5.15　i_2 对企业决策的影响

另一方面，由表 5.15 和表 5.16 可知，对于安全性服务水平敏感系数较高的 WEEE，TPP、回收中心和供应链系统均能获得较高的回收量和利润，同时 TPR 的回收量和利润则较低。这是由于线上回收价格降低，TPP 在单位利润和回收量均提升的情况下，其利润大幅提升。相反，TPR 由于线下渠道回收量降低，且线下回收价格和转移价格均小幅降低，因此其利润显著降低。此外，对比回收中心的单位利润可知，其线下和线上单位利润均显著提升，但总回收量大幅提升，因此其利润显著升高。

此外，为进一步对比当不同类型回收服务敏感系数提升时，回收企业利润以及不同渠道回收量的高低，本书绘制了图 5. 16 至图 5. 19。

由图 5. 16 和图 5. 17 可知，便利性和安全性服务水平系数均正相关影响线上渠道和供应链系统的回收量。此外，便利性服务敏感系数比安全性服务敏感系数对线上渠道及供应链系统回收量的正相关影响更为显著。

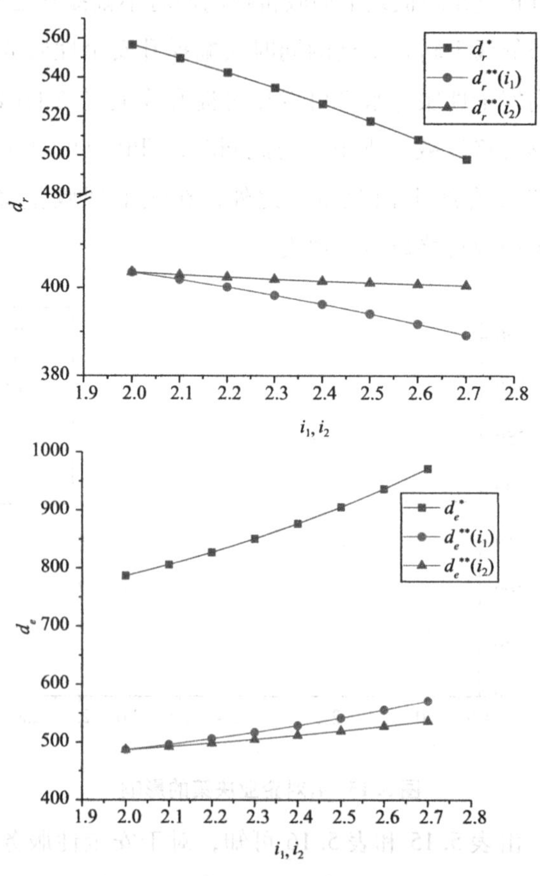

图 5. 16 i_1和 i_2对企业回收量的影响

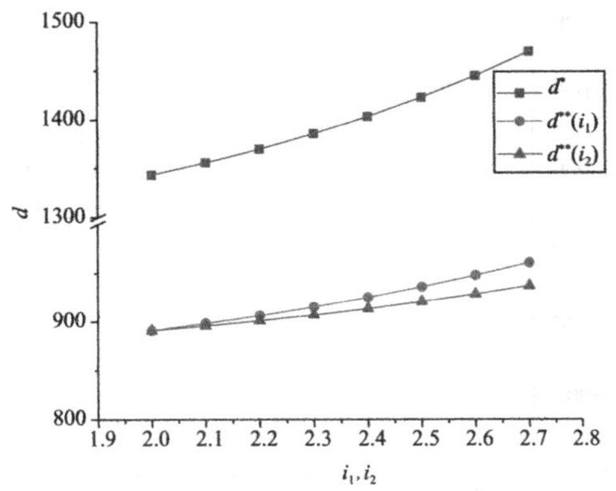

图 5.17　i_1 和 i_2 对企业回收量的影响

对比图 5.18 和图 5.19 可知，便利性服务水平系数对回收中心和供应链系统利润的正相关影响更为显著，对 TPR 的负相关影响更为显著；在不同类型服务水平系数下，TPP 获得的利润并无显著差异。

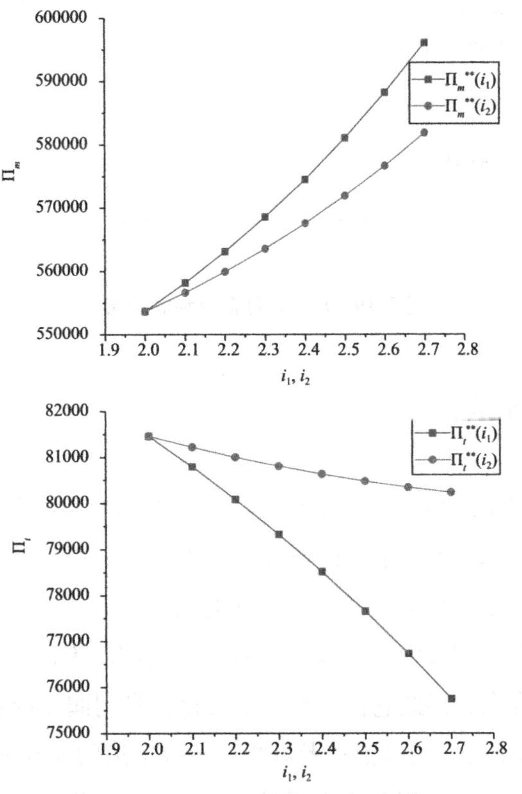

图 5.18　i_1 和 i_2 对企业利润的影响

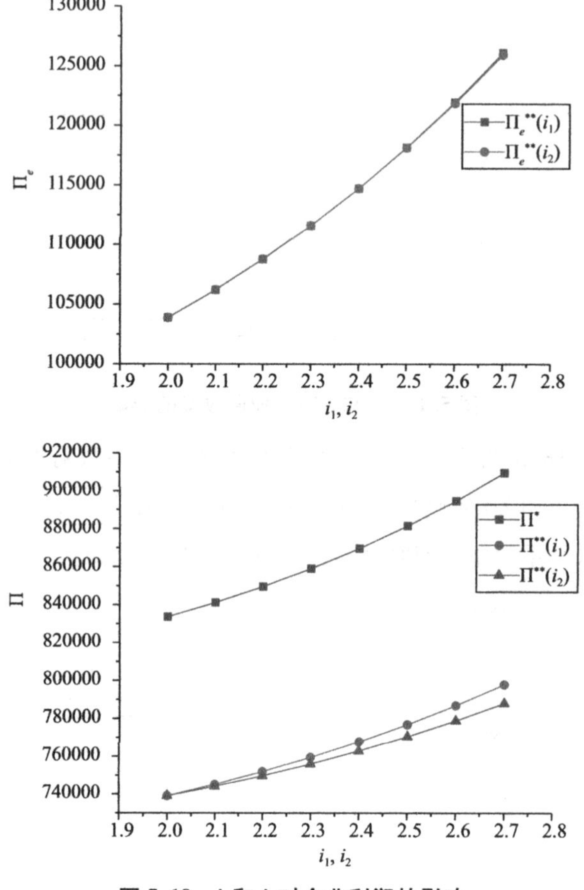

图 5.19 i_1和 i_2对企业利润的影响

5.6.4 契约系数

本小节针对契约协调因子 λ 和补贴因子 F 影响回收企业决策和利润的机理进行分析。基于5.5 节中的研究，一方面，λ 和 F 的变化只是企业间利润的分配，并不改变整个供应链系统的利润；另一方面，尽管在收益成本共享契约协调下回收中心、TPP 和 TPR 的利润均不低于分散决策，但由于各方博弈仍存在，因此它们仍将为最大化自身利润而调整分配参数 λ 和 F。基于此，本部分先假设消费者对线上回收渠道的偏好 $\theta=0.4$，服务水平敏感系数 $i_1=i_2=2$，服务成本系数 $\eta_1=\eta_2=8$，代入 5.5 节中的结论后

可得 λ 和 F 的取值范围为 $0<\lambda\leqslant 0.474$，$114711\leqslant F\leqslant 213392$。为简化分析，本小节取 $0.05\leqslant\lambda\leqslant 0.45$，$F=150000$，并以 0.05 为变化单位，求得 λ 取不同值时回收中心、TPR 和 TPP 的最优利润，以及最优线下渠道转移价格（见表 5.17）。同时，本书绘制了图 5.20 以进一步对表中的数据进行分析。

表 5.17　λ 对企业决策和利润的影响

λ	contract policy			
	w_t^{c*}	Π_m^{c*}	Π_t^{c*}	Π_e^{c*}
0.05	612.75	528912	147192	262906
0.10	580.50	535112	139445	262906
0.15	548.25	541311	131698	262906
0.20	516.00	547510	123951	262906
0.25	483.75	553710	116204	262906
0.30	451.50	559909	108457	262906
0.35	419.25	566108	100710	262906
0.40	387.00	572307	92963	262906
0.45	354.75	578507	85216	262906

一方面，根据表 5.17 和图 5.20，发现在该契约下随着 λ 提升，回收中心对 TPR 的转移价格不断降低。这是由于尽管在该模式下供应链系统总利润不变，但 λ 的提升会导致回收中心分担更多 TPR 的成本，因此需对应降低转移价格以弥补增加的成本。

另一方面，由图 5.20 发现，当 $0<\lambda\leqslant 0.474$，随着 λ 增长，回收中心和 TPR 利润的变化趋势呈相反方向。对于回收中心，其利润随 λ 增长单调递增，TPP 的利润则单调递减。这是由于在回收价格和服务水平不变的情况下，尽管回收中心分担 TPR 成本的比例不断提升，但 w_e^c 大幅降低仍会降低 TPP 利润。同时，在补贴因子恒定的情况下，TPP 利润是恒定值。

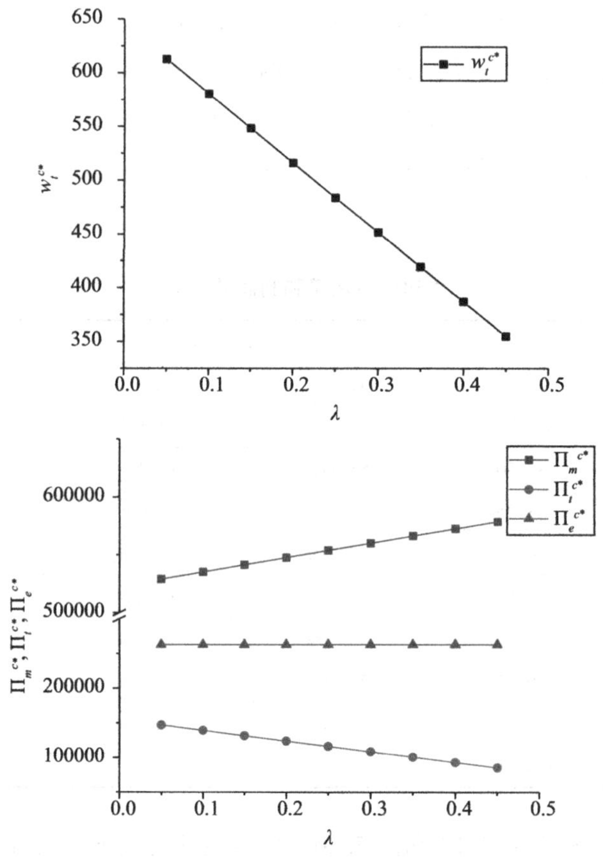

图 5.20 λ 对企业决策和利润的影响

综上，在收益成本共享契约模式下，随着 λ 提升，回收中心需降低转移价格，以保证供应链协调。此外，尽管随 λ 提升，回收中心的利润提升，TPR 的利润降低，但它们的利润始终高于分散决策。因此，收益成本共享契约可以有效弥补分散决策下供应链系统的失效，使回收企业实现帕累托最优，促进整个供应链协调。

5.7 本章小结

本章研究了由回收中心、TPR 和 TPP 构成的 TPM 逆向供应链中，在回收企业提供或不提供回收服务两种情形下，其集中和分散决策下的定价、服务水平及契约协调问题。研究主要的发现有：

（1）回收企业提供回收服务时的总回收量和利润，对比不提供服务时的回收量和利润，其高低取决于单位固定收入、固定回收成本、回收价格敏感系数和基本市场容量等因素。回收企业需根据“提升回收量”或“提高企业利润”等不同决策目标，灵活决策线上回收服务。

（2）消费者线上渠道偏好正相关影响线下回收价格、线下转移价格、服务水平、回收中心利润、TPP利润以及供应链总利润，同时负相关影响线上回收价格、线上转移价格和TPR利润。回收中心和TPP应加强宣传引导，提升消费者线上回收渠道偏好，在提升自身利润同时，提高供应链系统总的回收量，为环境保护和资源节约事业做贡献。

（3）便利性服务成本系数负相关影响TPP便利性服务水平和利润、回收中心安全性服务水平和利润、供应链总利润、TPR线下回收价格，正相关影响TPP回收价格、回收中心线上转移价格、TPR利润，同时对回收中心线下转移价格不产生影响；安全性服务成本系数负相关影响TPP便利性服务水平和利润、回收中心安全性服务水平和利润、供应链总利润、TPR回收价格，并正相关影响TPP回收价格、回收中心线上转移价格和TPR利润，同时不影响回收中心线下转移价格；当单位安全性服务成本高于便利性服务成本，则安全性服务成本对回收中心、TPP和供应链总利润的负相关影响更为显著，反之，则便利性服务成本对以上目标函数负相关影响更为显著。

（4）消费者便利性服务敏感性正相关影响TPP便利性服务水平和利润、回收中心利润、线上转移价格、安全性服务水平、供应链总利润，同时负相关影响TPP线上回收价格、TPR利润、线下回收价格和回收中心线下转移价格；消费者安全性服务敏感性正相关影响TPP便利性服务水平和利润、回收中心安全性服务水平和利润、供应链总利润，同时负相关影响TPP线上回收价格、回收中心线上和线下转移价格、TPR回收价格和利润。

（5）在收益成本共享契约协调下，共享因子正相关影响回收中心利润，负相关影响TPR利润和回收中心线下转移价格；补贴因子正相关影响回收中心利润，负相关影响 TPP 利润。该契约可有效协调供应链企业利润，使回收中心、TPR 和 TPP 三类回收企业的利润均不低于分散决策下各自利润，并提升供应链系统总利润，促进供应链整体协调。

第 6 章

扩展研究：考虑公平关切的双渠道逆向供应链定价策略研究

回收行业激烈的竞争和互联网技术的迅速发展都促使回收中心开发线下和线上回收渠道并存的双渠道逆向供应链。然后在线上渠道被引入后，回收中心和第三方回收商（TPR）都出现了对供应链系统利润的分割以及公平关切行为的关注。因此，有必要帮助双渠道逆向供应链中的回收企业在考虑公平关切的情况下进行定价决策。本章内容主要关注以下两个问题：①当回收中心或TPR分别具有公平关切时，供应链成员的最优定价和收益相较于两方都是公平中性时是怎样变化的？②当回收中心或TPR的公平关切系数发生改变时，供应链系统整体的收益是怎样变化的？供应链成员应怎样调整其定价决策才能够最大化自身收益？为解决以上问题，本书分别从回收中心和TPR均为公平中性、只有TPR具有公平关切、只有回收中心具有公平关切三种情况构建Stackelberg博弈模型，来研究公平关切系数是如何影响供应链成员的最优定价决策和收益的。基于针对模型的算例分析结果，我们发现当只有TPR具有公平关切时，会导致回收中心的利润以及线下渠道的转移价格降低，TPR的利润则提升。进一步地，我们发现当只有回收中心具有公平偏好时，不但会导致线下渠道的转移和回收定价的降低，更会造成整个供应链系统和所有成员的利润下降。特别的，不论是对于回收中心还是TPR，其较低水平的公平关切系数对企业定价和收益的影响都强于高水平的公平关切系数。

6.1 研究背景

近十年来，电子科技技术的不断革新以及消费者对新一代电子产品的狂热追求，在使得电子产品更新换代速度加快的同时，也导致了被淘汰和废弃的电子产品数量不断增长。仅2014—2018年的4年间，全球的废旧电器电子产品（WEEE）数量就从4180吨增加到了5000万吨，“垃圾围城”已经成为全球化的趋势。在如此严峻的现实背景下，中国回收企业在保留低回收量、低物流效率和低回收转化率的传统线下回收渠道的同时，将互联网技术与垃圾回收相结合，积极开发利用网站和手机 App 与消费者直接接触和交易的线上回收渠道。这类线上回收和线下回收并存的双渠道逆向供应链已经被回收行业和学术界广泛关注，并已从定价决策、回收流程、收益模式、契约协调等多个方面进行研究。其中，由于回收定价问题不仅会影响供应链上下游关系、消费者的回收意愿和回收量，也关系着回收企业的单位运维利润，因此制定合理的回收价格对促进消费者回收、降低供应链渠道间冲突以及提升回收企业竞争力都有着重要的意义。

另外，随着双渠道逆向供应链中市场竞争的日趋激烈，供应链成员间的关系变得错综复杂，因此在其经济活动中，传统的“理性经济人”假设已经不能准确描述所发生的经济学问题。“理性经济人”假设是指在经济活动中，决策者在做决策时始终遵循自身利益最大化的原则。而行为经济学家在现实案例中发现，决策者的行为并不完全遵循理性经济人的假设，甚至与之相悖，并指出当决策者具有公平感时，自身和供应链其他成员的利润水平都会对其决策产生重要的影响。这恰恰与双渠道逆向供应链中线下渠道的 TPR 因线上渠道的引入导致自身利益被分割，进而采取报复性定价的现象相对应。在现有供应链管理的研究中，不同的供应链结构、供应链成员以及具有的不同公平关切对成员定价决策和利润获取影响的研究在学术界已经较为深入。然而，由于双渠道逆向供应链出现的时间较短，理论研究并不成熟，因此，尚未有学者针对考虑了公平关切的 DCM 逆向供应链定价问题进行研究。

6.2 问题描述与参数假设

本书的研究目标是解决考虑了公平关切的双渠道逆向供应链定价策略问题。为此，一方面，我们建立了公平中性下基于 Stackelberg 博弈的双渠道逆向供应链数学模型。在该模型的线下渠道中，消费者先将 WEEE 以一定的线下回收价格回收给 TPR，再由 TPR 以转移价格转卖给回收中心，TPR 赚取其中的差价。而选择线上渠道的消费者则将 WEEE 直接以线上回收价格通过快递、上门取件等方式回收给回收中心。回收中心在获取WEEE后，会将WEEE进行拆卸、分解并送至化工厂或再制造商。我们假设回收中心从对单位WEEE的处理中可以获得相同的收入。另一方面，我们通过向以上模型引入回收中心和TPR的公平关切因子，分别构建回收中心具有公平关切和TPR具有公平关切两类定价模型。在这两类模型中，供应链成员不仅会关注自己的收益，还会以自己的收益为依据观察其他成员的收益。当其认为自己遭遇不公平时，就会采取行动（甚至是牺牲自身利益）来换取公平感。我们从回收量、渠道权力、信息均衡等方面对模型的构建和求解提出以下假设：

假设6.1 回收中心在供应链中的渠道权力远大于TPR，因此在它们的Stackelberg博弈中占据着主导者的地位。不仅拥有着强大的经济实力，回收中心由于其对环境更加友好，因此也受到政府在政策上的支持。而TPR通常都是小型回收企业，不仅资金实力不足，也缺乏分解处置WEEE的手段。其能做的只能是将回收到的WEEE以更高的价格转卖给回收中心。因此，回收中心是双渠道逆向供应链中的主导者。

假设6.2 供应链各个成员获得的信息是均衡的，不考虑因信息不对称和信息利用能力的差异导致的供应链低效率、风险分担以及需求和供给的牛鞭效应。每个企业没有隐藏信息，同时所做决策根据的变量及变量的状态也是透明的，被供应链上所有其他企业知晓。

假设6.3 我们研究的是具有相同损耗度和回收转化率的同一类型的WEEE。尽管线上回收渠道可以回收例如手机、数码相机、笔记本电脑、电视机等类型的WEEE，并且现实中也不存在损耗度绝对相同的WEEE，但这些并不是本书关注的问题。因此，为简化研究我们进行了以上假设。

假设6.4 我们假设线上和线下的回收量与其各自的回收价格线性相关，且回收量会随着回收价格的提升而提升。此外，回收量也受消费者对不同渠道偏好的影响而不同。即，如果θ（$0<\theta<1$）代表消费者中偏好于线上渠道的比例，那么偏好线下渠道的消费者的比例就为$1-\theta$。基于此，我们假设双渠道逆向供应链中线下渠道的回收量$d_r=(1-\theta)a+\beta p_t-\kappa p_e$，线上渠道的回收量$d_e=\theta a+\beta p_e-\kappa p_t$。

假设6.5 本书分别针对回收中心和TPR引入了公平效用函数μ_m和μ_t，以及公平关切因子λ和η（λ，$\eta>0$）。本书假设当供应链成员具有公平关切时，其公平效用与其公平关切因子、自身收益以及其他供应链成员的收益相关。

本章的参数设计如下所示：

d_r——线下渠道WEEE的回收量。

d_e——线上渠道WEEE的回收量。

θ——对线上渠道偏好的消费者占比（$0<\theta<1$）。

p_0——回收中心从对单位WEEE的处理中获得的收入。

p_t——TPR从消费者处回收的单位WEEE的价格。

p_e——回收中心从消费者处回收的单位WEEE的价格。

w——回收中心从TPR处回收的单位WEEE的转移价格。

c——回收中心线上回收的成本。

a——市场中不受回收价格影响的基础回收量（$a>0$）。

β——因自身渠道单位回收价格变化而引起的本渠道回收量改变的弹性系数（$\beta>0$）。

κ——因对方渠道单位回收价格变化而引起自身回收量改变的弹性系数（$\beta>\kappa>0$）。

λ——TPR所具有的公平关切系数（$\lambda>0$）。

η——回收中心所具有的公平关切系数（$\eta>0$）。

Π_m——回收中心的利润。

Π_t——TPR的利润。

Π——供应链系统的总收益，为$\Pi_m+\Pi_t$。

$\Delta\Pi$——回收中心与TPR的利润差，为$\Pi_m-\Pi_t$。

μ_m——回收中心的公平效用函数。

μ_t——TPR的公平效用函数。

6.3 模型求解

在本节中我们将分别从供应链成员都是公平中性、只有回收中心具有公平关切和只有 TPR 具有公平关切三种情况对双渠道逆向供应链的定价问题进行研究。在线下渠道中，消费者将 WEEE 以单位价格 p_t 卖给 TPR，TPR 通过收集、分拣和分类，将 WEEE 以单位价格 w 卖给回收中心；在线上回收渠道中，消费者将 WEEE 以单位价格 p_e 直接卖给回收中心。回收中心将线上和线下回收的 WEEE 进行分类处理后，以单位价格 p_0 卖给上游再制造企业或工厂进行进一步的检测、分解和集中处理，从而达到资源合理利用和环境保护的目的。在这一模式中，回收中心与 TPR 既存在纵向结构的合作关系，又存在横向结构的竞争，因此供应链环境较为复杂。双渠道逆向供应链的供应链结构如图 6.1 所示。

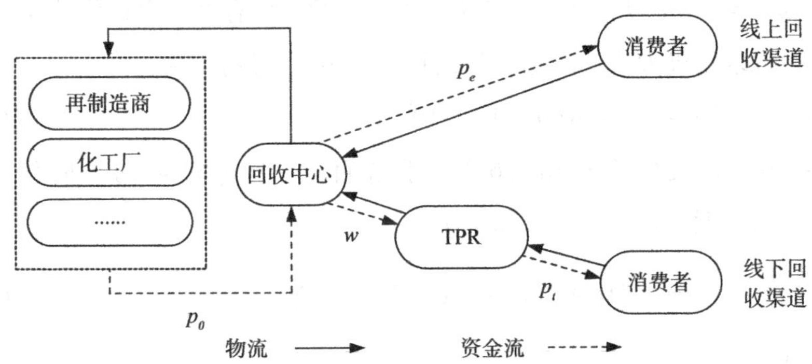

图 6.1　双渠道逆向供应链的供应链结构

作为下文研究的基础，我们首先对双渠道逆向供应链中回收中心和 TPR 的利润函数进行描述。根据假设，可得：

回收中心的收益 $\prod_m = (p_0 - w)[(1-\theta)a + \beta p_t - \kappa p_e] + (p_0 - p_e - c)(\theta a + \beta p_e - \kappa p_t)$

TPR 的收益 $\prod_t = (w - p_t)[(1-\theta)a + \beta p_t - \kappa p_e]$

为简化运算，在不干扰研究公平关切系数对定价策略影响的前提下，我们为价格影响回收量的弹性系数 β 和 κ 分别赋值为 5 和 3。因此，回收中心和 TPR 的收益可分别表示为：

$$\prod_m = (p_o - w)(\alpha - \theta\alpha + 5p_t - 3p_e) + (p_o - p_e - c)(\theta\alpha + 5p_e - 3p_t) \tag{6.1}$$

$$\prod_t = (w - p_t)(\alpha - \theta\alpha + 5p_t - 3p_e) \tag{6.2}$$

6.3.1 两方都为公平中性时的最优定价决策

在该情况下，回收中心和TPR都是公平中性的。即，它们只根据自身的收益情况进行定价决策，并不关注供应链中其他成员的收益情况。由于回收中心在与TPR的Stackelberg博弈中占据主导地位，因此作为回收中心的跟随者，TPR先对其p_t进行定价决策。回收中心在观察到TPR的决策后，再针对p_e和w进行有利于自己的最优决策。

首先，我们根据式（6.2）求解$\prod_t$对p_t一阶和二阶偏导，并求解得$\partial^2\prod_t/\partial p_t^{\ 2} = -10<0$。因此可知$\prod_t$是上凸函数，即存在一个最优的$p_t^*$，使得$\prod_t$可以取得极大值。因此，令$\partial\prod_t/\partial p_t=0$，解得$p_t^*$为：

$$p_t^* = [5w+3p_e+\alpha(\theta-1)]/10 \tag{6.3}$$

接下来，我们再根据（6.1）求解$\prod_m$关于p_e和w的一阶偏导数$\partial\prod_m/\partial p_e$和$\partial\prod_m/\partial w$，求出结果如下：

$$\frac{\partial \prod_m}{\partial p_e} = 30w - 41c + 26p_o - 3\alpha - 7\alpha\theta - 82p_e \tag{6.4}$$

$$\frac{\partial \prod_m}{\partial w} = 3c + 2p_o + 6p_e - \alpha + \alpha\theta - 10w \tag{6.5}$$

命题6.1 $\prod_m$（p_e，w）关于p_e和w的严格上凸函数。

命题6.1表明我们可以通过分别令式（6.4）和（6.5）为0，在对其结果进行联立，求得回收中心的最优线上回收价格p_e^*和线下转移价格w^*：

$$p_e^* = \frac{16p_o - 16c - 3\alpha - 2\alpha\theta}{32} \tag{6.6}$$

$$w^* = \frac{80p_o - 25\alpha + 10\alpha\theta}{160} \tag{6.7}$$

将式（6.6）、式（6.7）代入到式（6.5）中，可得TPR最终的最优回收价格p_t^{**}为：

$$p_t^{**} = \frac{64p_o - 24c - 33\alpha + 18\alpha\theta}{160} \tag{6.8}$$

6.3.2 TPR具有公平关切时的最优定价决策

在该模式下，回收中心是公平中性的，而TPR具有公平关切。即，此时TPR不仅会关注自身的收益，还会将回收中心的收益和自身的进行对比。当TPR发现回收中心的收益过高，认为自身作为供应链中的“弱者”遭遇不公平并产生嫉妒心理时，就会对定价策略进行调整，即便会损害到自身的收益，也要获取自身的公平感。因此，我们引入了TPR的公平偏好系数λ（$\lambda>0$），并得到此时TPR的公平效用函数μ_t为：

$$\mu_t = \prod_t - \lambda\left(\prod_m - \prod_t\right) = (1+\lambda)\prod_t - \lambda\prod_m \tag{6.9}$$

将式（6.1）和式（6.2）中回收中心和TPR的利润函数代入式（6.9），并针对μ_t求解其对p_t的一阶和二阶偏导，求得$\partial^2\mu_t/\partial p_t^2 = -10(1+\lambda)$。由于$\lambda>0$，因此有$\partial^2\mu_t/\partial p_t^2<0$。因此，可知$\mu_t$是上凸函数，即存在一个最优的$p_t^*$，使得$\mu_t$可以取得极大值。令$\partial\mu_t/\partial p_t=0$，解得$p_t^*$为：

$$p_t^* = \frac{5w+3p_e-\alpha+\alpha\theta+10\lambda w-3c\lambda-2\lambda p_o-\alpha\lambda+\alpha\theta\lambda}{10+10\lambda} \tag{6.10}$$

接下来，我们将p_t^*代入式（6.1）中回收中心的利润函数$\prod_m$，并分别求得$\prod_m$对p_e和w一阶偏导$\partial\prod_m/\partial p_e$和$\partial\prod_m/\partial w$，解得：

$$\frac{\partial\Pi_m}{\partial p_e} = 26p_o-3\alpha-7\alpha\theta+14\lambda p_o-3\alpha\lambda-7\alpha\theta\lambda+30b(1+2\lambda)-c(41+59\lambda)-(82+100\lambda)p_e \tag{6.11}$$

$$\frac{\partial\Pi_m}{\partial w} = 3c+2p_o+6p_e-\alpha+\alpha\theta+9c\lambda+6\lambda p_o+12\lambda p_e-\alpha\lambda+\alpha\theta\lambda-(10+20\lambda)w \tag{6.12}$$

命题6.2 $\prod_m(p_e, w)$是关于p_e和w的严格上凸函数。

命题6.2表明我们可以通过分别令式（6.11）和式（6.12）为0，再对其进行联立，求得回收中心的最优线上回收价格p_e^*和线下转移价格w^*：

$$w^* = \frac{3c+2p_o-\alpha+\alpha\theta+9c\lambda+6\lambda p_o-\alpha\lambda+\alpha\lambda\theta}{10+20\lambda}\,\frac{82+100\lambda}{82+100\lambda-3(1+\lambda)(12\lambda+6)/(1+2\lambda)}+$$

$$\left(\frac{12\lambda+6}{10+20\lambda}\right)\left[\frac{26p_o-3\alpha-4\alpha\theta+14\lambda p_o-7\alpha\theta\lambda-c(41+59\lambda)}{82+100\lambda-3(1+\lambda)(12\lambda+6)/(1+2\lambda)}\right] \tag{6.13}$$

$$p_e^*=\frac{16p_o-16c-3\alpha-2\alpha\theta}{32} \tag{6.14}$$

将式（6.13）和式（6.14）代入式（6.10），求出 TPR 的最终的最优回收价格 p_t^{**} 为：

$$p_t^{**}=\frac{64p_o-24c-33\alpha+18\alpha\theta}{160} \tag{6.15}$$

6.3.3 回收中心具有公平关切时的最优定价

在该模式下，TPR 是公平中性的，回收中心具有公平关切。即，此时 TPR 的决策将完全根据自身收益最大化进行最有利于自己的定价决策，而回收中心由于具有公平关切则会将自身以及 TPR 的收益进行对比。尽管作为双渠道逆向供应链中的主导者，并且收益也绝对高于 TPR，但如果回收中心感到 TPR 获得的利润高于自己期望的公平情况其应得的，那么回收中心依然会调整其定价策略。基于此，我们引入了回收中心的公平偏好系数 η（$\eta>0$），并得到此时回收中心的公平效用函数 μ_m 为：

$$\mu_m=\prod_m-\eta\left(\prod_t-\prod_m\right)=(1+\eta)\prod_m-\eta\prod_t \tag{6.16}$$

由于 TPR 是双渠道逆向供应链中的跟随者，因此依然是先针对其最优决策进行求解。因为在式（6.3）中已证得 $\prod_t$ 是上凸函数，存在一个最优的 p_t^* 使得 $\prod_t$ 可以取得极大值。因此，令 $\partial\prod_t/\partial p_t=0$，解得 p_t^* 为：

$$p_t^*=[5w+3p_e+\alpha(\theta-1)2]/10 \tag{6.17}$$

接下来，我们针对作为主导者的回收中心的决策进行求解。将式（6.1）和式（6.2）中回收中心和 TPR 的利润函数代入式（6.16），并针对 μ_m 求解其对 w 和 p_t 的一阶偏导 $\partial\mu_m/\partial p_e$，$\partial\mu_m/\partial w$ 和二阶偏导 $\partial^2\mu_m/\partial p_e{}^2$，$\partial^2\mu_m/\partial w^2$。

命题 6.3 μ_m（p_e，w）是关于 p_e 和 w 的严格上凸函数

命题 6.3 表明回收中心存在最优的线上回收价格 p_e^* 和线下转移价格

w^*，使得回收中心的效用达到极大值。因此，我们分别令 $\partial\mu_m/\partial p_e=0$，$\partial\mu_m/\partial w=0$，并对其进行联立，最终解得：

$$p_e^*=\frac{-16c+16p_o-3\alpha-2\alpha\theta}{32} \tag{6.18}$$

$$w^*=-\frac{-160p_o+50\alpha-52\alpha\theta+48\eta c-208\eta p_o+91\alpha\eta-78\alpha\theta\eta+32\alpha\theta+32\alpha\eta\theta}{160(2+3\eta)} \tag{6.19}$$

将式（6.18）和式（6.19）代入式（6.17）中，求出 TPR 的最终的最优回收价格 p_t^{**} 为：

$$p_t^{**}=-\frac{48c-128p_o+66\alpha-20\alpha\theta+96\eta c-176\eta p_o+107\alpha\eta-30\alpha\theta\eta-16\alpha\theta+32\alpha\eta\theta}{160(2+3\eta)} \tag{6.20}$$

通过分别将式（6.18）、式（6.19）和式（6.20）中的 p_e^*，w^*，p_t^{**} 代入式（6.1）和式（6.2），可得到对应情境下回收中心的收益 Π_m 和 TPR 的收益 Π_t，以及供应链系统的总收益 $\Pi_m+\Pi_t$。

6.4　算例分析

在本节中，我们利用算例分析来验证模型的求解结果。通过对相关参数进行赋值，将对双渠道逆向供应链中回收中心和 TPR 的公平关切因了对供应链成员定价及收益的影响进行数值验证，并在针对数据结果及趋势分析的基础上探索其产生原因和未来的对策建议。我们对参数的赋值为：$p_0=200$，$\alpha=100$，$c=40$，$\theta=0.4$

6.4.1　TPR 具有公平关切

首先，我们针对 TPR 具有公平关切时的模型求解结果进行数值分析。在该情境的双渠道逆向供应链模式下，回收中心不具有公平关切，而由于回收中心引入线上渠道分割了回收市场以及 TPR 的收益，因此 TPR 具有的公平关切系数 λ 从 0 逐渐增长至 1。基于此，我们利用 Mathematica 软件求得回收中心、TPR 的最优定价，以及整个供应链系统的收益值，如表 6.1 所示。同时，我们也在图 6.2 和图 6.3 中绘制了供应链成员定价和收益受 λ 影响的折线图并对其进行了进一步分析。

表 6.1　　λ 对决策和利润的影响

λ	p_e	p_t	w	Π_m	Π_t	Π	$\Delta\Pi$
0.0	66.9	60.1	88.1	35591.3	3920.0	39511.3	31671.3
0.1	66.9	60.1	92.8	34937.9	4573.3	39511.3	30364.6
0.2	66.9	60.1	96.1	34471.3	5040.0	39511.3	29431.3
0.3	66.9	60.1	98.6	34121.3	5390.0	39511.3	28731.3
0.4	66.9	60.1	100.6	33849.0	5662.2	39511.3	28186.8
0.5	66.9	60.1	102.1	33631.3	5880.0	39511.3	27751.3
0.6	66.9	60.1	103.4	33453.1	6058.2	39511.3	27394.9
0.7	66.9	60.1	104.5	33304.6	6206.7	39511.3	27097.9
0.8	66.9	60.1	105.4	33178.9	6332.3	39511.3	26846.6
0.9	66.9	60.1	106.1	33071.3	6440.0	39511.3	26631.3
1.0	66.9	60.1	106.8	32977.9	6533.3	39511.3	26444.6

首先，图 6.2 和图 6.3 表明伴随着 λ 的提升，线下渠道中回收中心针对 TPR 的转移价格 w 逐渐升高，回收中心的利润逐渐降低，TPR 的利润逐渐提升，回收中心与 TPR 之间的利润差不断降低。这是由于伴随着 TPR 的公平关切程度的不断提升，其针对回收中心的讨价还价能力会不断增强，并迫使回收中心提高 WEEE 回收的转移价格，做出利润让步。因此，TPR 在获得相对较多的供应链话语权时也带来了供应链利润的重新分配，最终提升了自己的渠道利润。与此同时，由于回收中心提升了转移价格，在未通过其他途径提升收入的同时增加了渠道成本，因此其利润也在不断降低。因此，这直接导致了回收中心与 TPR 之间利润差的不断降低。TPR 这一“损人利己”的行为达到了自己公平关切的目的，缩短了自己与回收中心之间的利润差。回收中心则通过出让自己的利润，尽管降低了自己的利润，但也维护了供应链的协调并杜绝了潜在的不稳定因素。

其次，尽管 λ 不断变化，但供应链系统的总利润始终保持恒定不变。

这是由于尽管TPR的公平关切行为影响了其与回收中心对于转移价格 w 的制订，但TPR的讨价还价能力并不涉及回收中心的线上回收价格，因此 p_e 的制订与 λ 无关，不受其影响。同样的原因也可以解释TPR没有改变面向消费者的线下回收价格 p_t。因此，对于回收中心和TPR组成的供应链整体的系统，其支出和支出其实一直没有改变，这也就导致了整个供应链系统的总收益始终没有改变。

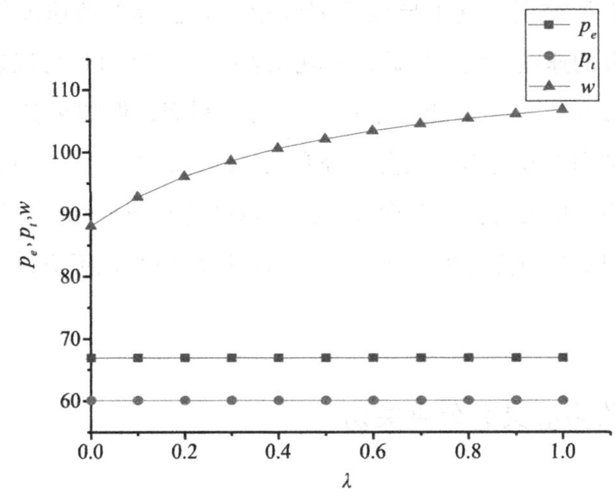

图6.2 TPR的公平偏好系数对价格的敏感性

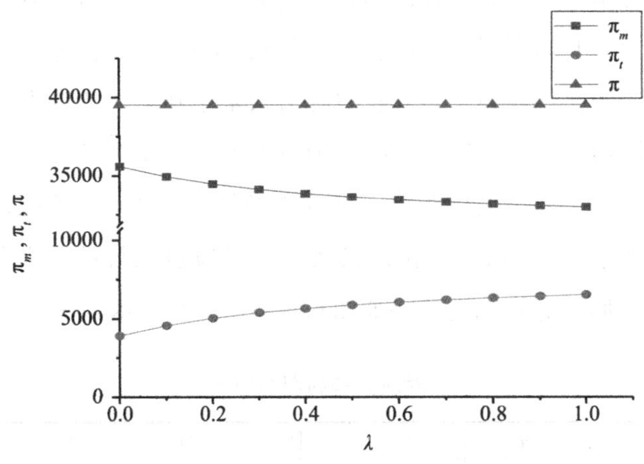

图6.3 TPR的公平偏好系数对利润的敏感性

最后，伴随着 λ 的提升，回收中心利润降低的速度在不断降低，TPR

利润提升的速度也在不断降低。这是由于转移价格 w 的提升受公平系数 λ 的影响并非线性的，即尽管 w 随着 λ 的升高而升高，但其提升的速度也在不断降低。具体来讲，由于当 TPR 的公平关切系数处于较低水平时，回收中心更为在意其变化，λ 的一点点提升回收中心都会针对提升转移价格，这将导致自身的收益较大幅的降低，TPR 的收益较大幅的提升。而当 TPR 的公平关切系数处于较高水平时，λ 的单位变化对回收中心的影响相对于较低水平时有所减弱。这也导致了回收中心收益降低的速度较慢，以及 TPR 收益提升的速度减缓。因此这种现象表明，尽管 TPR 可以通过提升其公平关切系数和讨价还价能力来提升自己的利润，但如果其过度关注公平，那么对利润提升的影响也会十分有限。同时，对于回收中心而言，适度的关注供应链成员的公平关切以及让步自己的利润可以促进供应链的协调的稳定，但如果对方过度关注公平，那么回收中心也不应该一味地出让自己的利润。

6.4.2 回收中心具有公平关切

在本部分，我们针对回收中心具有公平关切的研究结果进行算例分析。在该情形下，一方面，TPR 不具有公平关切行为；另一方面，尽管传统线下回收渠道回收效率和转化率均低下，但由于在市场中存在时间较长，因此市场占比仍较高，为回收中心引入基于互联网的线上回收渠道增加了困难和阻碍。因此，回收中心认为双渠道逆向供应链中的利润分配不公平，其存在一个公平关切系数 η 从 0 逐渐增长至 1。基于此，我们利用 Mathematica 软件求得 p_t，w，p_e，以及整个供应链系统的收益值如表 6.2 所示，以及它们受 η 影响的趋势如图 6.4 和图 6.5 所示。

表 6.2　η 对决策和利润的影响

η	p_t	w	p_e	Π_t	Π_m	Π	$\Delta\Pi$
0.0	60.1	88.1	66.9	3920.0	35591.3	39511.3	31671.3
0.1	58.9	85.7	66.9	3586.5	35576.4	39163.0	31989.9
0.2	58.0	83.8	66.9	3340.1	35544.9	38885.0	32204.7

续表

η	p_t	w	p_e	Π_t	Π_m	Π	$\Delta\Pi$
0.3	57.2	82.3	66.9	3150.9	35507.3	38658.3	32356.4
0.4	56.6	81.1	66.9	3001.3	35468.8	38470.0	32467.5
0.5	56.1	80.1	66.9	2880.0	35431.3	38311.3	32551.3
0.6	55.7	79.3	66.9	2779.8	35395.8	38175.6	32616.0
0.7	55.3	78.6	66.9	2695.7	35362.7	38058.4	32667.0
0.8	55.0	77.9	66.9	2624.1	35332.1	37956.2	32707.9
0.9	54.8	77.4	66.9	2562.5	35303.8	37866.2	32741.3
1.0	54.5	76.9	66.9	2508.8	35277.7	37786.5	32768.9

首先，图6.4和图6.5表明，伴随着η的提升，线上回收价格p_e保持不变，线下渠道中的转移价格w和回收价格p_t都逐渐降低，与此同时回收中心和TPR的利润也在不断降低。这是由于在公平关切行为的影响下，回收中心不会改变其线上渠道的回收价格，而是借助着渠道权力和讨价还价等策略不断压低线下渠道针对于TPR的转移价格。面对转移价格的降低，为了尽可能减少损失，TPR也只得在向消费者回收WEEE的过程中不断压低回收价格。

其次，TPR回收价格的降低直接影响了线下渠道的回收量，并最终导致TPR的利润降低。有趣的是，尽管回收中心是为了更好发展线上渠道而

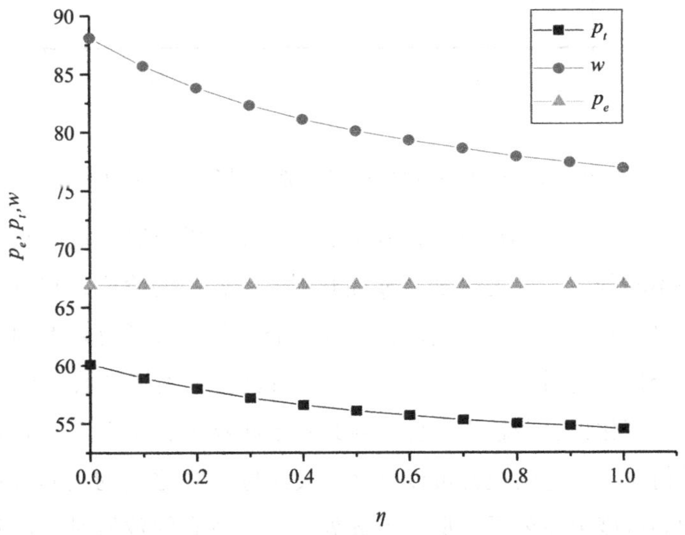

图6.4　回收中心的公平偏好系数对价格的敏感性

出现公平关切行为，η 的提升也确实提升了线上渠道回收量的占比，但事实上最终回收中心的利润也由于线下渠道收益的下降而出现了降低。由于回收中心和 TPR 的利润都出现了下降，因此供应链系统的总收益也出现了降低。因此，尽管回收中心具有的公平关切的行为拉大了其与 TPR 之间的利润差，满足了自己的公平心理，但事实上最终不但降低了 TPR 和供应链系统的利润，连自己的利润也降低了。回收中心的这一行为可以说是“损人不利己”。

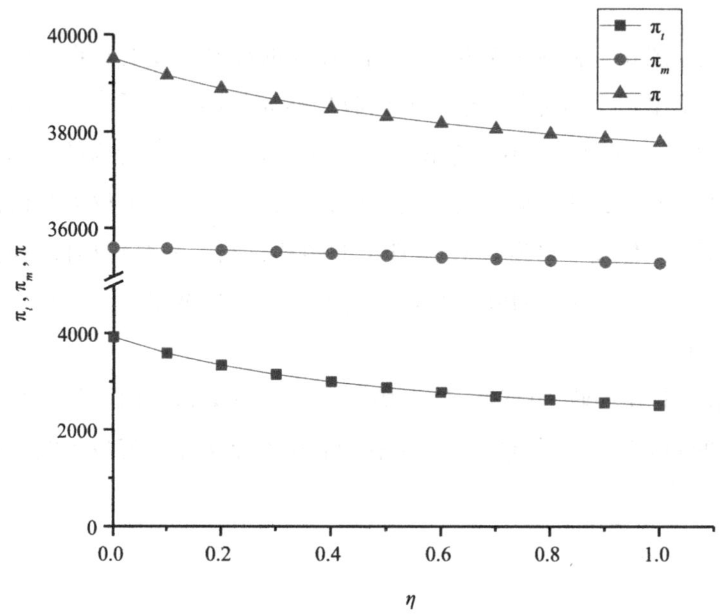

图 6.5　回收中心的公平偏好系数对利润的敏感性

最后，伴随着 η 的提升，回收中心、TPR 和供应链系统的利润下降的速度都在不断降低。这是由于当 η 提升到一个较高的阶段，它对线下渠道的回收价格和转移价格的影响都在不断减弱，并导致了对以上利润的影响也出现了降低。此时，即便回收中心再提升其公平关切系数，它与 TPR 之间利润差的变化也已经趋于平稳。因此对于回收中心而言，当 η 处于一个较低的数值时，对它的提升可以显著拉大其与 TPR 之间的利润差距；但如果回收中心过度关注公平，那么当 η 处于一个较高的数值时，提升公平关切一方面已经几乎无法再拉大其与 TPR 之间的利润差，另一方面也由于对

TPR 造成巨大损失，因此容易引起渠道之间的冲突。

6.4.3 讨论

在本部分，我们对 6.4.1 小节和 6.4.2 小节中算例分析的结果分别进行了总结和讨论。

首先，6.4.1 小节的数值结果体现出 TPR 的公平关切行为会造成“损人利己”的结果。TPR 对公平的关注导致了其对供应链利润分配的不满，并与回收中心进行讨价还价，最终提升了回收中心在线下渠道的转移价格，显著提升了 TPR 的利润。与此同时，由于回收中心的线下回收渠道的利润遭到分割，因此其总利润也出现了显著降低。此外，由于在这一过程中 TPR 和回收中心对定价策略的调整都仅限于线下渠道的转移价格，并未影响到针对消费者的线上和线下的回收价格，因此供应链系统整体的利润并未发生改变。TPR 的公平关切行为提升了自身的利润，降低了回收中心的利润，成功缩小了其与回收中心之间的利润差。这一现象可以用“损人利己”来进行阐释。

其次，6.4.2 小节的数值结果体现出回收中心的公平关切行为会造成“损人不利己”的结果。作为供应链中的主导者，回收中心同样存在对供应链利润分配不满的情形，并将利用渠道权力和讨价还价能力来满足自己的公平关切。这一行为由于降低了线下渠道的转移价格，并促使 TPR 也降低了线下渠道的回收价格，因此最终导致了回收中心、TPR 和供应链系统的利润同时降低。因此，即便回收中心的公平关切行为成功扩大了自身与 TPR 之间的利润差距，但这一现象也只能用“损人不利己”来描述。

最后，综合对比和观察 6.4.1 小节和 6.4.2 小节，我们发现伴随着公平关切系数的提升，其对利润差的影响会不断减弱。尽管当一个企业具有的公平关切行为会产生初期提升自己的讨价还价能力，促使供应链中的其他企业进行利润让步，但一旦其公平关切行为达到一个较高的阶段仍在持续增长，那么对自身利润的提升将十分有限。同时，较高水平的公平关切行为由于会大幅压缩其他企业的利润，也会导致产生冲突、降低供应链系统的利润等严重的负面后果。因此，企业应合理的认识和控制自己的公平关切行为，在关注自身利润的同时也需要多关注其他供应链成员的系统反应。

6.5 研究总结

6.5.1 研究结论和管理启示

本章考虑公平关切的双渠道逆向供应链的定价策略问题。通过针对由回收中心和 TPR 组成的双渠道逆向供应链，分别从两方都为公平中性、只有 TPR 具有公平关切、只有回收中心具有公平关切三种情况构建并求解了收益—价格模型。此外，我们针对回收企业具有公平关切的情况进行了算例分析，并依据算例分析的结果讨论了公平关切因子的变化对企业与供应链系统定价和利润影响的趋势以及背后的管理启示。本章的主要结论如下：

（1）当 TPR 感知到利润分配的不均并产生公平关切行为时，其公平偏好的提升会促使其与回收中心进行定价策略的调整，并导致自身收益以及线下渠道转移价格的提升。由于做出了利润的让步，回收中心的利润出现了降低。至此，TPR 实现了其公平关切行为的目的，缩短了其与回收中心之间的利润差并导致“损人利己”的现象。此外，由于 TPR 的这一行为只对系统内部线下渠道供应链成员的决策产生影响，因此并未影响到针对消费者的线上回收价格、线下回收价格以及供应链系统的总收益。TPR 的这一行为可以看作是在成功满足了自己的公平感的同时，也为自己提升了利润。而如果 TPR 分割的回收中心利润没有达到过高的水平，回收中心为了维持供应链系统的稳定和协调，也是完全可以接受一定程度的利润让步。

（2）在回收中心引入线上渠道的过程中，由于线下渠道的高占比而产生公平关切行为时，也会促使其利用渠道权力和讨价还价等手段对与 TPR 的渠道定价进行重新确定。回收中心的这一行为导致双渠道逆向供应链的线下渠道中转移价格和回收价格都大幅降低，线上渠道的回收价格也出现了小幅降低。这一价格调整尽管使得线上渠道的回收量相比于线下渠道有所提升，但是却造成了 TPR、供应链系统以及自身的收益全部都出现降低。回收中心的这一行为从长远来看必定会损害 TPR 的回收积极性，对整个回收行业也会造成损失，可以说它的这一行为是“损人不利己”。

（3）不论是回收中心还是 TPR，当其公平关切行为处于不同的程度时，其对企业定价及利润的影响也是不同的。可以发现当公平关切因子处于较低的水平时，它的单位变化对定价和利润的影响是明显高于处于较高水平时的。因此，对于企业经营决策者来说，对公平行为的关切应该保持在一个合适的水平。因为尽管处于初级水平时，公平关切行为可以满足企业的公平感并对其他企业的利润产生一定的影响，但对公平行为的过度关心则对其他企业利润的影响微乎其微，甚至这种过度关心还可能导致供应链成员间发生冲突，严重损害各方的利益并最终影响未来长远的发展。

6.5.2　与前人研究的对比

首先，本书研究的背景不同于以往的大多数研究。尽管已经有了少量针对双渠道逆向供应链的研究，但目前学术界针对供应链的主流研究背景仍然是正向渠道的双渠道供应链，或大多是针对线下渠道的逆向供应链问题。作为兼顾了互联网、回收、环保、政策引导等多项学术热点话题于一身，针对双渠道逆向供应链的研究必将成为未来学术界最受欢迎的问题之一。也正因如此，现阶段对此类问题的探索是极具意义的。其次，我们的研究对象和考虑的因素不同于以往研究。尽管都是针对回收企业的定价决策问题进行研究，但不同于过去针对双渠道逆向供应链的研究都将回收企业看作是“理性经济人”，我们的研究考虑了回收企业决策者非理性的行为因素。通过对决策者由低到高的公平关切系数进行数值分析，我们探索了其影响双渠道逆向供应链中回收企业的定价和收益变化的规律以及更深层次的管理意义。最后，我们的研究结论不同于以往研究。在对双渠道逆向供应链中回收企业的行为因素进行数值分析后，我们发现了一些不同于以往研究曾得出的有趣的结论。例如，我们发现当回收中心具有公平关切行为时，不仅会损害 TPR 和供应链系统的利润，连其自己的利润也出现了降低，出现了“损人不利己”的现象。此外，我们也发现了当一方供应链成员的公平关切系数提升时，其对另一个成员定价和利润的影响是逐渐减弱的。进一步地，我们的研究对维护回收行业的协调、提升回收企业的利润以及进一步促进生态环境的可持续发展也有着重要意义。

6.5.3 未来可拓展方向

一方面，我们研究的是由回收中心和 TPR 构成的双渠道逆向供应链结构，但事实上截至目前在中国已经出现了由回收中心、TPR 以及第三方回收平台组成的双渠道逆向供应链结构。第三方回收平台对于回收中心是合作者，对于 TPR 是竞争者。因此，本书研究中考虑了第三方回收平台的双渠道逆向供应链问题将是有意义的。另一方面，在本书研究中是假设信息是完全且准确的，不存在信息不对称或信息失真的情况。但在现实情境中，可能会存在信息接收者或发布者为了某种目的夸大或削弱信息内容，或因为态度、经验和期待等不同原因导致信息不对称和失真的情况。这一问题也可作为下一步的研究思路。

6.6 本章附录

命题 6.1 的证明：

求解$\prod_m(p_e,w)$的 Hessian matrix $\begin{bmatrix} \dfrac{\partial^2 \prod_m}{\partial p_e^2} & \dfrac{\partial^2 \prod_m}{\partial p_e \partial w} \\ \dfrac{\partial^2 \prod_m}{\partial w \partial p_e} & \dfrac{\partial^2 \prod_m}{\partial w^2} \end{bmatrix}$，可得$\begin{bmatrix} -\dfrac{41}{5} & 3 \\ 3 & -5 \end{bmatrix}$。

由于该矩阵的顺序主子式依次为 $-\dfrac{41}{5}<0$，$-\dfrac{41}{5}\times(-5)-3\times3=32$

>0，因此该矩阵为一个负定矩阵。故$\prod_m(p_e,w)$是严格上凸函数，存在极大值。

证毕。

命题6.2的证明：

求解$\prod_m(p_e,w)$的Hessian matrix $\begin{bmatrix} \frac{\partial^2\prod_m}{\partial p_e^2} & \frac{\partial^2\prod_m}{\partial p_e\partial w} \\ \frac{\partial^2\prod_m}{\partial w\partial p_e} & \frac{\partial^2\prod_m}{\partial w^2} \end{bmatrix}$，可得

$$\begin{bmatrix} -10+\frac{18}{10+10\lambda} & 3-\frac{3}{2+2\lambda}+\frac{3(5+10\lambda)}{10+10\lambda} \\ 3-\frac{3}{2+2\lambda}+\frac{3(5+10\lambda)}{10+10\lambda} & -2\frac{2(5+10\lambda)}{2+2\lambda} \end{bmatrix}。$$

由于该矩阵的顺序主子式依次为$-10+\frac{18}{10+10\lambda}<0$，$73+138\lambda-16\lambda^2>0$，因此该矩阵为一个负定矩阵。故$\prod_m(p_e,w)$是严格上凸函数，存在极大值。

证毕。

命题6.3的证明：

求解$\mu_m(p_e,w)$的Hessian matrix $\begin{bmatrix} \frac{\partial^2\mu_m}{\partial p_e^2} & \frac{\partial^2\mu_m}{\partial p_e\partial w} \\ \frac{\partial^2\mu_m}{\partial w\partial p_e} & \frac{\partial^2\mu_m}{\partial w^2} \end{bmatrix}$，可得

$$\begin{bmatrix} -\frac{9\eta}{10}-\frac{41(1+\eta)}{5} & \frac{3\eta}{2}+3(1+\eta) \\ \frac{3\eta}{2}+3(1+\eta) & -\frac{5\eta}{2}-5(1+\eta) \end{bmatrix}。$$

由于该矩阵的顺序主子式依次为$-\frac{9\eta}{10}-\frac{41(1+\eta)}{5}<0$，$269\eta^2+966\eta+784>0$，因此该矩阵为一个负定矩阵。故$\mu_m(p_e,b)$是严格上凸函数，存在极大值。

证毕。

第 7 章

结论与展望

7.1 主要工作及结论

当前，回收企业为不断满足消费者便利性、安全性的回收服务需求，从而提高回收量、利润和市场竞争力，积极构建了基于互联网技术的双渠道逆向供应链回收模式。双渠道逆向供应链之所以在中国取得成功并受到世界范围内的广泛关注，一方面在于其能够激发消费者回收热情、提高废旧产品回收数量、促进资源节约和环境保护事业发展；另一方面也在于其能够显著改善回收企业经济利益。双渠道逆向供应链发展所引发的回收革命已经受到学术界的广泛关注。目前，在学术界针对双渠道逆向供应链决策问题的研究主要集中在废旧产品回收定价领域，然而围绕回收服务，尤其是便利性和安全性回收服务水平决策问题进行研究的文献较为有限。学者们多以优化企业经济利益为目标进行定价决策研究，而忽略了以回收量为目标函数的环境利益。此外，高水平的线上回收价格和服务水平大幅提高了废旧产品在线上渠道的回收量，也加剧了线上和线下渠道冲突问题。因此，针对各类结构的双渠道逆向供应链，如何构建契约以优化供应链和回收企业的效率和利润，就成为迫切需要学术界研究的问题。

本书研究的主要创新性工作和结论总结如下：

(1) 研究了DCM逆向供应链的定价及服务水平协调策略问题。针对由回收中心和第三方回收商组成的双渠道回收模式，以最大化回收量和利润为目标，在提供和不提供回收服务两种情境下，建立回收企业的决策模型。应用Stackelberg博弈理论对模型进行求解，以确定不同决策目标下，回收中心和第三方回收商的最优定价和服务水平决策。同时，引入收益成本共享契约，确定契约协调下共享因子和转移价格的区间范围。进一步地，对模型的关键参数进行算例分析，验证并探寻消费者偏好和服务成本等参数的变化对目标函数和决策变量的影响，得出相应管理启示。

研究结果表明：①回收企业向消费者提供服务总能为供应链系统带来

更高的利润，提供服务对回收量的影响与市场基础容量、价格弹性系数和固定回收成本等参数相关；②提升消费者线上渠道偏好或降低单位服务成本都将提升回收中心和供应链系统的回收量和利润，在该情况下，回收中心的最优策略是降低回收价格并提升转移价格和服务水平；③本书提出的收益成本共享契约优化了回收企业的利润，契约共享系数正相关影响回收中心利润、负相关影响第三方回收商的利润。

（2）研究了 OM 逆向供应链的定价及服务水平协调策略问题。针对由回收中心和第三方平台组成的线上回收模式，以最大化回收量和利润为目标，在回收中心提供安全性服务和第三方平台提供便利性服务情境下，建立决策模型，应用 Stackelberg 博弈理论对模型进行求解，以确定不同决策目标下，回收中心和第三方平台的最优定价和服务水平决策。同时，引入收益成本共享契约，确定契约协调下共享因子和转移价格的区间范围。进一步地，对模型的关键参数进行算例分析，验证并探寻服务成本系数和服务水平敏感度对目标函数值和决策变量的影响，得出相应管理启示。

研究结果表明：①回收企业向消费者提供服务总能为供应链系统带来更高的利润，提供服务对回收量的影响与市场基础容量、价格弹性系数和固定回收成本等参数相关；②服务成本系数正相关影响最优回收价格，负相关影响最优服务水平和利润；③当单位安全性服务成本高于便利性服务成本时，则安全性服务成本对回收企业和供应链总回收量和利润的负相关影响更为显著，反之，则便利性服务成本对以上目标函数负相关影响更为显著；④消费者回收服务敏感度正相关影响企业最优服务水平，负相关影响最优回收价格；⑤当消费者便利性服务敏感性高于安全性服务敏感性时，则便利性服务敏感性对回收企业和供应链总回收量和利润的正相关影响更为显著，反之，则安全性服务敏感性对以上目标函数正相关影响更为显著；⑥本书提出的收益成本共享契约优化了回收企业利润，契约共享系数正相关影响回收中心利润、负相关影响第三方平台利润。

（3）研究了 TPM 逆向供应链的定价及服务水平协调策略问题。针对由回收中心、第三方回收商和第三方平台组成的双渠道回收模式，以最大化回收量和利润为目标，在回收中心提供安全性服务和第三方平台提供便利性服务情境下，建立决策模型。应用 Stackelberg 博弈理论对模型进行求解，确定不同目标下回收中心、第三方回收商和第三方平台的最优定价和服务水平决策。同时，引入收益成本共享契约，确定契约协调下共享因子、补贴因子和转移价格的区间范围。进一步地，对模型的关键参数进行算例分析，验证并探寻消费者偏好、服务成本系数和服务水平敏感度等参数对目标函数值和决策变量的影响，得出相应管理启示。

研究结果表明：①回收企业向消费者提供服务对回收量和利润的影响，对比不提供服务下的情形，其高低取决于单位固定收入、固定回收成本、回收价格敏感系数和基本市场容量等因素；②消费者的线上渠道偏好正相关影响最优服务水平、回收中心和供应链系统的回收量和利润，负相关影响最优转移价格；③当单位安全性服务成本高于便利性服务成本时，则安全性服务成本对回收中心、第三方回收平台和供应链总回收量和利润的负相关影响更为显著，反之，则便利性服务成本对以上目标函数负相关影响更为显著；④消费者回收服务敏感度正相关影响企业最优服务水平，负相关影响最优回收价格；⑤本书提出的收益成本共享契约优化了回收企业利润，其中，收益共享因子正相关影响回收中心利润、负相关影响第三方回收商利润，补贴因子正相关影响回收中心利润、负相关影响第三方平台的利润。

7.2 本书创新点

本书主要研究双渠道逆向供应链定价及服务水平协调策略问题。在对逆向供应链、双渠道供应链和双渠道逆向供应链的内涵特征、定价和服务水平决策的影响因素进行识别的基础上，构建出三种常见结构的回收企业决策模型，并应用博弈论和供应链协调理论对模型进行求解和验证。本书的创新点主要体现在以下三个方面：

（1）DCM 逆向供应链的定价及服务水平协调策略问题。目前针对双渠道逆向供应链决策问题的研究大都集中在利润—定价问题上，对既考虑定价又考虑服务水平的回收企业决策问题的研究较少，仅有的关于回收服务的研究还是集中于概念、分类和特征。此外，线上回收定价和服务水平决策问题的出现增加了协调双渠道逆向供应链的决策因素，这类问题在双渠道逆向供应链决策问题的现有文献中也未考虑。本书针对这一局限，构建了 DCM 逆向供应链的定价—服务水平—回收量—利润模型，并根据模型特性引入收益成本共享契约，利用算例验证该契约的有效性，最后通过对关键参数的敏感性分析得到有益的管理启示。本部分研究可以为 DCM 逆向供应链中，考虑定价和服务水平决策问题的回收企业提供决策支持，同时拓展现有回收企业利润优化的研究视角，是基于“互联网 + 回收”的供应链决策优化问题研究的有益补充。

（2）OM 逆向供应链的定价及服务水平协调策略问题。相比传统线下回收模式，线上回收渠道的主要优势在于其安全和便利的回收服务，而服务提供商则随着不同的供应链结构和回收企业而改变。按照回收服务提供商的不同，回收服务可以分为回收中心提供安全性服务和第三方平台提供便利性服务。本书针对这一现状，创新性地提出 OM 型逆向供应链定价及服务水平决策模型，确定其最优定价、服务水平决策、最大回收量和利润。引入收益成本共享契约，给出契约参数的最优范围解。通过数值算例，证明了决策结论和契约的有效性。本部分的研究理论上填补了多类型回收服务水平决策研究的不足，在实践上为回收中心及第三方平台等企业提供决策支持。

（3）TPM 逆向供应链的定价及服务水平协调策略问题。针对最近兴起的“互联网 + 回收”模式，很多企业在保留其原有传统线下回收渠道基础上，引入了基于第三方平台的线上回收模式。现有文献中的双渠道逆向供应链协调问题集中于协调回收中心和第三方回收商的利润，而对同时包含回收中心、第三方回收商和第三方平台的 TPM 逆向供应链协调问题缺乏研究。此外，原有的 TPM 逆向供应链决策问题的研究多关注定价决策，而对于多类型服务水平的决策研究较少。针对这一现实情况，本书建立 TPM 逆向供应链定价及服务水平模型，给出了消费者偏好和服务成本系数等因素影响企业决策的机理。另外，提出收益成本共享契约，通过引入协调因子和补贴因子，同时使三类企业的利润达到协调。利用算例验证模型结果和契约的有效性，给出管理启示。本部分研究在理论上，使得双渠道逆向供应链协调问题由过去的两类回收企业向三类回收企业拓展，在实践上可为回收企业的定价和服务水平决策问题提供方法支持。

7.3 研究局限及展望

本书丰富了双渠道逆向供应链中回收企业对回收量和利润优化问题的研究，为回收企业应对定价、服务水平决策及契约设计问题提供了决策支持。然而，由于时间和精力所限，本书还存在一些不足：

（1）本书为协调分散决策模式下回收企业的定价、服务水平决策和利润，构建了收益成本共享契约，但在研究供应链契约设计的文献中，数量折扣契约、价格折扣契约、两部定价契约和批发价契约也被广泛应用，不同契约的协调效率存在差别。因此，未来研究可以设计多种契约研究双渠道逆向供应链的协调问题，并进一步对比和探索不同种类契约协调模型的效率。

（2）本书的目标函数是双渠道逆向供应链中废旧电器电子产品的回收量和企业经济利润，然而，由于在线上回收渠道中，废旧产品的回收量和单位转化率均高于线下回收渠道，并直接影响供应链系统的碳排放，因此，在“互联网+回收”背景下，考虑线上回收模式的碳排放量、碳足迹和碳交易等问题也是值得进一步研究的方向。

（3）本书研究的主体是逆向供应链，但某些企业已将线上回收模式应用于闭环供应链的运营。例如，“爱回收”通过线上回收渠道获得废旧电器电子产品，一方面交由回收中心进行拆卸、分解和再制造，另一方面也可交付“京东”，由“京东”维修、包装后，再进行二次销售。因此，今后的研究可以考虑基于线上回收的闭环供应链定价和服务水平决策问题。

（4）本书假设回收量受定价和服务水平的影响均为线性，然而在实际中回收量受以上决策参数的影响往往较为复杂，可能是非线性相关甚至出现需求中断现象。因此，在今后的研究中，如何进一步刻画和设计回收量函数也是值得研究的方向。

为了丰富和完善双渠道逆向供应链的研究内容，未来研究可以从以下四个方面展开：

（1）考虑数量折扣契约、价格折扣契约、两部定价契约和批发价契约的协调策略研究。

（2）考虑碳排放量、碳足迹和碳交易的协调策略研究。

（3）考虑废旧产品回收和再制造的双渠道闭环供应链协调策略研究。

（4）废旧产品回收量不确定情况下，或与定价和服务水平非线性相关情况下的研究。

参考文献

[1] 宋庆彬，张宇平，缪友萍，李金惠．“互联网+资源回收”模式助推中国资源回收革命［J］．环境污染与防治，2016，38（8）：105-109.

[2] Chen J，Wu D，Li P. Research on the Pricing Model of the Dual-Channel Reverse Supply Chain Considering Logistics Costs and Consumers' Awareness of Sustainability Based on Regional Differences［J］. Sustainability，2018，10（7）：2229.

[3] http：//www. gov. cn/xinwen/2015-04/20/content_2849620. htm.

[4] http：//www. gov. cn/xinwen/2016-01/21/content_5035064. htm.

[5] http：//news. imobile. com. cn/articles/2018/0105/183609. shtml.

[6] Wu D，Chen J，Yan R，et al. Pricing Strategies in Dual-Channel Reverse Supply Chains Considering Fairness Concern［J］. International journal of environmental research and public health，2019，16（9）：1657.

[7] 李春发，冯立攀．考虑消费者偏好的 WEEE 双回收渠道设计策略研究［J］．系统工程学报，2016，31（04）：494-503.

[8] Zuo L，Wang C，Sun Q. Sustaining WEEE collection business in China：The case of online to offline（O2O）development strategies［J］. Waste Management，2020，101：222-230.

[9] Di W U，Juhong C. Online Reverse Supply Chain：New Layout to Promote Recycling Industry in China，2015-2019［J］. Iranian Journal of Public Health，2020，49（1）：189.

[10] 靳敏，郭甲嘉，苏明明．互联网+WEEE 回收模式的路径设计

[J]. 环境保护科学, 2019 (3): 1 -7.

[11] 魏洁. 废弃电器电子产品“互联网 +”回收模式构建 [J]. 科技管理研究, 2016, 36 (21): 230 -234.

[12] 郗永勤, 张大涛. 再生资源“互联网 + 回收”模式的构建 [J]. 科技管理研究, 2018, 38 (23): 267 -274.

[13] Wu D, Chen J, Li P, et al. Contract coordination of dual channel reverse supply chain considering service level [J]. Journal of Cleaner Production, 2020, 260: 121071.

[14] Wang, Huaidong, Han, Honggui, Liu, Tingting, et al. “Internet +” recyclable resources: A new recycling mode in China [J]. Resources, Conservation \ & \ srecycling, 2018, 134: 44 -47.

[15] Feng L, Govindan K, Li C. Strategic planning: Design and coordination for dual - recycling channel reverse supply chain considering consumer behavior [J]. European Journal of Operational Research, 2017, 260 (2): 601 - 612.

[16] Giri B C, Chakraborty A, Maiti T. Pricing and return product collection decisions in a closed - loop supply chain with dual - channel in both forward and reverse logistics [J]. Journal of Manufacturing Systems, 2017, 42: 104 - 123.

[17] Li C, Feng L, Luo S. Strategic introduction of an online recycling channel in the reverse supply chain with a random demand [J]. Journal of Cleaner Production, 2019, 236: 117683.

[18] 王玉燕, 李璟. 公平关切下基于网络平台销售、回收的 E—闭环供应链的主导模式研究 [J]. 中国管理科学, 2018, 26 (01): 139 -151.

[19] 王玉燕, 于兆青. 基于电商平台销售的 E—供应链主导模型与佣金协调机制研究 [J]. 中国管理科学, 2019, 27 (05): 109 -118.

[20] Jian H Y, Xu M L, Zhou L. Collaborative collection effort strategies based on the “Internet + recycling” business model [J]. Journal of Cleaner Production, 2019, 241: 118 -120.

[21] Di Wu, Chen J, Zhang R, et al. Online Reverse Supply Chain: New Layout to Promote Recycling Industry in China, 2015 – 2019 [J]. Iranian Journal of Public Health, 2020, 49 (1): 189 – 190.

[22] Meade L, Sarkis J. A conceptual model for selecting and evaluating third – party reverse logistics providers [J]. Supply Chain Management: An International Journal, 2002, 7 (5): 283 – 295.

[23] Guide V. D. R. , Van Wassenhove L N. Managing product returns for remanufacturing [J]. Production Operations Management, 2001, 10 (2): 142 – 155.

[24] Stock J R, Reverse Logistics, White Paper, Council of Logistics Management, Oak Brook, IL, 1992.

[25] Pohlen, T. L. and M. Theodore Farris. "Reverse logistics in plastics recycling." International Journal of Physical Distribution & Logistics Management, 1992, 22 (7): 35 – 47.

[26] Rogers, D. S. , Tibben – Lembke, R. S. Going backwards: Reverse logistics trends and practices. Center for Logistics Management, University of Nevada, Reno, Reverse Logistics Executive Council, 1998.

[27] 徐章一，马士华．逆向供应链的价值实现形式 [J]. 物流技术，2004 (6): 45 – 47.

[28] 顾巧论，高铁杠，石连栓．基于博弈论的逆向供应链定价策略分析 [J]. 系统工程理论与实践，2005，25 (3): 20 – 25.

[29] 王文宾，达庆利，孙浩．再制造逆向供应链协调的奖励与奖惩机制设计 [J]. 中国管理科学，2009，17 (5): 46 – 52.

[30] Van Wassenhove L N, Guide Jr V D R. The evolution of closed – loop supply chain research [J]. Operations Research, 2009, 57 (1): 10 – 18.

[31] 易俊，王苏生．基于成本—收益分析的逆向供应链网络演化机制分析 [J]. 管理工程学报，2013 (2): 123 – 128.

[32] Soleimani H, Seyyed – Esfahani M, Shirazi M A. A new multi – criteria scenario – based solution approach for stochastic forward/reverse supply chain

network design [J]. Annals of Operations Research, 2016, 242 (2): 399-421.

[33] Amin S H, Baki F. A facility location model for global closed-loop supply chain network design [J]. Applied Mathematical Modelling, 2017, 41: 316-330.

[34] 贡文伟，王娟，陈敬贤，等. 逆向供应链合作绩效影响因素的实证研究 [J]. 工业工程与管理，2011，16 (1): 6-11.

[35] Zu-Jun M, Zhang N, Dai Y, et al. Managing channel profits of different cooperative models in closed-loop supply chains [J]. Omega, 2016, 59: 251-262.

[36] Li H, Wang C, Shang M, et al. Pricing, carbon emission reduction, low-carbon promotion and returning decision in a closed-loop supply chain under vertical and horizontal cooperation [J]. International Journal of Environmental Research and Public Health, 2017, 14 (11): 1332.

[37] Zolfagharinia H, Hafezi M, Farahani R Z, et al. A hybrid two-stock inventory control model for a reverse supply chain [J]. Transportation Research Part E: Logistics and Transportation Review, 2014, 67: 141-161.

[38] Kaya O, Bagci F, Turkay M. Planning of capacity, production and inventory decisions in a generic reverse supply chain under uncertain demand and returns [J]. International Journal of Production Research, 2014, 52 (1): 270-282.

[39] Mitra S. Inventory management in a two-echelon closed-loop supply chain with correlated demands and returns [J]. Computers & Industrial Engineering, 2012, 62 (4): 870-879.

[40] R. Y. K. Chan, L. B. Y. Lau. Explaining Green Purchasing Behavior: A Cross-Cultural Study on American and Chinese Consumers [J]. Journal of International Consumer Marketing, 2001, 14 (2): 9-40.

[41] Mainieri T, Barnett E G, Valdero T R, et al. Green buying: The influence of environmental concern on consumer behavior [J]. The Journal of So-

cial Psychology, 1997, 137 (2): 189 -204.

[42] Debo L G, Toktay L B, Van Wassenhove L N. Market segmentation and product technology selection for remanufacturable products [J]. Management Science, 2005, 51 (8): 1193 -1205.

[43] Guo L, Qu Y, Tseng M L, et al. Two - echelon reverse supply chain in collecting waste electrical and electronic equipment: A game theory model [J]. Computers & Industrial Engineering, 2018, 126: 187 - 195.

[44] Chen D, Ignatius J, Sun D, et al. Reverse logistics pricing strategy for a green supply chain: A view of customers' environmental awareness [J]. International Journal of Production Economics, 2019, 217: 197 -210.

[45] Zhang L, Zhou H, Liu Y, et al. Optimal environmental quality and price with consumer environmental awareness and retailer's fairness concerns in supply chain [J]. Journal of cleaner production, 2019, 213: 1063 -1079.

[46] Savaskan, R. Canan, S. Bhattacharya, and L. N. V. Wassenhove. "Closed - Loop Supply Chain Models with Product Remanufacturing." [J]. Management Science. 50. 2 (2004): 239 -252.

[47] 王玉燕，李帮义，申亮．供应链、逆向供应链系统的定价策略模型 [J]. 中国管理科学，2006，14 (4): 40 -45.

[48] Gu Q , Ji J , Gao T . Pricing decisions for reverse supply chains [J]. Kybernetes, 2011, 40 (5 -6): 831 -841.

[49] 孙多青，马晓英．基于博弈论的多零售商参与下逆向供应链定价策略及利润分配 [J]. 计算机集成制造系统，2012，18 (04): 867 -874.

[50] Huang M, Song M, Lee L H, et al. Analysis for strategy of closed - loop supply chain with dual recycling channel [J]. International journal of production economics, 2013, 144 (2): 510 -520.

[51] Hong X, Wang Z, Wang D, et al. Decision models of closed - loop supply chain with remanufacturing under hybrid dual - channel collection [J]. The International Journal of Advanced Manufacturing Technology, 2013, 68

(5): 1851 -1865.

[52] Heydari J, Govindan K, Jafari A. Reverse and closed loop supply chain coordination by considering government role [J]. Transportation Research Part D: Transport and Environment, 2017, 52: 379 -398.

[53] Wang Z, Huo J, Duan Y. Impact of government subsidies on pricing strategies in reverse supply chains of waste electrical and electronic equipment [J]. Waste Management, 2019, 95: 440 -449.

[54] Wan N, Hong D. The impacts of subsidy policies and transfer pricing policies on the closed - loop supply chain with dual collection channels [J]. Journal of Cleaner Production, 2019, 224: 881 -891.

[55] He P, He Y, Xu H. Channel structure and pricing in a dual - channel closed - loop supply chain with government subsidy [J]. International Journal of Production Economics, 2019, 213: 108 -123.

[56] 李枫，孙浩，达庆利. 不完全信息下再制造逆向供应链的定价与协调研究 [J]. 中国管理科学，2009，17 (03)：72 -80.

[57] 郭春香，刘志涛. 不确定情况下逆向供应链的协作与定价策略研究 [J]. 数学的实践与认识，2009，39 (23)：27 -35.

[58] 黄颖颖，周根贵，曹柬. 电子产品三级逆向供应链定价与激励机制研究 [J]. 工业工程与管理，2009，14 (3)：28 -32.

[59] 陈秋双，顾巧论，孙国华. 有最低回收量约束的逆向供应链定价策略分析 [J]. 数学的实践与认识，2009，39 (03)：35 -44.

[60] 邱海永，周晶. 不对称信息下逆向供应链定价分析与对策 [J]. 运筹与管理，2009，18 (06)：14 -18.

[61] 孔令丞，骆唐杰. 基于合同理论的逆向供应链定价策略研究 [J]. 管理学报，2012，9 (04)：594 -602.

[62] 李锦飞，刘坪，贡文伟. 考虑政府奖惩的逆向供应链定价策略研究 [J]. 工业工程与管理，2013，18 (04)：109 -116.

[63] 蹇明，陈志刚. 策略性信息泄露情形下的逆向供应链回收定价策略 [J]. 计算机集成制造系统，2014，20 (08)：2000 -2007.

[64] 舒亚东，代颖，马祖军．基于 Shapley 值公平参考框架的回收商竞争逆向供应链定价决策 [J]．工业工程与管理，2017，22（06）：121－127.

[65] 舒亚东，代颖，马祖军．考虑同行公平关注的逆向供应链定价决策 [J]．工业工程与管理，2018，23（3）：116－122.

[66] Mafakheri F, Nasiri F. Revenue sharing coordination in reverse logistics [J]. Journal of Cleaner Production, 2013, 59: 185－196.

[67] Wu C H. Strategic and operational decisions under sales competition and collection competition for end－of－use products in remanufacturing [J]. International Journal of Production Economics, 2015, 169: 11－20.

[68] Heydari J, Govindan K, Sadeghi R. Reverse supply chain coordination under stochastic remanufacturing capacity [J]. International Journal of Production Economics, 2018, 202: 1－11.

[69] Zeng A Z, Hou J. Procurement and coordination under imperfect quality and uncertain demand in reverse mobile phone supply chain [J]. International Journal of Production Economics, 2019: 346－359.

[70] Kaya O. Incentive and production decisions for remanufacturing operations [J]. European Journal of Operational Research, 2010, 201 (2): 442－453.

[71] Gao J, Han H, Hou L, et al. Pricing and effort decisions in a closed－loop supply chain under different channel power structures [J]. Journal of Cleaner Production, 2016, 112: 2043－2057.

[72] Hong X, Xu L, Du P, et al. Joint advertising, pricing and collection decisions in a closed－loop supply chain [J]. International Journal of Production Economics, 2015, 167: 12－22.

[73] Zheng B, Yang C, Yang J, et al. Pricing, collecting and contract design in a reverse supply chain with incomplete information [J]. Computers & Industrial Engineering, 2017, 111: 109－122.

[74] Hosseini－Motlagh S M, Nouri－Harzvili M, Choi T M, et

al. Reverse supply chain systems optimization with dual channel and demand disruptions: Sustainability, CSR investment and pricing coordination [J]. Information Sciences, 2019, 503: 606 - 634.

[75] Hu S, Dai Y, Ma Z J, et al. Designing contracts for a reverse supply chain with strategic recycling behavior of consumers [J]. International Journal of Production Economics, 2016, 180: 16 - 24.

[76] 孙浩，达庆利. 随机回收和有限能力下逆向供应链定价及协调 [J]. 系统工程学报，2008，23 (06)：720 - 726.

[77] 袁煜昶，孙浩，达庆利. 回收再制造逆向供应链中定价契约协调的研究 [J]. 价值工程，2009，28 (09)：1 - 4.

[78] 贡文伟，李虎，葛翠翠. 不对称信息下逆向供应链契约设计 [J]. 工业工程与管理，2011，16 (05)：27 - 32.

[79] 贡文伟，李虎，梅强. 政府引导下的逆向供应链契约设计 [J]. 运筹与管理，2012，21 (03)：242 - 249.

[80] 王先甲，张柳波. 基于改进线性分成契约的逆向供应链协调机制 [J]. 系统工程理论与实践，2014，34 (03)：701 - 709.

[81] 李芳，单大亚，洪佳，叶春明. 不对称信息为连续类型的逆向供应链激励契约设计 [J]. 计算机集成制造系统，2016，22 (07)：1726 - 1732.

[82] 胡强，曹柬，周根贵，江潇. 政府与电子产品逆向供应链激励契约设计 [J]. 计算机集成制造系统，2018，24 (06)：1568 - 1578.

[83] Balasubramanian S. Mail Versus Mall: A Strategic Analysis of Competition between Direct Marketers and Conventional Retailers [J]. Marketing Science, 1998, 17 (3): 181 - 195.

[84] Hua G, Wang S, Cheng T C, et al. Price and lead time decisions in dual - channel supply chains [J]. European Journal of Operational Research, 2010, 205 (1): 113 - 126.

[85] 盛昭瀚，徐峰. 地区差异化背景下制造商双渠道定价策略研究 [J]. 管理科学学报，2010 (06)：5 - 14.

[86] 徐峰，盛昭瀚，陈国华．多地区情形下制造商渠道选择与定价策略研究［J］．系统科学与数学，2011（11）：72－81.

[87] Huang S, Yang C, Zhang X, et al. Pricing and production decisions in dual－channel supply chains with demand disruptions［J］. Computers & Industrial Engineering, 2012, 62（1）: 70－83.

[88] Li W, Chen J, Liang G, et al. Money－back guarantee and personalized pricing in a Stackelberg manufacturer's dual－channel supply chain［J］. International Journal of Production Economics, 2018, 197: 84－98.

[89] Zhou J, Zhao R, Wang W, et al. Pricing decision of a manufacturer in a dual－channel supply chain with asymmetric information［J］. European Journal of Operational Research, 2019, 278（3）: 809－820.

[90] Ma L, Zhang R, Guo S, et al. Pricing decisions and strategies selection of dominant manufacturer in dual－channel supply chain［J］. Economic Modelling, 2012, 29（6）: 2558－2565.

[91] Huang M, Song M, Lee L H, et al. Analysis for strategy of closed－loop supply chain with dual recycling channel［J］. International journal of production economics, 2013, 144（2）: 510－520.

[92] Jiang Y, Liu Y, Shang J, et al. Optimizing online recurring promotions for dual－channel retailers: Segmented markets with multiple objectives［J］. European Journal of Operational Research, 2017, 267（2）: 612－627.

[93] Matsui K. When should a manufacturer set its direct price and wholesale price in dual－channel supply chains?［J］. European Journal of Operational Research, 2017, 258（2）: 501－511.

[94] Li B, Zhu M, Jiang Y, et al. Pricing policies of a competitive dual－channel green supply chain［J］. Journal of Cleaner Production, 2016, 112: 2029－2042.

[95] Zhou Y, Ye X. Differential game model of joint emission reduction strategies and contract design in a dual－channel supply chain［J］. Journal of Cleaner Production, 2018, 190: 592－607.

[96] Ranjan A, Jha J K. Pricing and coordination strategies of a dual - channel supply chain considering green quality and sales effort [J]. Journal of Cleaner Production, 2019, 218: 409 - 424.

[97] Wang L, Song Q. Pricing policies for dual - channel supply chain with green investment and sales effort under uncertain demand [J]. Mathematics and Computers in Simulation, 2020, 171: 79 - 93.

[98] Rahmani K, Yavari M. Pricing policies for a dual - channel green supply chain under demand disruptions [J]. Computers & Industrial Engineering, 2019, 127: 493 - 510.

[99] Javadi T, Alizadeh - Basban N, Asian S, et al. Pricing policies in a dual - channel supply chain considering flexible return and energy - saving regulations [J]. Computers & Industrial Engineering, 2019, 135: 655 - 674.

[100] Gu Y, Wu Y, Xu M, et al. Waste electrical and electronic equipment (WEEE) recycling for a sustainable resource supply in the electronics industry in China [J]. Journal of Cleaner Production, 2016, 127: 331 - 338.

[101] 朱晓东, 吴冰冰, 王哲. 双渠道回收成本差异下的闭环供应链定价策略与协调机制 [J]. 中国管理科学, 2017 (12): 188 - 196.

[102] Wang B, Ren C, Dong X, et al. Determinants shaping willingness towards on - line recycling behaviour: An empirical study of household e - waste recycling in China [J]. Resources, Conservation and Recycling, 2019, 143: 218 - 225.

[103] Chen J, Wu D, Li P. Research on the Pricing Model of the Dual - Channel Reverse Supply Chain Considering Logistics Costs and Consumers' Awareness of Sustainability Based on Regional Differences [J]. Sustainability. 2018; 10 (7): 2229.

[104] Wang W, Tian Y, Zhu Q, et al. Barriers for household e - waste collection in China: Perspectives from formal collecting enterprises in Liaoning Province [J]. Journal of Cleaner Production, 2017, 153: 299 - 308.

[105] Qu Y, Wang W, Liu Y, et al. Understanding residents' preferences

for e - waste collection in China - A case study of waste mobile phones [J]. Journal of Cleaner Production, 2019, 228: 52 -62.

[106] Huang Y, Wang Z. Dual - recycling channel decision in a closed - loop supply chain with cost disruptions [J]. Sustainability, 2017, 9 (11): 2004.

[107] Wang Y, Bell D R, Padmanabhan V. Manufacturer - owned retail stores [J]. Marketing Letters, 2009, 20 (2): 107 - 124.

[108] Yan R, Pei Z. Retail services and firm profit in a dual - channel market [J]. Journal of Retailing & Consumer Services, 2009, 16 (4): 306 - 314.

[109] 滕文波, 庄贵军. 制造商基于服务水平的店中店模式选择 [J]. 系统工程理论与实践, 2015, 35 (8): 2004 -2013.

[110] 李霞, 孙利辉, 王士虎. 基于服务水平的产品动态竞价研究 [C]. 中国系统工程学会学术年会. 2010.

[111] 许明辉, 于刚, 张汉勤. 具备提供服务的供应链博弈分析 [J]. 管理科学学报, 2006, 9 (2): 18 -27.

[112] 张国兴, 方帅. 基于服务搭便车行为的双渠道供应链博弈分析 [J]. 统计与决策, 2015 (20): 43 -47.

[113] Flees L, Senturia T. It's the after - sales service, stupid [J]. Business Week Online, 2008, 9 (24): 11.

[114] Dumrongsiri A , Fan M , Jain A , et al. A supply chain model with direct and retail channels [J]. European Journal of Operational Research, 2008, 187 (3): 691 -718.

[115] Kurata H. , Nam S. H. After - sales Service Competition in A Supply Chain: Optimization of Customer Satisfaction Level or Profit or Both? [J]. International Journal of Production Economics, 2010, 127 (1): 136 - 146.

[116] Wu C. H. Price and Service Competition between New and Remanufactured Products in A Two - echelon Supply Chain [J]. International Journal

of Production Economics, 2012, 140 (1) : 496 -507.

[117] Kurata H. , Nam S. H. After - sales Service Competition in a Supply Chain: Does Uncertainty Affect The Conflict between Profit Maximization and Customer Satisfaction? [J]. International Journal of Production Economics, 2013, 144 (1) : 268 -280.

[118] Alba J, Lynch J, Weitz B, et al. Interactive Home Shopping: Consumer, Retailer, and Manufacturer Incentives to Participate in Electronic Marketplaces [J]. Journal of Marketing, 1997, 61 (3): 38 -53.

[119] Dan B, Xu G, Liu C, et al. Pricing policies in a dual - channel supply chain with retail services [J]. International Journal of Production Economics, 2012, 139 (1): 312 -320.

[120] Wang L, Song H, Wang Y. Pricing and service decisions of complementary products in a dual - channel supply chain [J]. Computers & industrial engineering, 2017, 105: 223 -233.

[121] Li G, Li L, Sun J. Pricing and service effort strategy in a dual - channel supply chain with showrooming effect [J]. Transportation Research Part E: Logistics and Transportation Review, 2019, 126: 32 -48.

[122] Pi Z, Fang W, Zhang B. Service and pricing strategies with competition and cooperation in a dual - channel supply chain with demand disruption [J]. Computers & Industrial Engineering, 2019, 138: 106130.

[123] Li Q, Li B. Dual - channel supply chain equilibrium problems regarding retail services and fairness concerns [J]. Applied Mathematical Modelling, 2016, 40 (15): 7349 -7367.

[124] Pu X, Gong L, Han X. Consumer free riding: Coordinating sales effort in a dual - channel supply chain [J]. Electronic Commerce Research and Applications, 2017, 22: 1 -12.

[125] Zhang F, Wang C. Dynamic pricing strategy and coordination in a dual - channel supply chain considering service value [J]. Applied Mathematical Modelling, 2018, 54: 722 -742.

[126] Xie J, Zhang W, Liang L, et al. The revenue and cost sharing contract of pricing and servicing policies in a dual - channel closed - loop supply chain [J]. Journal of Cleaner Production, 2018, 191: 361 -383.

[127] Qin X, Su Q, Huang S H, et al. Service quality coordination contracts for online shopping service supply chain with competing service providers: integrating fairness and individual rationality [J]. Operational Research, 2019, 19 (1): 269 -296.

致　谢

灿灿红山樱，繁开曲江下。而立植新竹，未来皆可期。转眼五个春秋，此书终于迎来了出版。在此，我将对在出版过程中，一直给予我关心和帮助的良师、益友和亲人们表示由衷的感谢。

首先，衷心感谢陈菊红教授的精心点拨、热忱鼓励，使我在书稿撰写中明确方向、坚定信心。陈老师似灯如帆，照亮指引我的求学路，陈老师严谨求真的治学态度，也将使我受益余生。我一直记得在找不着写作方向彷徨失措时，一次次求解不出结果心灰意冷间，一遍遍修改书稿筋疲力尽夜，是陈老师给予我极大的支持和鼓励。她教会我深入调研，从现实中发现问题；她教会我坚定信念，屡败屡战不轻易低头；她教会我朝乾夕惕，孜孜不倦终有拨云见日时。在此，我向陈老师表达深深的敬意和感激，您的教诲将令我受益终身。

感谢西安理工大学经济与管理学院的党兴华教授、胡海青教授、李随成教授和李鹏副教授，以及西安交通大学的高杰教授在我书稿撰写中给予的指导和帮助，你们的建议将使我终身受益。感谢西安交通大学的李爽博士、西北农林科技大学王文隆博士、东北大学的冯立攀博士，你们对我的科研工作提出了很多有价值的建议。感谢姚树俊博士、张雅琪博士、冯庆华博士、王绒博士、张睿君博士、王昊博士、黄放博士在学术和生活中对我真挚的关心与帮助。与你们在一起，团队的力量无时无刻不在鼓舞和振奋着我。

感谢我挚爱的双亲，从嗷嗷待哺到蹒跚学步，从初识文字到人生抉择，不论荣耀或挫折，你们总是相伴左右，支持我走好人生路上每一个节点。感谢我尊敬的岳父岳母，对我新组建小家的关心和照拂，让我的科研工作没有后顾之忧，感谢你们的含辛茹苦和最无私的爱。

最后，要特别感谢我的妻子，你像一颗璀璨的明珠，点缀我枯燥、忙碌的科研篇章。琴瑟在御，莫不静好，愿未来的每个晨昏、每次忧乐，我们都能相互共勉，携手前进。一声响亮的啼哭，我的人生多了一个父亲的角色。感谢儿子的降临，让我看到生命的初始。

生命不息，学术不止。远眺前路，不怠己任。本人将时刻铭记父母和恩师的教诲，把握盛年，勤勉奋进！

2022 年 4 月